高等职业教育"十二五"规划教材

生物工程基础单元操作技术

王玉亭　主编

中国轻工业出版社

图书在版编目（CIP）数据

生物工程基础单元操作技术/王玉亭主编. —北京：
中国轻工业出版社，2025.1
高等职业教育"十二五"规划教材
ISBN 978-7-5019-9383-3

Ⅰ.①生… Ⅱ.①王… Ⅲ.①生物工程–化工单元操作–高等职业教育–教材 Ⅳ.①Q81

中国版本图书馆CIP数据核字（2013）第167847号

责任编辑：江　娟　贺　娜
策划编辑：江　娟　　　责任终审：唐是雯　　　封面设计：锋尚设计
版式设计：宋振全　　　责任校对：燕　杰　　　责任监印：张　可

出版发行：中国轻工业出版社（北京鲁谷东街5号，邮编：100040）
印　　刷：北京君升印刷有限公司
经　　销：各地新华书店
版　　次：2025年1月第1版第3次印刷
开　　本：720×1000　1/16　印张：15.75
字　　数：315千字
书　　号：ISBN 978-7-5019-9383-3　　定价：39.00元
邮购电话：010-85119873
发行电话：010-85119832　010-85119912
网　　址：http://www.chlip.com.cn
Email：club@chlip.com.cn
版权所有　侵权必究
如发现图书残缺请与我社邮购联系调换
250088J2C103ZBQ

前 言

高职教学应体现"工学结合",以"必需"、"够用"为原则,积极适应行业技术发展。目前高职生物制药、生物技术及应用类专业多为理科专业,学生的工科基础薄弱,而随着行业的发展,已将越来越多的生物技术及产品制备推向规模化、工业化,这就要求行业从业人员应有一定的工程概念和操作技能。因此,在理科药学类专业中开展工程技术及操作技能的教学活动日益重要。

以往,这类教学活动多是通过轻工类专业的"化工原理"或"化工基础"类课程来讲授。但这类课程属于工科类课程,一方面含有大量公式推导和设计计算,对药学类的理科专业并不适用;另一方面,药学类等理科专业所开设的"生物制药设备"、"生物工程设备"类课程,多偏重于设备的结构特征,与工艺、工程的结合并不紧密,而对高职教学来说,"设备"课程的实质性内容是设备的操作与维护。显然,原有的课程并不完全适合行业的发展需求。

本教材注重通用工艺过程中的单元操作共性,体现相关行业、企业的岗位技能要求,围绕当前生物制药、生物技术及应用领域的产业化特征,按照工程化内容进行设计、编写,同时设计了部分实用、可行的技能训练,侧重于培养学生的动手能力和实际操作技能,强化了工程操作概念。各校可根据实际情况和教学计划灵活选用。

本教材由广东食品药品职业学院的王玉亭主编,阜阳职业技术学院陈西伟、黑龙江农业职业技术学院孙佳、杨凌职业技术学院刘彦超、内蒙古农业大学职业技术学院王燕荣等老师共同参与编写。本书在编写过程中得到了编者所在院校领导的大力支持和帮助,同时参考了一些已发表的文献资料,在此向相关作者和提供帮助的同志表示由衷的感谢!

由于时间仓促,编者水平有限,书中难免存在不足之处,敬请广大读者与同仁批评指正。

王玉亭
2013 年 7 月

目 录

绪论 …………………………………………………………………………………（ 1 ）
  项目一　课程介绍 ………………………………………………………………（ 1 ）
  项目二　生物工程技术的本质与应用 …………………………………………（ 1 ）
    一、生物工程是生物技术的工程应用 ………………………………………（ 1 ）
    二、生物工程技术的本质 ……………………………………………………（ 2 ）
    三、生物工程的单元操作技术 ………………………………………………（ 3 ）
    四、单元操作的技术特点 ……………………………………………………（ 4 ）
  项目三　单位与单位换算 ………………………………………………………（ 5 ）
    一、单位制 ……………………………………………………………………（ 5 ）
    二、单位换算 …………………………………………………………………（ 6 ）
    三、单位的正确运用 …………………………………………………………（ 6 ）
  项目四　设备基本知识 …………………………………………………………（ 7 ）
    一、金属材料 …………………………………………………………………（ 7 ）
    二、非金属材料 ………………………………………………………………（ 8 ）
    三、GMP 对制药设备的要求 ………………………………………………（ 9 ）
  技能要点 …………………………………………………………………………（ 10 ）
  思考与练习 ………………………………………………………………………（ 11 ）

模块一　流体流动 …………………………………………………………………（ 12 ）
  项目一　静止流体的规律与应用 ………………………………………………（ 12 ）
    一、流体特性 …………………………………………………………………（ 12 ）
    二、流体静力学基本方程 ……………………………………………………（ 16 ）
  项目二　流体流动的规律与应用 ………………………………………………（ 20 ）
    一、流体的流量方程 …………………………………………………………（ 20 ）
    二、流体物料与能量衡算 ……………………………………………………（ 22 ）
  项目三　流体阻力及应用 ………………………………………………………（ 26 ）
    一、流体黏度与流动速度的分布 ……………………………………………（ 26 ）
    二、流量测量 …………………………………………………………………（ 30 ）
  项目四　管道与阀门 ……………………………………………………………（ 32 ）
    一、管线与管件 ………………………………………………………………（ 33 ）
    二、常用阀门 …………………………………………………………………（ 36 ）
    三、管道的连接 ………………………………………………………………（ 41 ）

技能要点 …………………………………………………………………………（45）
　　思考与练习 ………………………………………………………………………（45）
模块二　液体输送 ……………………………………………………………………（48）
　项目一　叶轮泵 …………………………………………………………………………（48）
　　一、离心泵 ………………………………………………………………………（48）
　　二、离心泵的性能与特性曲线 …………………………………………………（51）
　　三、离心泵的汽蚀现象与安装高度 ……………………………………………（56）
　　四、离心泵的类型、选用与操作 ………………………………………………（58）
　项目二　正位移泵 ………………………………………………………………………（60）
　　一、往复泵 ………………………………………………………………………（60）
　　二、旋转泵 ………………………………………………………………………（64）
　　三、旋涡泵 ………………………………………………………………………（65）
　　四、蠕动泵 ………………………………………………………………………（66）
　项目三　其他液体输送方式 ……………………………………………………………（68）
　　一、压缩空气输送方式 …………………………………………………………（68）
　　二、真空输送方式 ………………………………………………………………（69）
　　三、高位槽输送 …………………………………………………………………（70）
　　四、机械输送 ……………………………………………………………………（70）
　　技能要点 …………………………………………………………………………（70）
　　思考与练习 ………………………………………………………………………（71）
模块三　气体输送 ……………………………………………………………………（73）
　项目一　离心式通风机 …………………………………………………………………（73）
　　一、离心式通风机的结构和原理 ………………………………………………（74）
　　二、离心式通风机的性能 ………………………………………………………（74）
　项目二　鼓风机与压缩机 ………………………………………………………………（76）
　　一、离心式鼓风机与压缩机 ……………………………………………………（76）
　　二、往复压缩机 …………………………………………………………………（77）
　　三、罗茨鼓风机 …………………………………………………………………（80）
　　四、液环压缩机 …………………………………………………………………（81）
　项目三　真空泵 …………………………………………………………………………（82）
　　一、往复式真空泵 ………………………………………………………………（83）
　　二、水环式真空泵 ………………………………………………………………（83）
　　三、旋片式真空泵 ………………………………………………………………（83）
　　四、喷射式真空泵 ………………………………………………………………（84）
　　技能要点 …………………………………………………………………………（85）
　　思考与练习 ………………………………………………………………………（85）

目　录

技能训练 1	（86）
一、管路拆装	（87）
二、离心泵输送物料	（92）
三、往复泵抽送物料	（96）
技能要点	（98）
思考与练习	（98）

模块四　传热 （99）

项目一　传热的基本知识	（99）
一、传热的基本概念	（99）
二、工业换热的方式	（100）
项目二　传热机理	（101）
一、热传导	（101）
二、热对流	（104）
三、热辐射	（108）
项目三　常见换热器	（109）
一、管式换热器	（109）
二、板式换热器	（112）
三、特殊形式的换热器	（114）
四、换热器的操作与维护	（116）
五、换热过程的强化	（119）
技能要点	（120）
思考与练习	（121）

模块五　蒸发 （122）

项目一　蒸发概述	（122）
一、蒸发的目的与特点	（122）
二、蒸发操作的分类	（124）
项目二　蒸发设备	（125）
一、循环蒸发器	（125）
二、单程蒸发器	（128）
三、蒸发器的辅助装置	（132）
四、蒸发器的选型	（133）
项目三　蒸发操作与蒸发流程	（134）
一、单效蒸发	（134）
二、多效蒸发	（136）
三、蒸发器的生产能力与生产强度	（138）
项目四　蒸发操作与控制	（140）

一、蒸发运行操作 …………………………………………………………… (140)
　二、蒸发过程的强化 ………………………………………………………… (142)
　技能要点 ………………………………………………………………………… (143)
　思考与练习 ……………………………………………………………………… (143)

模块六　制冷 ……………………………………………………………………… (145)
　项目一　冷冻原理 ……………………………………………………………… (145)
　　一、制冷的应用 ……………………………………………………………… (145)
　　二、制冷的基本原理 ………………………………………………………… (145)
　项目二　制冷载体 ……………………………………………………………… (148)
　　一、制冷剂 …………………………………………………………………… (148)
　　二、冷冻盐水 ………………………………………………………………… (150)
　项目三　制冷设备 ……………………………………………………………… (150)
　　一、制冷设备的工作原理 …………………………………………………… (151)
　　二、单级压缩制冷机 ………………………………………………………… (153)
　　三、压缩蒸气制冷机组 ……………………………………………………… (154)
　　四、压缩蒸气制冷机的组成设备 …………………………………………… (157)
　技能要点 ………………………………………………………………………… (158)
　思考与练习 ……………………………………………………………………… (159)

模块七　空气净化与调节 ………………………………………………………… (160)
　项目一　概述 …………………………………………………………………… (160)
　　一、空气的组成 ……………………………………………………………… (160)
　　二、生物工业生产对空气的卫生质量要求 ………………………………… (162)
　项目二　空气净化设备 ………………………………………………………… (164)
　　一、空气过滤除菌法 ………………………………………………………… (165)
　　二、空气过滤器 ……………………………………………………………… (168)
　　三、静电除尘器 ……………………………………………………………… (171)
　　四、气液分离器 ……………………………………………………………… (172)
　　五、空气压缩设备 …………………………………………………………… (173)
　　六、空气贮罐 ………………………………………………………………… (173)
　　七、空气冷却器 ……………………………………………………………… (174)
　项目三　空气介质过滤除菌流程 ……………………………………………… (174)
　　一、空气压缩冷却过滤流程 ………………………………………………… (174)
　　二、两级冷却、分离、加热的空气除菌流程 ……………………………… (175)
　　三、前置高效过滤除菌流程 ………………………………………………… (175)
　项目四　空气调节设备 ………………………………………………………… (176)
　　一、空气增减湿的原理 ……………………………………………………… (176)

二、空气增减湿的方法 …………………………………………………(176)
　　三、空气调节设备 ………………………………………………………(177)
 项目五　净化空调系统 ………………………………………………………(178)
　　一、净化空调的工艺流程 ………………………………………………(179)
　　二、典型净化空调系统 …………………………………………………(179)
 项目六　净化空调系统的操作与维护 ………………………………………(181)
　　一、净化空调系统操作规程 ……………………………………………(181)
　　二、净化空调系统清洁规程 ……………………………………………(181)
　　三、净化空调系统的维护保养规程 ……………………………………(182)
 技能要点 ………………………………………………………………………(182)
 思考与练习 ……………………………………………………………………(182)

模块八　固体物料的输送及预处理 ……………………………………………(184)
 项目一　固体物料的输送 ……………………………………………………(184)
　　一、带式输送机 …………………………………………………………(184)
　　二、斗式提升机 …………………………………………………………(185)
　　三、螺旋输送机 …………………………………………………………(187)
　　四、气流输送系统 ………………………………………………………(188)
 项目二　固体物料的粉碎 ……………………………………………………(191)
　　一、粉碎的基本原理 ……………………………………………………(191)
　　二、粉碎机械 ……………………………………………………………(192)
　　三、粉碎技术的实施 ……………………………………………………(198)
 项目三　物料的筛选除杂 ……………………………………………………(201)
　　一、物料的筛分与除杂 …………………………………………………(201)
　　二、物料的精选及分级 …………………………………………………(205)
 项目四　物料的混合 …………………………………………………………(206)
　　一、物料混合机理 ………………………………………………………(206)
　　二、固体物料的混合设备 ………………………………………………(208)
　　三、液体物料混合 ………………………………………………………(210)
 技能要点 ………………………………………………………………………(214)
 思考与练习 ……………………………………………………………………(214)
 技能训练2 ……………………………………………………………………(215)
　　一、固体物料的粉碎与筛分 ……………………………………………(215)
　　二、物料的溶解与混合 …………………………………………………(219)
 技能要点 ………………………………………………………………………(224)
 思考与练习 ……………………………………………………………………(225)

附录 ·· (226)
  1 常用单位换算 ·· (226)
  2 干空气的物理性质 ·· (227)
  3 水的物理性质 ·· (228)
  4 某些气体的重要物理性质 ·· (229)
  5 某些液体的重要物理性质 ·· (230)
  6 饱和水蒸气表（以温度为基准）（摘录） ······························ (231)
  7 饱和水蒸气表（以用 kPa 为单位的压力为准）（摘录） ·················· (232)
  8 常用固体材料的密度和质量热容 ······································ (233)
  9 某些固体材料的热导率 ·· (234)
  10 管子规格（摘录） ·· (234)
  11 IS 型单级单吸离心泵规格（摘录） ·································· (235)
  12 管壳式换热器系列标准（摘录） ···································· (237)

绪 论

项目一 课程介绍

本课程是以培养生物工程基础单元操作技能为目标的专业技能课程，是生物制药技术、生物化工技术、生物技术与应用、功能食品加工等专业的核心技能课程之一。

所谓生物工程，指的是以生物学（特别是微生物学、遗传学、生物化学和细胞学）的理论和技术为基础，结合化工、机械、计算机等工程与信息技术，通过工程设备等手段来实现生物体的大规模培养，以实现大量有用物质的生产或者发挥其独特生理作用的一门工程技术，涉及食品、药物、轻工业、能源、环保等多个领域。通常所说的基因工程、细胞工程、酶工程、发酵工程、生化过程和生物反应器工程都属于生物工程的范畴。包括生物药物、功能食品在内的众多生物技术产品的规模化生产与加工，都需要通过生物工程技术手段来完成。一般来说，这些工程技术手段主要由各个工段（或生产车间）组成，如菌种选育、种子培养、细胞培养、微生物发酵、培养/发酵液分离与纯化、成型加工、制剂加工等，此外还需要空调、制水、动力等辅助车间。相应的设备主要有原材料的粉碎、原料液配制与输送、空气净化与调节、换热、生物反应、细胞破碎、分离纯化、蒸发浓缩、干燥结晶、制剂加工、工艺用水等。

本课程的内容就是围绕生物药物等生物技术产品生产的一般工艺流程，面向生产操作、设备维护、辅助研发及市场开拓等职业岗位群，讲述生物技术产品生产制备过程的基本工程概念、反应流程及典型设备的构造、性能、操作与维护等应用技术。

项目二 生物工程技术的本质与应用

一、生物工程是生物技术的工程应用

从工程学的角度看，生物工程就是在生物技术应用与产品加工过程中涉及的化学工程技术。在很早的时候，人们就开始用微生物发酵来制酒、酿醋，从动植物材料中获取食品与药品等，但直到近代化学工程技术得到较大发展之后，才开始有大规模的工业化生产。二战时期，抗生素深层发酵和大规模生产获得成功，生物工程技术得到迅速发展。此后，生物工程一度被看作是生物分离工程的代名

词。近些年以来，随着基因技术、生物催化与转化技术、动植物细胞培养技术、新型生物反应器和新型生物分离技术等的开发应用，生物工程涵盖了生物反应和反应器工程、生物分离工程、生物加工工艺、动植物细胞培养工程、生物反应过程检测与控制、生物制药工程等众多领域；其和传统的化工学科相互交融又独具特色，成为一门具有很强的理论性和实践性、相对独立的工程学科。

很多时候，人们常把生物技术称为生物工程。这两者在广义上是等同的，都属于直接或间接地利用生物体的机能来生产物质的技术。可以这样理解，生物技术侧重于理论与技术开发，生物工程侧重于生物技术的实施和产品的工业化生产。随着以基因工程、细胞工程、酶工程、发酵工程为代表的现代生物技术的迅猛发展，生物工程技术越来越影响和改变着人们的生产和生活方式，为人们带来巨大的经济和社会效益。

目前，60%以上的生物技术成果集中应用于医药产业，用以开发特色新药或对传统医药进行改良。生物制药是将生物工程技术应用在药物制造领域，是生物工程技术的一个主要应用方向。同样，生物工程技术也广泛应用于酒、醋等传统酿制食品的生产加工，功能食品制造的天然活性成分的提取、分离，轻纺、环保和能源领域的工业生物酶的生产制造等。

二、生物工程技术的本质

从本质上说，包括制药等生物技术产品的生产过程，仍然属于化学工业的范畴，其工业生产与化工基本过程、化工典型设备及操作等密切相关，其核心特征是化学变化。但是，为了使反应过程得以经济有效地进行，就必须创造并维持适宜的反应条件，如一定的温度、压力和物料组成等。因此，原料需要经过适当的预处理（前处理），以除去其中对反应有害的成分，达到必要的纯度、适宜的温度和压力条件；反应混合物必须经过后处理来分离提纯，获得合乎质量标准的产品；在必要的情况下，未反应完的原料还必须循环利用。这些前、后处理主要是通过物理过程的操作来完成，期间发生的是物理变化。可以说，化工过程是若干个物理过程和化学反应过程的组合，二者缺一不可。化工产品的基本工艺过程可以用图0-1来表示。

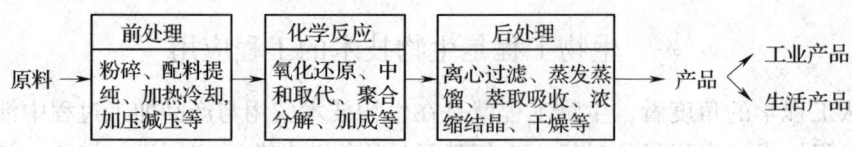

图0-1 化工生产过程的基本模式

近几十年来，生物技术得到了飞速发展，生物发酵、生物细胞培养与反应、生物提取和分离等生物技术及产品越来越多地出现在医药、食品、饲料、化工、能源、环保等众多领域，传统的化工过程中越来越多地引入了生物技术的独特因素。以制药业为例，传统的制药过程是以化工制药和中药加工为代表，化工过程是其工程环节。现代化工技术的发展，不仅在工程上进一步实现了集成化和自动化，更是应用于生物技术产品的深加工，从而使生物制药、功能食品加工、工业生物酶与有机酸等产品的加工实现了规模化和工程化；中药现代化加工技术也越来越多地引入了化工分离过程。

三、生物工程的单元操作技术

在化工生产过程中，各种原料通过许多工序和设备，在一定的工艺下加工处理，制得产品。尽管不同的产品千差万别，生产工艺多种多样，但其生产过程所包含的物理环节却具有很多的共同点。例如，无论是什么样的原料与反应过程，都需要有原料粉碎、输送、反应过程混合、加热与产品过滤分离等操作过程。人们把这些包含在不同化工产品生产过程中，发生同样物理变化，遵循共同的物理学规律，使用相似设备，具有相同功能的基本物理操作，称为"化工单元操作"，简称"单元操作"。相应的，将具有共同化学变化规律的化学反应操作称为"化工单元过程"。

与传统化工产品的生产相同，生物工程也是应用工程技术手段来生产生物技术产品。例如，玉米、甘薯、大麦等原料的加工需要粉碎、分离、输送等操作过程，生物培养与发酵过程需要流体输送、加热、混合搅拌，葡萄糖、抗生素等产品的获得需要过滤分离、纯化、结晶干燥等操作过程，无菌生产所需要的净化空气、无菌水等需要经除尘、过滤、加热、蒸发等操作过程来制备等。在这些操作过程中，无论操作的对象是什么、发生着何种反应，其过程的目的相同、过程的物理机制相同。显然，生物工程仍然属于化工生产过程的范畴，也是由若干个单元操作组成的，其反应过程与化学反应过程相对应（图0-2）。

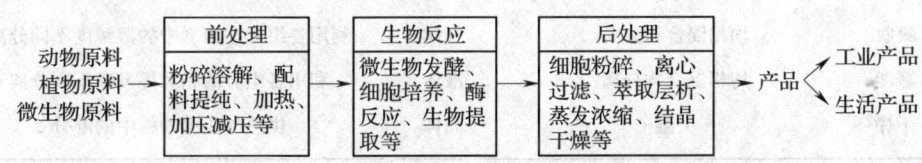

图0-2 生物工程生产过程的基本模式

但由于生物反应不同于传统的化学反应，因此，生物化工的操作过程与传统的化工操作过程有着较大的不同。例如，吸收，精馏等操作在生物制药、食品加工中的应用就比较少，换热操作中的一些技术手段在基因药物制备等小规模生物反应过程中较少应用；另一方面，生物材料加工中的破碎操作在传统化工中却较少提及，而天然动植物材料的破碎和微生物菌体、动植物细胞的破碎又有着明显区别；在生物产品的分离纯化过程中，近年来发展起来的膜分离、超临界萃取等应用日渐广泛，发挥着越来越重要的作用。

[课堂互动]

想一想 单元操作有哪些特点？生物工程技术单元操作与常规化工单元操作有什么不同？

四、单元操作的技术特点

单元操作按其理论基础可分为三类。

(1) 流体流动 涉及流体流动、流体和与之接触的固体之间发生相对运动时的基本规律，以及主要受这些基本规律支配的单元操作，如流体的输送、搅拌、沉降、过滤、膜分离等。

(2) 传热 涉及传热基本规律，以及主要受这些基本规律支配的单元操作，如传热、蒸发等。

(3) 传质 涉及物质通过相界面的迁移过程的基本规律，以及主要受这些基本规律支配的若干单元操作，如吸收、蒸馏、吸附、干燥、结晶等。

常见的单元操作种类见表 0 – 1。

表 0 – 1　　　　　　　　常见的单元操作种类

操作名称	操作目的	处理物态	原理
流体输送	输送	液体或气体	向液体输入机械能
沉降	非均相混合物分离	气/液体 – 固体	利用两相密度差异引起沉降运动
过滤	非均相混合物分离	气/液体 – 固体	利用过滤介质使固体颗粒与流体分离
加热、冷却	升温、降温、改变相态	液体或气体	利用温度差引入或导出热量
蒸发与结晶	溶质与非挥发性溶质的分离	液体	供热以气化溶剂
固 – 液萃取	固体混合物中的组分分离	固体	利用各组分在溶剂中的溶解度不同分离
吸收	均相混合物分离	气体	利用各组分在溶剂中的溶解度不同分离
蒸馏	均相混合物分离	液体	利用各组分的相对挥发度不同分离
干燥	去湿	固体	供热气化湿物料中的湿分

单元操作具有如下特点。

(1) 这些操作只改变物料的状态或其物理性质，并不改变物料的化学性质，都属于物理性操作；

(2) 这些操作都是化工生产过程中共有的操作，各种化工产品的生产过程，可由若干单元操作与化学反应过程做适当的串联组合而构成。

由上述讨论，单元操作可理解为：在各种化工产品的生产过程中，除化学反应过程外，用物理过程完成产品的生产过程。

项目三 单位与单位换算

一、单 位 制

凡参与生产过程的物料都具有各种各样的物理性质，如黏度、密度、热导率等，而且还常需要各种不同的变量，如湿度、压强、流速等来表示过程的特征。这些物理性质和变量在操作过程中均需要计量和控制，通常把它们统称为物理量。

这些物理量的种类繁多、各不相同，但都可以通过几个彼此独立的基本量来表示其性质。其他物理量都可以通过既定的物理关系与基本量联系起来，这种由基本量导出的物理量称为导出量。

基本量所用的单位称为基本单位，由基本单位导出的单位称为导出单位。单位制是基本单位与导出单位的总和。在计量各个物理量时，因采用不同的基本单位，会产生不同的单位制度。

常用的单位制主要有三种。

(1) 厘米克秒制 也叫 CGS 制，长度单位是（cm）、质量单位是（g）、时间单位是（s），常见于科学实验和物化数据手册中。

(2) 工程单位制 长度单位是（m）、力的单位是（kgf）、时间单位是（s）。

(3) 国际单位制 简称 SI 制，于 1960 年第 11 届国际计量大会（CGPM）上通过，由米（m）、千克（kg）、秒（s）、安培（A）、开尔文（K）、坎德拉（cd）共 6 个基本单位组成。1971 年第 14 届 CGPM 又增加了第 7 个基本单位摩尔（mol）。国际单位制的七个物理量名称、代号见表 0-2。

表 0-2　　　　　　　国际单位制的七个基本物理量

基本量	单位名称	单位代号	
		中文	国标
长度	米	米	m
质量	千克（公斤）	千克（公斤）	kg
时间	秒	秒	s
电流	安培	安	A
热力学温度	开尔文①	开	K
物质的量	摩尔	摩	mol
光强度	坎德拉	坎	cd

注：① 除以开尔文表示的热力学温度外，也使用按式 $t = T - 273.15K$ 所定义的摄氏温度，式中 t 为摄氏温度，T 为热力学温度。摄氏温度用摄氏度表示，代号为℃。

我国在 1985 年通过了《中华人民共和国计量法》，规定实行以 SI 单位为基础的法定计量单位（表 0-3），其内容包括：SI 基本单位，包括 SI 辅助单位在内的具有专门名称的导出单位，国家选定的非法定单位制的单位，由上述单位构成的组合形式的单位，以及由 SI 词头和上述单位构成的十进倍数和分数单位。

表 0-3 国家选定的非国际单位制单位（部分，GB 3100—1993）

量	单位名称	单位符号	与 SI 单位的关系
时间	分	min	1min = 60s
	[小时]	h	1h = 60min = 3600s
	天 [日]	d	1d = 24h = 86400s
平面角	[角] 秒	(″)	$1'' = (\pi/648000)$ rad（π 为圆周率）
	[角] 分	(′)	$1' = 60'' = (\pi/10800)$ rad
	度	(°)	$1° = 60' = (\pi/180)$ rad
旋转速度	转每分	r/min	$1\text{r/min} = (1/60)\ \text{s}^{-1}$
质量	吨	t	$1t = 10^3 \text{kg}$
体积	升	L (l)	$1L = 1\text{dm}^3 = 10^{-3}\text{m}^3$
能	电子伏	eV	$1\text{eV} \approx 1.6021892 \times 10^{-19}\text{J}$
极差	分贝	dB	

二、单位换算

在各种反应工程的过程中，经常涉及不同单位制之间的单位换算。

物理量由一种单位换算成另一种单位时，量本身没有变化，但数值要改变，换算时要乘以两单位间的换算因数。所谓换算因数，就是彼此相等而有不同单位的两个物理量之比。工程上常用单位的换算因数可从本书附录中查到。

下面通过例题来理解理想冷冻循环在实际生产中的应用。

【例 0-1】 一个标准大气压（1atm）的压力在 SI 中为多少帕斯卡（Pa）？

解：从附录一中查得 $1\text{atm} = 1.013 \times 10^5 \text{Pa}$

【例 0-2】 求把密度的单位由 g/cm^3 换算成 kg/m^3 时的换算因数。

解：从附录一中查得 $1\text{g/cm}^3 = 1000\text{kg/m}^3$

换算因数为 1000。

三、单位的正确运用

在反应工程的计算中，使用的公式种类不同，使用物理量单位的方法也不同。

一类公式是根据物理规律建立，称为理论公式。其中的符号除比例系数外，各代表一个物理量，因此又称为物理量方程，如牛顿第二定律 $F = ma$ 等。物理量实际上是数目与单位的乘积，把物理量的数据代入这一类公式时，应当把数值和单位一起代入进去,而解出的结果便属于同一单位制,所以理论公式在单位上总是一致的。使用这一类公式时,开始便应选定一种单位制,并贯彻到底,中途不能改变。求得的结果若不能保持单位的一致或得不出合理的单位,则表明计算中混进了不一致的单位,或者所用公式本身的单位不一致,有必要检查公式是否正确。

另一类公式是根据实验结果整理出来的,称为经验公式。这类公式的每一个符号都要用指定单位的数值代入,所得结果属于什么单位也是指定的。对于这类公式,代入以前要逐一核实数据的单位是否合乎规定,只需将数字代入,算出的结果附上规定的单位。严格来说,这种公式中的符号并不代表完整的物理量,只是代表物理量中的数字部分,所以又称为数字公式,其使用是有局限性的。

项目四 设备基本知识

生物工程设备所使用材料有金属和非金属两大类。各种金属和非金属有较大的性能差异,通常是根据使用目的合理选用。用作制药或者食品设备的材料同时还必须符合 GMP 等相关的行业规范要求。

一、金 属 材 料

1. 生铁

习惯上常说的钢铁是对钢和铁的总称。钢和铁主要由铁和碳元素组成,含碳量的多少对钢铁的性质影响极大,是区别钢和铁的主要标准。含碳量增加到一定程度后就会引起质的变化。生铁含碳量大于 2.0%;钢含碳量小于 2.0% 且含有其他合金元素;含碳量低于 0.05% 且无其他合金元素的为纯铁,又称为熟铁。

生铁坚硬、耐磨、铸造性好,不能煅压。根据碳存在形态的不同,常将生铁分为炼钢生铁、铸造生铁和球墨铸铁等几种。炼钢生铁里的碳主要以碳化铁的形态存在,俗称白口铁,坚硬而脆,一般都用作炼钢原料;铸造生铁中的碳以片状的石墨形态存在,又称灰口铁,具有良好的切削、耐磨和铸造性能,用于制造各种铸件,如机床床座、铁管等;球墨铸铁里的碳以球形石墨的形态存在,其机械性能远胜于灰口铁而接近于钢,具有优良的铸造、切削加工和耐磨性能,广泛用于制造曲轴、齿轮、活塞等高级铸件以及多种机械零件。此外还有含硅、锰、镍或其他元素量特别高的生铁,称合金生铁,常用作炼钢的原料。在炼钢时加入某些合金生铁,可以改善钢的性能。

2. 碳素钢

碳素钢是指含碳量小于 1.35%,除铁、碳和限量以内的硅、锰、磷、硫等杂质外,不含其他合金元素的钢。碳素钢的性能主要取决于含碳量。含碳量增加,钢的强度、硬度升高,塑性、韧性和可焊性降低。与其他钢类相比,碳素钢使用最早，成本低，性能范围宽，用量最大。适用于公称压力不高于32.0MPa，温度为 -30 ~ 425℃的水、蒸汽、空气、氢、氨、氮及石油制品等介质。

碳素钢有多种分类方法。可按化学成分（含碳量）分为低碳钢、中碳钢和高碳钢。低碳钢又称软钢，含碳量为0.10% ~ 0.30%，易于煅造、焊接和切削，常用于制造链条、铆钉、螺栓、轴等；中碳钢的含碳量为0.25% ~ 0.60%，含有少量锰（0.70% ~ 1.20%），有良好的热加工及切削性能，在中等强度水平的各种用途中使用广泛，如建筑材料、各种机械零件；高碳钢的含碳量多在0.60% ~ 1.70%，称为工具钢，如锤、撬棍等由含碳量0.75%的钢制造，钻头、丝攻、铰刀等切削工具由含碳量0.90% ~ 1.00%的钢制造。

碳素钢也可按钢的品质分为普通碳素钢和优质碳素钢。普通碳素钢对含碳量、磷、硫等元素含量的要求较低，与之相比，优质碳素钢的硫、磷及其他非金属夹杂物的含量较低，可广泛用于汽车、压力容器等机械制造行业，其中添加不同含量的锰之后，可大幅度改善抗拉强度、耐磨性等性能。

3. 合金钢

在普通碳素钢基础上添加适量的一种或多种合金元素，则构成合金钢。这些合金元素主要有硅、锰、铬、镍、钼、钨、钒、钛、锆、铌、钴、铝、铜、硼、稀土等。根据添加元素的不同，并采取适当的加工工艺，可获得高强度、高韧性、耐磨、耐腐蚀、耐低温、耐高温、无磁性等特殊性能。

合金钢的种类很多，通常按照合金元素含量多少分为低合金钢（含量低于5%）、中合金钢（含量5% ~ 10%）、高合金钢（含量高于10%）；按质量分为优质合金钢、特殊合金钢；按特性和用途又分为合金结构钢、不锈钢、耐磨钢、耐酸钢、耐热钢、合金工具钢、滚动轴承钢、合金弹簧钢和特殊性能钢（软磁钢、永磁钢、无磁钢）等。

在生产合金钢时，添加不同的合金元素就会得到不同性能的产品，可以按要求制造特殊性能的金属材料。因而合金钢除了具有普通碳素钢的基本性能外，还具有硬度高、强度大、耐腐蚀性强等多种优异的性能，特别是添加金属铬、镍、钛等稀土元素后形成的不锈钢，是食品加工、制药等生物工程机械设备的主要材料。

二、非金属材料

非金属材料可分为无机材料和有机材料两大类。一般的非金属材料是热、电的不良导体，其机械加工性能较差。但也有少数非金属材料如石墨等是热、电的优良导体。某些非金属材料可代替金属，在生物技术设备制造中起着重要作用。

1. 无机材料

陶瓷、玻璃、石墨等材料在生物工程设备中被广泛地应用。这些材料的化学性质为惰性，不与药品发生反应，不会溶出污染成分，常用于制造管道、精密过滤器、反应器、层析柱、包装瓶等。

玻璃器皿一般采用高硅硼玻璃材料制成,其基本组分是氧化钠、氧化硼、二氧化硅,膨胀系数为 3.3×10^{-6},故又称为 3.3 高硅硼玻璃。这种玻璃因膨胀系数小,在 0~200℃ 的温度变化下不会炸裂,具有优越的耐酸、耐碱、耐水和抗腐蚀性,良好的热稳定性、化学稳定性和电学性能,广泛应用于科研、生产等各个领域。

[课堂互动]

想一想 为什么可以用烧杯盛装液体在火上进行加热,而泡茶用的水杯则不可以在火上加热?

2. 有机非金属材料

有机材料分为植物纤维、塑料、橡胶等。塑料的成分主要是合成树脂,有性能各异的多种分类。按照受热后性能的改变情况,塑料可分为热塑性塑料和热固性塑料。聚四氟乙烯属于热塑性塑料,具有良好的理化性能,在生物工程设备中使用广泛。

(1) 物理性能 聚四氟乙烯具有良好的热性能,在 -200~260℃ 范围内的热稳定性极好,耐高温和低温性优于其他塑料,可在 260~280℃ 下长期连续工作,在无载荷条件下加热至 250℃ 时仍可保持几何尺寸的稳定,在 -80~-70℃ 时可保持柔软,熔点 327℃,直至 400℃ 以上才会有明显的分解。

(2) 化学性能 聚四氟乙烯具有优良的化学稳定性,可耐浓硫酸、浓硝酸、浓盐酸、氢氟酸、过氧化氢甚至王水的腐蚀,也可耐醇、醛、酮等有机溶剂的侵蚀,还具有极好的耐候性,有抗氧和紫外线的作用。

(3) 自润滑性 由于聚四氟乙烯分子无极性,分子间作用力小,表面能低,所以其表面有不黏结和自润滑等特性,摩擦因数很低,可广泛用于密封件和摩擦零部件等。

其他如木材、植物纤维、各种橡胶等有机非金属材料都是制造生物工程设备的重要材料。

三、GMP 对制药设备的要求

药品质量管理规范简称 GMP,是我国从事药品生产、营销和使用所必须遵守的行业管理规范。GMP 要求药剂机械的设计等符合生产过程和质量控制的具体要求。

(1) 符合工艺要求,能防止差错和交叉污染。安全、稳定、可靠,便于生产操作和维修保养。

(2) 结构简单,易清洁、灭菌,拆装方便,能就地清洗和就地灭菌,强调对凸凹形体的简化,设备结构平整光洁、避免死角,可最大限度地减少藏尘积垢,易于清洗。

（3）传动部位密封良好，有隔离保护、润滑、冷却防污染措施，当驱动摩擦而产生的微量异物及润滑无法避免时，应隔离保护；对于必须进入工作室的机件也必须采取措施。

（4）设备的材质选择应严格控制，不得对药品性质、纯度、质量产生影响，需具有安全性、辨别性及使用强度。

① 与药品直接接触的零部件均应选用无毒、耐腐蚀、不与药物反应、不释放微粒及不吸附物料的材料。

② 生产无菌药品的设备及容器等宜选用低碳不锈钢。

③ 与药物、腐蚀性介质接触的及潮湿环境下工作的设备均应选用低碳不锈钢、钛及钛复合材料或铁基涂敷耐腐蚀、耐热、耐磨等涂层材料；非上述部位可使用其他材料，但原则上应做表面处理。

④ 同一部位（部件）所用材料一般须一致，不应出现不锈钢件配用普通螺栓的情况。

⑤ 广泛使用的非金属材料，如保温、密封、过滤材料、工程塑料及垫圈等橡胶制品，原则是无毒性、无污染、不松散掉渣或掉毛，还应考虑耐热、耐油、不吸附、不吸湿、卫生等性质。

（5）装有物料的设备尽量密闭，应采取防双向污染、防尘、防漏、隔热、防噪声等措施。

（6）合理设置相关参数的测试点以满足验证的要求，仪表计量计数准确，调节控制稳定可靠等。

（7）在易燃易爆环境中的设备应采用防爆电机，并设有消除静电及安全保险装置。

（8）注射剂灌装设备应采用百级层流保护。

（9）药液、注射用水及净化压缩空气管道的设计应严格要求，材料无毒、耐腐蚀内表面应经电化抛光处理，易清洗，避免死角、盲管，连接应采用快装式，终端设过滤器，防止微生物的滋生和污染。

（10）产品设计实现标准化、通用化、系列化和机电一体化，生产过程连续密闭、自动检测。

按照GMP的要求，制药设备应严格选材、规范设计与管理。在生产过程中，操作人员要懂得该设备的工作原理和操作规程，要能进行日常维护工作，保持设备处于良好的工作状态。如果设备有损坏，应请专业技术人员维修并经验证符合GMP要求后才能投入生产使用。

[技能要点]

生物工程是以生物学的理论和技术为基础，结合化工、机械、计算机等工程与信息技术，通过工程设备等手段来大量生产有用物质，涉及食品、药物、轻工业、能源、环保等多个领域，包括生物药物、功能食品在内的众多生物技术产品的规模化生产与加工。生物工程的本质就是化学工程技术在生物技术应用与产品加工过程中的应用，与传统化工产品的生产相同，生物工程也是由若干个单元操作组成的，其反应过程与"化学反应"过程相对应，且有所不同。生物工程设备是完成这些单元操作的实施主体。

生物工程设备的制造材料包括金属、非金属。金属材料主要是不锈钢。非金属材料主要包括高硅硼玻璃、聚四氟乙烯等。应用于药品、食品生产时，生物工程设备的设计制造与使用必须符合GMP的规范要求。

工程过程中涉及众多的物理量，使用这些物理量时必须要注意单位的选择。我国使用的是以国际单位制为基础的法定计量单位。

[思考与练习]

1. 名词解释

生物工程，单元操作，基本单位

2. 填空题

（1）从本质上说，生物技术产品的生产过程属于____的范畴。

（2）化工过程是若干个____过程和____反应过程的组合，二者缺一不可。

（3）生物工程设备所使用材料有____和____两大类，用作制药或者食品设备的材料同时还必须符合____等相关的行业规范要求。

3. 选择题

（1）生物工程是以____的理论和技术为基础，结合化工、机械、计算机等工程与信息技术，通过工程设备等手段来实现生物体的大规模培养大量生产有用物质的一门工程技术。

A 数学　　　　B 物理学　　　　C 化学　　　　D 生物学

（2）1985年通过的《中华人民共和国计量法》规定在我国实行以____为基础的____。

A SI单位　　　B 工程单位　　　C 法定计量单位　　　D 导出单位

（3）区别钢和铁的主要标准是含碳量的多少。含碳量0.05%且无其他合金元素的是____，含碳量小于2.0%且含有其他合金元素是____，含碳量大于2.0%的是____。

A 钢　　　　B 熟铁　　　　C 生铁　　　　D 锰铁

4. 简答题

（1）单元操作有哪些特点？举例说明生物工程与传统化工过程在单元操作上有何不同。

（2）请举出至少3个与国际单位不同的法定计量单位。

（3）为什么说聚四氟乙烯具有极好的热稳定性？

模块一 流体流动

学习目标

[学习要求] 掌握流体的基本特性参数、流体流动类型、流体能量守恒的基本规律及应用和典型流体流量与压力计量设备的结构原理；熟悉流体流动的基本规律；了解流体流动类型、物料与能量衡算的基本方法，及管路阻力的分析与应用。

[能力要求] 掌握流体孔板流量计、转子流量计、U形管压差计的基本操作技能和常见管阀件的使用方法；熟悉常见管阀件的结构特征和工作特性；了解管线连接和管道涂色的基本规律，能进行简单的物料与能量衡算。

项目一 静止流体的规律与应用

所谓流体，是指具有流动性的物体，包括液体和气体。研究流体平衡和运动宏观规律的科学称为流体力学，包括流体静力学和流体动力学。

各类工业生产中所处理的原料、中间体和产品，大多数是流体，生产时常常要依据工艺要求输送至各个设备中进行各类反应与操作，制得的产品需要输送去精制、贮存与包装等。这些输送过程的好坏、动力消耗及设备投资等都与流体的流动状态密切相关。例如，流体输送管道的直径、流速和输送设备功率的大小，管道、设备中流体压力、流量、流速等参数的计量等，都需要依据流体流动的基本规律来计算；此外，优化操作条件、改进工艺等也需要研究流体流动对传质、传热的影响。

一、流体特性

流体可以认为是由大量的、不断地做热运动且无固定平衡位置的分子构成的，分子间的内聚力极小。没有固定的形状，具有流动性是流体的基本特征。一般说来，液体的形状与容器相同，具有一定的自由表面，其体积几乎不随压强和温度而改变；而气体能完全充满整个容器，其体积随压强和温度的变化而有明显改变。流体的体积随压强和温度而变的这个性质，称为流体的压缩性。流体都有一定的可压缩性。液体可压缩性很小，工程上常认为是不可压缩性流体；气体的压缩性较大，但在压力变化很小时，也可以当作不可压缩性流体处理。

当流体形状发生改变时，流体内部会存在一定的阻力。为了便于研究，人们引入了理想流体的概念。理想流体的体积不随压强和温度的变化而改变，不具有可压缩性，流动时分子间也没有内部的阻力。实际上，理想流体是不存在的，只是人们为研究流体的运动和状态而引入的一个理想模型。

1. 流体的密度

单位体积流体所具有的质量，称为流体的密度，其表达式为：

$$\rho = \frac{m}{V} \tag{1-1}$$

式中　ρ——流体的密度，kg/m^3

　　　m——流体的质量，kg

　　　V——流体的体积，m^3

不同的流体具有不同的密度。对于一定的流体，密度是压力 p 和温度 T 的函数。显然，在一定温度下，不可压缩流体的密度为常数。流体密度一般可在物理化学手册或有关资料中查得。

在不同的单位制中，密度的单位和数值都不相同，应注意密度在不同单位制之间的换算。

（1）气体的密度　气体是可压缩的流体，其密度随压强和温度而变化。因此气体的密度必须标明其状态。从手册中查得的气体密度往往是某一指定条件下的数值，需要将查得的密度换算为操作条件下的密度。

一般当压强不太高，温度不太低时，可按照理想气体来处理：

$$\rho = \frac{pM}{RT} = \frac{M}{22.4} \times \frac{pT_0}{p_0 T} \tag{1-2}$$

式中　p——气体的绝对压强，kPa 或 kN/m^2

　　　M——气体的摩尔质量，$kg/kmol$

　　　T——气体的绝对温度，K

　　　R——气体常数，$8.314kJ/(kmol \cdot K)$

下标"0"表示标准状态（$T_0 = 273K$，$p_0 = 101.3kPa$）。

任何气体的 R 值均相同。R 的数值，随所用 p、M、T 等的单位不同而异，选用 R 值时应注意。

（2）液体的密度　液体的密度一般用实验方法测得。工业上测定液体密度最简单的方法是使用比重计。各种液体的密度数据，可从有关手册中查到。

（3）混合物的密度　生产中的流体往往是含有几个组分的混合物。通常手册中所列的为纯物质的密度，所以混合物的平均密度 ρ_m 需通过计算来求得。

① 混合液体的平均密度：混合液体中各组分的浓度常用质量分数来表示，其准确的液体密度值要通过实验来确定。如果混合前后各组分的体积变化不大，则可认为1kg 混合液的体积等于各组分单独存在时的体积之和，可按照下式计算混合液体的平均密度。

$$\frac{1}{\rho_m} = \frac{x_{w1}}{\rho_1} + \frac{x_{w2}}{\rho_2} + \cdots\cdots + \frac{x_{wn}}{\rho_n} \tag{1-3}$$

式中　　ρ_m——混合液体的平均密度，kg/m^3

ρ_1、$\rho_2\cdots\rho_n$——混合液体中各纯组分的密度，kg/m^3

x_{w1}、$x_{w2}\cdots x_{wn}$——混合液体中各纯组分的质量分数

② 混合气体的平均密度：各组分的浓度常用体积分数来表示。若混合前后各组分的质量不变，则 $1m^3$ 混合气体的质量等于各组分质量之和，即

$$\rho_m = \rho_1 x_{V1} + \rho_2 x_{V2} + \cdots + \rho_n x_{Vn} \tag{1-4}$$

式中　　x_{V1}、$x_{V2}\cdots x_{Vn}$——气体混合物中各组分的体积分数

混合气体的平均密度 ρ_m 也可以用混合气体的平均摩尔质量 M_m 代替 M，按下式求得混合气体的平均摩尔质量 M_m

$$M_m = M_1 y_1 + M_2 y_2 + \cdots + M_n y_n \tag{1-5}$$

式中　　M_1、$M_2\cdots M_n$——混合气体物中各组分的摩尔质量，$kg/kmol$

y_1、$y_2\cdots y_n$——混合气体物中各组分的摩尔分数

(4) 相对密度　某种物质的密度与标准物质的密度之比称为相对密度，符号为 d。相对密度是一个比值，没有单位。

对于气体，一般是用标准状态（$0\,^{\circ}\!\mathrm{C}$、$1\mathrm{atm}$）下的干燥空气作为标准物质。标准状态下干燥空气的密度为 $1.293kg/m^3$。

对于液体，则多是用 $4\,^{\circ}\!\mathrm{C}$ 的水作为标准物质，用 d_4^t 表示，称为相对密度。

$$d_4^t = \frac{\rho}{\rho_{水}} \tag{1-6}$$

式中　　ρ——液体在温度 t 时的密度

$\rho_{水}$——水在 $4\,^{\circ}\!\mathrm{C}$ 时的密度

因为水在 $4\,^{\circ}\!\mathrm{C}$ 时的密度为 $1000kg/m^3$，所以将相对密度值乘以 1000 即得该液体的密度值。

(5) 比体积　单位质量流体所具有的体积称为流体的比体积，用符号 v 表示，也称为质量体积。显然，比体积就是密度的倒数，其单位为 m^3/kg。表达式为：

$$v = \frac{V}{m} = \frac{1}{\rho} \tag{1-7}$$

上述物理量是表明流体质量与体积的换算关系。如果已知流体的质量及密度（或相对密度、比体积），即可求得流体的体积。反之亦然。

【例 1-1】　已知硫酸与水的密度分别为 $1830kg/m^3$ 与 $998kg/m^3$，试求含硫酸为 60%（质量分数）的硫酸水溶液的密度。

解：根据式（1-3），$\frac{1}{\rho_m} = \frac{0.6}{1830} + \frac{0.4}{998} = (3.28 + 4.01) \times 10^{-4} = 7.29 \times 10^{-4}$

$$\rho_m = 1372kg/m^3$$

【例 1-2】　已知干空气的组成为：O_2 21%、N_2 78% 和 Ar 1%（均为体积

分数），试求干空气在压力为 9.81×10^4 Pa 及温度为 100℃ 时的密度。

解： 首先进行单位换算，100℃ = 273 + 100 = 373K

再求干空气的平均摩尔质量，$M_m = 32 \times 0.21 + 28 \times 0.78 + 39.9 \times 0.01 = 28.96$

气体的平均密度为：$\rho_m = \dfrac{9.81 \times 10 \times 28.96}{8.314 \times 373} = 0.916 \text{kg/m}^3$

【例 1-3】 在一个内径为 700mm、高 1000mm 的圆形铁桶内充满丙酮液。已知丙酮的相对密度为 0.79，问铁桶内丙酮的质量有多少？

解： 由式（1-1）得 $m = \rho V$

丙酮的密度 $\rho = 1000 \times d_4^{20} = 1000 \times 0.79 = 790 \text{ kg/m}^3$

丙酮的体积 $V = \pi \left(\dfrac{d}{2}\right)^2 h = 0.785 \times 0.7^2 \times 1 = 0.385 \text{ m}^3$

丙酮的质量 $m = \rho V = 790 \times 0.385 = 304 \text{ kg}$

2. 流体的压强

流体垂直作用于单位面积上的力，称为压强，或静压强，工程上习惯称为压力。其表达式为：

$$p = \dfrac{F}{A} \tag{1-8}$$

式中 p——流体的静压强，Pa

F——垂直作用于流体表面上的力，N

A——作用面的面积，m^2

（1）**静压强的单位** 在法定单位中，压强的单位是 Pa（帕斯卡）。但习惯上，也有其他一些单位仍然在使用中。例如，atm（标准大气压）、某流体柱的高度（如 mmHg、mH_2O），当流体处于低压状态时常用 mmH_2O，工程上还常用 at（工程大气压）、bar（巴）或 kgf/cm^2 等来表述。这些单位之间的换算关系为：

$1\text{atm} = 1.033 \text{kgf/cm}^2 = 1.0133 \text{bar} = 1.0133 \times 10^5 \text{Pa}$
$= 10.33 \text{ mH}_2\text{O} = 760\text{mmHg}$

$1\text{at} = 1\text{kgf/cm}^2 = 98.1\text{kPa} = 735.6\text{mmHg} = 10\text{mH}_2\text{O}$

由于地球重力的影响，环绕地球厚达数千千米的大气层对地面产生压力，这个压力称为大气压。大气压的大小与测量点的高度、大气环境的温度和湿度等因素有关。通常，将温度 0℃、纬度 45°的海平面上，单位面积所承受的大气压力定义为一个标准大气压，用 atm 表示。

（2）**压强的表示方法** 压强的大小常以两种不同的基准来表示：一是绝对真空；另一是大气压强。以绝对真空为基准测得的压强称为绝对压强，也是流体的真实压强，简称绝压；以当地大气压强为基准测得的压强称为相对压强。绝对压强永远为正值，而相对压强则可能是正值，也可能是负值。

生产中所使用的各种测压仪表的读数一般都是相对压强。当被测流体的绝对压强大于大气压强时，相对压强为正值，所用的测压仪表称为压力表，其读数为流体绝对压强高于大气压强的差值，称为表压强（表压）；当被测流体的绝对压强小于大气压强时，相对压强为负值，所用的测压仪表称为真空表，显示的读数是绝对压强低于大气压强的差值，称为真空度。表压强和真空度，都是流体真实压强与大气压强之间的差值。

绝对压强、表压强与真空度的关系可用图1-1来表示。

表压强 = 绝对压强 − 大气压强

真空度 = 大气压强 − 绝对压强

为避免混淆，在通常的讨论中，对表压强、真空度均加以标注，如2000Pa（表）、600mmHg（真）。如果没有注明，则一般指的是绝对压强。

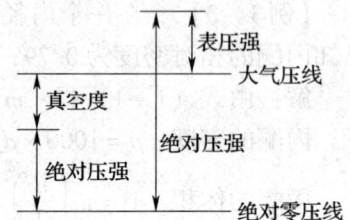

图1-1 绝对压强、表压强和真空度的关系

【例1-4】 装在某设备进口和出口的压力表读数分别为6kgf/cm²和4kgf/cm²，问此设备的进出口之间的压力差（kPa）有多大？假设当时设备环境的大气压强为1kgf/cm²。

解： 由 绝对压强 = 大气压强 + 表压强

可得 压强差 = 进口的绝对压力 − 出口的绝对压力

$$= (p + p_{1表}) - (p + p_{2表}) = p_{1表} - p_{2表} = 2kg/cm^2 = 196.2 kPa$$

【例1-5】 设备外环境大气压为720mmHg，而以真空表测得的设备内真空度为580mmHg。问设备内的绝对压强是多少？设备内外的压强差为多少？

解： 分别以 p 表示设备内绝压，以 $p_{大气}$ 表示环境大气压，以 $p_{真}$ 表示真空度，有：

$$p = p_{大气} - p_{真} = 720 - 580 = 140 mmHg = 18.67 kPa$$

设备内外的压强差为

$$\Delta p = p_{大气} - p = 720 - 140 = 580 mmHg = 77.3 kPa$$

二、流体静力学基本方程

流体静力学是研究流体在外力作用下达到平衡的规律。在工程实际中，流体的平衡规律应用很广，如流体在设备或管道内压强的变化与测量、液体在贮罐内液位的测量、设备的液封等均以这一规律为依据。

1. 流体静力学方程式

当流体处于相对静止状态时，其内部质点将受到的作用力如图1-2所示。设，敞口容器内盛有密度为 ρ 的静止流体，取任意一个垂直流体液柱，上下底面积均为 $A m^2$，选用容器底部为基准水平面，液柱的上下端面与基准水平面的垂直距离分别为 z_1 和 z_2，作用在上、下端面上并指向此两端面的压力分别为 P_1 和 P_2，则该液柱在垂直方向上受到的作用力有：

(1) 作用在液柱上端面上的总压力 P_1，$P_1 = p_1 A$
(2) 作用在液柱下端面上的总压力 P_2，$P_2 = p_2 A$
(3) 作用于整个液柱的重力 G，$G = \rho g A(z_1 - z_2)$

因液柱处于静止状态，在垂直方向上的作用合力为零，即：

$$p_1 A + \rho g A(z_1 - z_2) - p_2 A = 0$$

令 $h = z_1 - z_2$，整理得：

$$p_2 = p_1 + \rho g h \qquad (1-9)$$

若将液柱上端取在液面，并设液面上方的压强为 p_0，则：

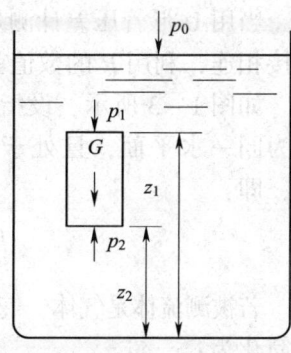

图 1-2　液柱受力分析图

$$p_1 = p_0 + \rho g h \qquad (1-10)$$

式 (1-9) 和式 (1-10) 均称为流体静力学基本方程式，它表明了静止流体内部压力变化的规律，即：静止流体内部某一点的压强等于作用在其上方的压强加上液柱的重力压强。

2. 静力学基本方程的讨论

(1) 在静止的液体中，液体任一点的压力与液体密度和其深度有关。液体密度越大，深度越大，则该点的压力也越大。

(2) 在静止、连续的同一液体内，处于同一水平面上各点的压力均相等。这个水平面称为等压面。

(3) 当液体上方的压力有变化时，液体内部各点的压力也发生同样大小的变化。

(4) 由 $p_2 = p_1 + \rho g h$ 得 $h = \dfrac{p_2 - p_1}{\rho g}$，可见压强差的大小可以用一定高度的液柱来表示。

(5) 方程是以不可压缩流体推导出来的，对于可压缩的气体，只适用于压强变化不大的情况。

3. 流体静力学基本方程式的应用

利用静力学基本原理可以测量流体的压力、容器中液位及计算液封高度等。

(1) 压力及压力差的测量　U 形管压差计是流体静力学的典型应用，其结构如图 1-3 所示，系两端开口的 U 形玻璃管，内装指示液，中间配有读数标尺。使用时，管内装有与被测流体不互溶、不起化学反应的指示液。指示液的密度一般大于被测流体密度。常用的指示液有水银、四氯化碳、水和液体石蜡等，应根据被测流体的种类和测量范围合理选择指示液。

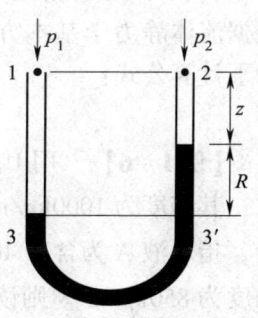

图 1-3　U 形管压差计

当用U形管压差计测量设备内两点的压差时，可将U形管两端与被测两点直接相连，利用 R 的数值就可以计算出两点间的压差。

如图1-3所示，设指示液的密度为 ρ_0，被测流体的密度为 ρ。由于3和3′点为同一水平面，且处于连通的同种静止流体内，因此这两点之间的压强相等，即：

$$p_1 + \rho g(z + R) = p_2 + \rho g z + \rho_0 g R$$
$$p_1 - p_2 = (\rho_0 - \rho) g R \tag{1-11}$$

若被测流体是气体，气体密度远小于指示剂密度，即 $\rho_0 - \rho \approx \rho_0$，则式（1-11）可简化为：

$$p_1 - p_2 = R g \rho_0 \tag{1-12}$$

U形管压差计的精度较高，但量程较小，常用于测量低压和真空度。

U形管压差计也可测量流体的压力，测量时将U形管的一端与被测点连接，另一端与大气相通，此时测得的是流体的表压或真空度，这时的U形管压差计又称为U形管压强计。

如果所测量的压力差较小，U形管压差计的 R 读数就会很小，有时会难以准确读出。这时，可采用一些方法来将读数 R 值放大，常用的有以下几个。

① 尽可能选用与被测流体密度相近的指示液。

② 选用双液U形管微差压差计。这种压差计内装有两种密度相近但互不相溶的指示液（如指示液A和指示液B），由于两种指示液互不相溶，且呈连续、静止的流体状态，故可以按照静力学方程推导出如下计算公式：

$$p_1 - p_2 = R'g(\rho_A - \rho_B) \tag{1-13}$$

由上式可见，如适当选取A、B两种指示液，使其密度差很小，则可将读数 R 放大若干倍。

③ 当所选用的指示液密度比被测流体密度小时，使用倒U形管压差计，可显著放大读数 R 值。倒U形管压差计如图1-4所示（两个测量点处于同一水平面上），根据流体静力学基本方程和等压面推导出如下计算公式：

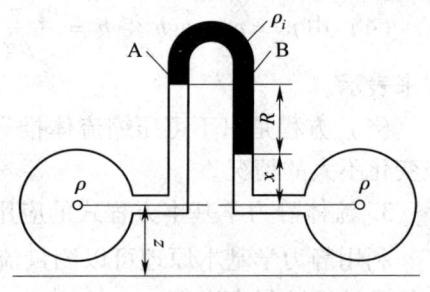

图1-4 倒U形管压差计

$$p_1 - p_2 = Rg(\rho - \rho_i) \tag{1-14}$$

【例1-6】用U形管压差计测量气体管路上两点间的压力差，指示液为水，其密度为1000kg/m³，读数 R 为12mm。为了放大读数，改用双液微差压差计，指示液A为含有40%酒精的水溶液，密度为920kg/m³；指示液B是煤油，密度为850kg/m³。则读数 R 可以扩大多少？

解：由于所测压力差未变，故，

$$p_1 - p_2 = \rho_{指} Rg = (\rho_A - \rho_B)R'g$$

$$R' = \frac{R\rho_{指}}{\rho_A - \rho_B} = \frac{12 \times 1000}{920 - 850} = 171 \text{mm}$$

即，读数可提高到原来的 $171/12 = 14.3$ 倍。

【例1-7】 用正U形管压差计测定某个水平水管两截面之间的压差，压差计内的指示液为水银（密度 13600kg/m^3）。经测量，读数 R 的测量值为 5mm。现要放大读数，拟改用倒 U 形管压差计，换成密度为 900kg/m^3 的煤油指示液，则读数 R 是多少？（水的密度 $= 1000 \text{kg/m}^3$）

解：无论是正 U 形管压差计还是倒 U 形管压差计，两个测量点都是在同一个水平面上，两点间的压差是不变的。可先从正 U 形管压差计得出两个测量点之间的压差值。

$$p_1 - p_2 = (\rho_i - \rho)Rg$$
$$= 0.005 \times (13600 - 1000) \times 9.81 = 618 \text{Pa}$$

当使用倒 U 形管压差计时，由式（1-14）可得：

$$R' = \frac{p_1 - p_2}{(\rho - \rho_i)g} = \frac{618}{(1000 - 900) \times 9.81} \times 1000 = 630 \text{mm}$$

可见，采用倒 U 形管压差计后，读数 R 被放大了 $680/5 = 126$ 倍。

（2）测量液面位置　在生产中，经常要了解容器内液体的贮存量，或对设备内的液位进行控制，因此，常需要测量液位。测量液位的装置较多，但大多数遵循流体静力学基本原理。

玻璃管液位计是用带刻度的玻璃管连接在容器的上下两个接口上，玻璃管中的液面位置就是容器中的液位，通过刻度直接显示出来。

液柱液位计的结构与玻璃管液位计相似，管底部是 U 形弯管，管中装有密度大于容器内液体密度的指示液，由读数 R 可推算出容器内的液面高度（图1-5）。

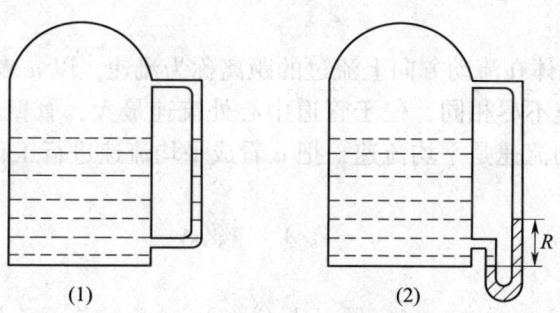

图 1-5　液位计工作原理
(1) 玻璃管液面计　(2) 液柱压差

[课堂互动]

想一想　为什么液封装置中气体能从水封管排出，而空气不能从水封管进入液封装置？

（3）液封高度的计算　生产中有时需要将真空系统中的液体排出。为避免空气进入真空系统，常采用液封装置。再有，为了控制设备内气体压力不超过规定的数值，也常使用安全液封（或称水封）装置，如图1-6所示，平时可防止容器内气体泄漏，当设备内压力超过规定值时，气体则从水封管排出，以确保设备操作的安全。

液封高度可根据静力学基本方程计算。若要求设备内的压力不超过 p（表压），则水封管的插入深度 h 为

$$h = p/\rho g$$

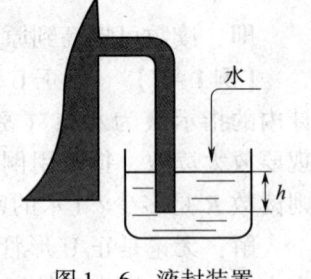

图1-6　液封装置

式中　ρ——水的密度，kg/m^3

项目二　流体流动的规律与应用

一、流体的流量方程

生产过程中，为将流体从低位送到高位，或者从一个容器送到另一个容器中，常需要解决输送机械设备功率问题。为此，必须研究和探讨流体的基本规律，才能正确选择各种输送设备的型号。

1. 流量

单位时间内流过管道任意截面的流体量，称为流量。如以体积计算，称为体积流量，用 V_S 表示，单位是 m^3/s；若以质量计算，则称为质量流量，用 W_S 表示，单位是 kg/s。V_S 与 W_S 之间的关系是：

$$W_S = V_S \rho \tag{1-15}$$

2. 流速

单位时间内流体在流动方向上流过的距离称为流速，以 u 表示，单位为 m/s。管道中各点的流速不尽相同，位于管道中心处流速最大，管壁附近的流速最小。在工程上通常说的流速是平均流速，把 u 看成平均流速进行工程计算。流速与流量的关系为：

$$u = V_S/A = W_S/\rho A \tag{1-16}$$

或

$$W_S = V_S \rho = uA\rho \tag{1-17}$$

式中　A——管子截面积，m^2

　　　u——流体平均速度，m/s

如果管道为圆管，则

$$u = \frac{4V_S}{\pi \times d^2} \tag{1-18}$$

式（1-18）称为流量方程式。

由此可知，当流量为定值时，必须选定流速，才能确定管径。流速大，则管径小，这样可以节省设备投资，但流体流动时的阻力也大，会消耗更多动力，增加日常操作费用；反之，流速小，则设备费用高而日常操作费用少。适宜的流速由输送设备的操作费用和管路的设备费做经济权衡及优化后来决定。通常，液体流速取 0.5~3m/s，气体则为 10~30m/s。表1-1列出了一些流体在管道中的常见流速范围，可供参考。需要指出的是，市面上的管径已经标准化，经过计算后得到的管径，应按照标准选定后，再重新核定流速。

表1-1　　　某些流体在管道总的适宜流速范围

流体种类	流速范围/(m/s)	流体种类	流速范围/(m/s)
水及一般液体	1~3	饱和水蒸气	
黏性液体（如油等）	0.5~1	0.3kPa（表压）	20~40
常压下一般气体	10~20	0.8kPa（表压）	40~60
压强较高的气体	15~25	过热蒸汽	30~50

[知识链接]

公称直径，又称平均外径，指标准化以后的标准直径，以 DN 表示，单位 mm，换算如下：

1 分 = 1/8 寸 = DN6　　　2 分 = 1/4 寸 = DN8

3 分 = 3/8 寸 = DN10　　　4 分 = 1/2 寸 = DN15

6 分 = 3/4 寸 = DN20　　　8 分 = 1 寸 = DN25

【例1-8】 某厂需要架设一条输送自来水的管道，输水量为 42500kg/h，应用多大的管道直径？

解：用式（1-18）计算所需管道直径，即 $d = \sqrt{\dfrac{4V_S}{\pi \times u}}$，水的密度为 1000kg/m³，则体积流量是：

$$V_S = \frac{42500}{3600 \times 1000} = 0.01181 \text{m}^3/\text{s}$$

取自来水的流速 $u = 1.5$m/s，则 $d = \sqrt{\dfrac{4 \times 0.01181}{\pi \times 1.5}} = 0.1001$m

由于各种材质的管子有其系列的产品标准，工艺计算求出的管径往往与厂家生产的管径不是完全吻合，可在有关手册中选用直径相接近的标准管子。经查找，φ108mm×4mm 的热轧无缝钢管比较适合。φ108mm×4mm 表示管子外径是 108mm，管壁厚是 4mm。管径选定后，还应依据式（1-18）重新核定流速：

$$u = \frac{4 \times 0.01181}{\pi \times (0.108 - 0.004 \times 2)^2} = 1.504 \text{m/s}$$

流速符合自来水的实际流速范围,说明选择的管子型号正确。

二、流体物料与能量衡算

1. 物料衡算

流体在管道中流动时,管道内任何空间位置处流体的流速、流量、压力参数都不随时间改变而变化,这种流动称为定态流动;反之,如果各空间位置处流体流动的各参数随时间改变而改变,则称为非定态流动(图1-7)。本书中只讨论定态流动的动力学问题。

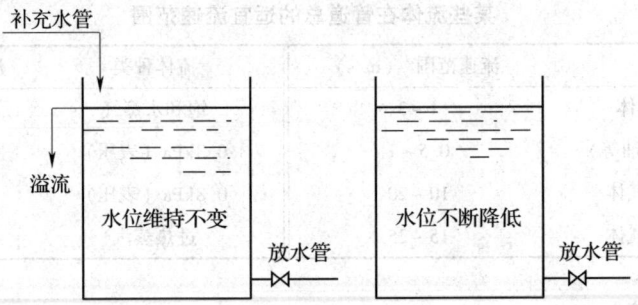

图1-7 定态流动与非定态流动

图1-8为定态流动时系统中各空间位置及流体流动情况示意。在这个系统中选取管道、输送机械和热交换器以及截面1-1′及2-2′作物料衡算范围。因流体为连续性介质,故充满了管道和设备的所有空间,并且流体源源不断地从1-1′截面流向2-2′截面。同时,整个输送系统没有物料的损失,也没有额外加入物料,始终保持稳定的流动。根据质量守恒定律,单位时间内进入1-1′截面的流体质量必等于由2-2′截面输出的质量,也就是质量流量是恒定的。这种现象称为流体流动的连续性。此时的物料衡算式为:

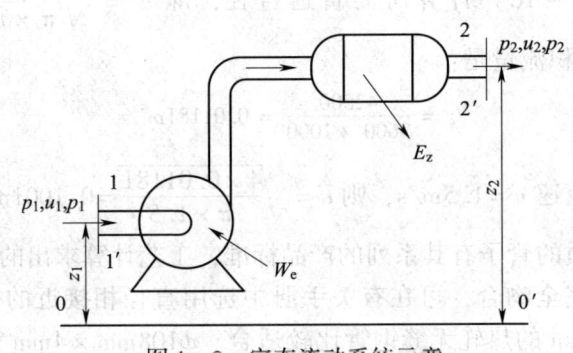

图1-8 定态流动系统示意

$$u_1 A_1 \rho_1 = u_2 A_2 \rho_2 = \cdots = u_n A_n \rho_n = c \tag{1-19}$$

不可压缩流体,ρ = 常数,则:

$$u_1A_1 = u_2A_2 = \cdots = u_nA_n = c \tag{1-20}$$

式（1-20）称为流体流动的连续性方程。

2. 能量衡算

在图 1-8 所示的定态流动系统中，流体从 1-1′截面流入，2-2′截面流出。衡算范围：1-1′、2-2′截面以及管内壁所围成的空间；衡算基准：1kg 流体；基准水平面：0-0′水平面。流体的能量有以下几种形式。

（1）流动流体本身具有的能量　一般来说，流动流体本身所蕴含的能量包括流体的内能和机械能。

① 内能：贮存于流体内部的能量。设 1kg 流体具有的内能为 U，其单位为 J/kg。

② 位能：流体受重力作用在不同高度处所具有的能量称为位能。计算位能时应先规定一个基准水平面，如 0-0′面。将质量为 m 的流体自基准水平面 0-0′升举到 h 处所做的功（图 1-8 中，$h = z_2$），即为位能，用 $E_{位}$ 表示，其计算式为

$$E_{位} = mgh \tag{1-21}$$

1kg 的流体所具有的位能为 gh，其单位为 J/kg。

③ 动能：流体以一定速度流动，便具有动能。用 $E_{动}$ 表示，根据牛顿定律得：

$$E_{动} = \frac{1}{2}mu^2 \tag{1-22}$$

1kg 的流体所具有的动能为 $\frac{1}{2}u^2$，其单位为 J/kg。

④ 静压能：由于在 1-1′截面处流体具有一定的静压强，流体要通过该截面进入系统，就需要对流体做一定的功，以克服这个静压强，流体所具有的这种能量称为静压能或流动功，用 $P_{静}$ 表示。

质量为 m、体积为 V_1 的流体，通过 1-1′截面所需的作用力 $F_1 = p_1A_1$，流体通过此截面所走的距离 V_1/A_1，故与此功相当的静压能为：$p_1A_1\dfrac{V_1}{A_1} = p_1V_1$，则

$$P_{静} = m\frac{p}{\rho} \tag{1-23}$$

1kg 流体所具有的静压能为 $\dfrac{p}{\rho}$，其单位为 J/kg。

位能、动能及静压能三种能量均为流体在截面处所具有的机械能，三者之和称为某截面上的总机械能。

（2）系统与外界交换的能量　流体在流动过程中，还通过其他外界条件与衡算系统交换的能量包括如下几种。

① 热：若管路中有加热器、冷却器等，流体通过时必与之换热。设换热器向 1kg 流体提供的热量用 Q_e 表示，其单位为 J/kg。

② 外功：在图 1-8 的流动系统中，还有流体输送机械（泵或风机）向流体

作功,1kg流体从流体输送机械所获得的能量称为外功或有效功,用W_e表示,其单位为J/kg。

流体所具有的总能量计算式为

$$E_{总} = U + E_{位} + E_{动} + P_{静} + W_e + Q_e \quad (1-24)$$

(3)理想流体的伯努利方程式 根据能量守恒原则,对于衡算范围,其输入的总能量必等于输出的总能量。在图1-8的1-1′截面与2-2′截面之间的衡算范围内,有

$$U_1 + z_1 g + \frac{1}{2}u_1^2 + \frac{p_1}{\rho} + W_e + Q_e = U_2 + z_2 g + \frac{1}{2}u_2^2 + \frac{p_2}{\rho} \quad (1-25)$$

在以上能量形式中,可分为两类:一类是机械能,即位能、动能、静压能及外功,可用于输送流体;另一类是内能与热,不能直接转变为输送流体的机械能。

如果不考虑有外功和能量损失,则有:

$$U_1 + z_1 g + \frac{1}{2}u_1^2 + \frac{p_1}{\rho} = U_2 + z_2 g + \frac{1}{2}u_2^2 + \frac{p_2}{\rho}$$

一般流体在管道中流动时,内能的变化量较小,可以近似地认为$U_1 = U_2$,则

$$z_1 g + \frac{1}{2}u_1^2 + \frac{p_1}{\rho} = z_2 g + \frac{1}{2}u_2^2 + \frac{p_2}{\rho} \quad (1-26)$$

式(1-26)称为理想流体伯努利方程式,是进行有关流体流动计算的基本方程式。

由伯努利方程可知,流体在不同截面间各种机械能的形式可以互相转化。流体在任一截面上,各种机械能的总和为常数。

【例1-9】 如图1-9所示,常温水在管路中由下向上做定态流动。管道内径由320mm逐渐缩小至160mm。已测得在图中1-1′及2-2′截面静压强分别为1.5×10^5Pa及1.3×10^5Pa(均为表压),两个测压面间的垂直距离为2.0m。流动过程中的能量损失很小,可忽略不计,试求水在该管道中流动时质量流量为多少(kg/h)?

解:取1-1′及2-2′截面为基准面,此间无外功,忽略其间的能量损失。

故 $z_1 g + \frac{1}{2}u_1^2 + \frac{p_1}{\rho} = z_2 g + \frac{1}{2}u_2^2 + \frac{p_2}{\rho}$,取水的密度$\rho \approx 1000$kg/m³。

式中各物理量分别为 $z_1 = 0$m, $z_2 = 2.0$m

$p_1 = 1.5 \times 10^5$Pa(表压)

$p_2 = 1.3 \times 10^5$Pa(表压)

u_1及u_2均为待求值,根据流量公式和连续性方程式可得:

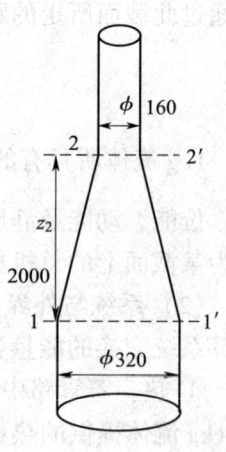

图1-9 例题1-9

$$\frac{u_1}{u_2} = \left(\frac{d_2}{d_1}\right)^2$$

所以，$u_1 = u_2\left(\dfrac{d_2}{d_1}\right)^2 = \left(\dfrac{160}{320}\right)^2 u_2 = 0.25 u_2$

将上述各值代入，得 $\dfrac{(0.25u_2)^2}{2} + \dfrac{1.5\times 10^5}{1000} = 9.81\times 2.0 + \dfrac{u_2^2}{2} + \dfrac{1.3\times 10^5}{1000}$

解得 $u_2 = 0.9 \text{ m/s}$

质量流量为 $W_S = 0.9 \times \dfrac{\pi}{4} \times 0.16^2 \times 3600 \times 1000 = 65111.04 \text{ kg/h}$

(4) 实际流体的伯努利方程式 生产中的流体都是实际流体。实际流体在流动中有摩擦力产生，使部分机械能转变成热能而无法利用，这部分损失掉的能量称为能量损失（阻力损失，Σh_f）。为补充损失的能量，需要使用外加设备（泵）来提供能量，称为外加能量或者有效功，用 W_e 表示。所以，实际流体的伯努利方程式为：

$$z_1 g + \frac{1}{2}u_1^2 + \frac{p_1}{\rho} + W_e = z_2 g + \frac{1}{2}u_2^2 + \frac{p_2}{\rho} + \Sigma h_f \tag{1-27}$$

上式是按流体质量是 1kg 建立的伯努利方程式。如果以单位质量（1N）的流体为基准，则式（1-27）左右两边同除以 g，得

$$z_1 + \frac{1}{2g}u_1^2 + \frac{p_1}{\rho g} + H_e = z_2 + \frac{1}{2g}u_2^2 + \frac{p_2}{\rho g} + H_f \tag{1-28}$$

式中各项的单位是 J/N = m，其物理意义是：每牛顿重量的流体所具有的能量，通常称为压头。其中，z 称为位压头；$u^2/2g$ 称为动压头；$p/\rho g$ 称为静压头；$H_e = W_e/g$ 称为外加压头；$H_f = \Sigma h_f/g$ 称为损失压头。

如果以单位体积为衡算基准，则将式（1-27）中各项乘以 ρ，可得

$$\rho z_1 g + \frac{1}{2}\rho u_1^2 + p_1 + \rho W_e = \rho z_2 g + \frac{1}{2}\rho u_2^2 + p_2 + \rho \Sigma h_f \tag{1-29}$$

式中各项单位是 $\dfrac{\text{J}}{\text{m}^3} = \dfrac{\text{Nm}}{\text{m}^3} = \text{Pa}$，即单位体积不可压缩性流体所具有的能量。

伯努利方程是流体力学中最主要的方程式，可以用来确定各项压头的转换关系：计算流体的流速，以及管路输送系统中所需外加压头等问题。当 $H_f = 0$ 时，由式（1-28）可知，在无外加压头的情况下，流体在管路中流动时，只能从高压头处自动流向低压头处，反之就必须外加能量。换句话说，两截面间的总压头差就是流体流动的推动力。

【例 1-10】 如图 1-10 所示，密度为 850kg/m³ 的料液从高位槽送入塔中，高位槽内液面保持恒定，塔内表压 15kPa，进料量 5m³/h。连接管规格为 ϕ35mm×2.5mm，料液在连接管内流动时损失的能量是 30J/kg。问高位槽内液面应比塔

进料口高出多少米？

解：取高位槽液面为 $1-1'$ 截面，出料口为 $2-2'$ 截面。

以 $2-2'$ 截面出料管中心线为基准面，则 $z_2=0$，$p_1=0$（表压），$p_2=15\text{kPa}$，$u_1=0$，$V_S=\dfrac{5}{3600}\text{m}^3/\text{s}$，$d_2=35-2.5\times2=30\text{mm}$，$A=0.785\times0.03^2\text{m}^2$，

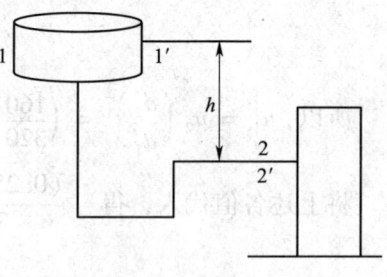

图 1-10 例题 1-10

$$u_2=\dfrac{V_S}{A}=\dfrac{5/3600}{0.785\times0.03^2}=1.966\text{m/s},\ \Sigma h_\text{f}=30\text{J/kg},\ W_\text{e}=0,\ z_\text{e}=?$$

根据伯努利方程，得：

$$z_1 g=\dfrac{1}{2}u_2^2+\dfrac{p_2}{\rho}+\Sigma h_\text{f}$$

即 $9.81z_1=\dfrac{1.966^2}{2}+\dfrac{15000}{850}+30, z_1=5.054\text{m}$。

项目三 流体阻力及应用

流体流动时会遇到阻力，简称流体阻力。流体阻力的大小与流体的黏度以及其他因素有关。

[课堂互动]

想一想 "鲨鱼皮"游泳衣为什么能减小水的阻力？

一、流体黏度与流动速度的分布

1. 流体阻力

可以做一个简单的实验来观测流体阻力的表现。如图 1-11 所示，在一水槽的底部接出一段直径均匀的水平管，在截面 1、2 两处安装两根直立的玻璃管，用来观测当水流经管道时两截面处的静压力。若把水平管的出口阀打开，水以流速 u 流动时，两直立玻璃管内的液柱高度将出现图 1-11 所示的静压下降现象。

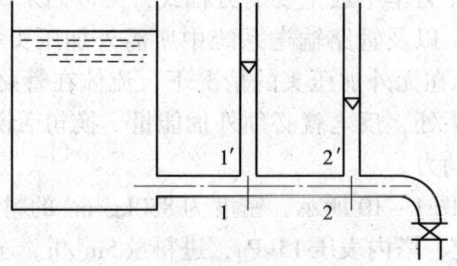

图 1-11 流体阻力的观察

在两截面间列伯努利方程式，得：

$$u_1 = u_2 \quad z_1 = z_2$$

$$z_1 g + \frac{1}{2}u_1^2 + \frac{p_1}{\rho} = z_2 + \frac{1}{2}u_2^2 + \frac{p_2}{\rho} + \Sigma h_f$$

即：$\Sigma h_f = \dfrac{p_1 - p_2}{\rho}$

可见，两截面之间管路中，流体流动时的阻力损失 Σh_f 与两截面处的压差有关，流体的阻力导致了静压能的下降。阻力越大，静压能下降就越多。这种压力降就是流体阻力的表现。需要说明的是，上式只适用于流体在等径的水平管中流动的情况。

流体流动产生的阻力可以通过管道中的水流来理解。当水流流经管壁时，由于流体对壁面有附着作用，在壁面上会黏附一层静止的流体；由于流体内部分子间存在着吸引力，壁面上静止的流体层对与其相邻的流体层产生黏附力，约束其流动，使流速减慢；离开壁面越远，壁面静止流体层的约束作用越弱。这种流体层之间的约束作用可以扩大到整个流体内部，即流动的流体中，每个流体层都对相邻的流体层产生着相互间的约束作用，流动快的推动流动慢的，流动慢的阻碍流动快的，彼此间产生大小相等而方向相反的两种作用力。这种流体内部相邻流体层之间的作用力称为内摩擦力。内摩擦力是产生流体阻力的根本原因。

当流体流动激烈时，各流体质点流速的大小与方向都发生急剧变化，各质点间发生着相互激烈的相对运动，这种运动也会损耗流体所蕴含的机械能，使流体阻力增大。

可以说，流体具有的内摩擦力是产生流体阻力的内因，流体流动时所受流动条件的影响是产生流体阻力的外因。另外，管壁粗糙程度和管子的长度、直径均对流体阻力的大小有影响。

2. 流体黏度

流体流动时流层之间产生内摩擦力的这种特性，称为黏性。黏性大的流体不易流动。衡量流体黏性大小的物理量，称为黏性系数，简称黏度，用符号 μ 表示。

流体的黏度可由实验测定或从手册上查到，在物理单位制中黏度的单位为 $dyn \cdot s/cm^2$，专用名称为泊，用符号 P 表示。由于泊的单位太大，一般常用的是厘泊（cP），$1P = 100cP$。在 SI 制中黏度的单位为 $N \cdot s/m^2$ 或 $Pa \cdot s$。两个单位制中黏度的单位换算关系如下：

$$1Pa \cdot s = 10P = 1000cP = 1000mPa \cdot s \text{ 或者 } 1cP = 1mPa \cdot s$$

流体的黏度随温度变化而改变。液体的黏度随温度的升高而降低；气体则相反，黏度随温度的升高而增大。压力对流体黏度的影响可忽略不计；气体的黏度只有在极高或极低的压力下才有变化，一般情况下可以忽略。

混合物的黏度比较复杂，本书不做讨论。

3. 流体流动的类型

图 1-12 是雷诺实验装置示意图，通过这个实验，可以观察到流体不同位置质点的流动状况。

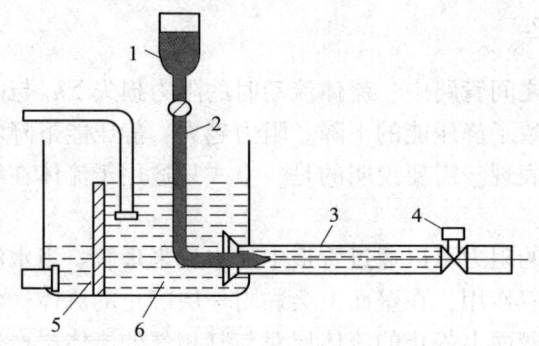

图 1-12　雷诺实验装置示意图
1—小瓶　2—细管　3—水平玻璃管　4—阀门　5—溢流装置　6—水箱

在水箱 6 的底部接一段直径不变的水平玻璃管 3，管出口处装有阀门 4，从玻璃管另一端的中心处伸入细管 2，细管上端与盛有红墨水的小瓶 1 相连，用溢流装置 5 控制箱内液面维持不变。水流进入玻璃管的同时也将红墨水通入玻璃管的中心线位置。实验观察到：当水在管内的流速不大时，红墨水呈直线在整个管子中心线位置上流动，与水不相混合；若将水流速度逐渐提高，红墨水则由直线流动慢慢地变成波浪形流动，当水的流速达到一定数值后，红墨水的细线完全消失，与水混为一体。前者的现象表明，玻璃管内水的质点彼此做平行于管中心线的直线运动，流体的这种流动称为层流；后者的现象说明水的质点彼此之间不再呈平行的直线运动，而是在向前方流动的同时做不规则的杂乱流动，且彼此之间相互碰撞并混合，质点的流速大小与方向随时发生变化，把流体的这种流动称为湍流。

雷诺实验结果表明：流体在管内的流动分层流、湍流两种类型。流体在管内的流动类型，由流体的临界速度决定。临界速度的大小受黏度 μ、密度 ρ 和管径 d 的影响。

无论流体以何种形态流动，其在管中流动时各截面上任意点的速度都是不均匀的，这些点的速度随该点与管中心的距离而变化的情况（即速度分布）如图 1-13 所示。层流平均速度 u 与管中心最大速度 u_{max} 之比值为 0.5，湍流的 u 与 u_{max} 之比值可用经验公式来求算，一般视为 0.82 左右。

雷诺实验揭示了重要的流体流动机理，即流体在管路中的流动形态受多方面因素的影响，包括管子直径、流体密度、黏度、速度、温度、压强、摩擦力等，可以用函数 $f(d, \rho, u, \mu, \lambda, p, t)$ 来表示流动形态与各因素的关系，这种由若干个有内在联系的物理量按无因次组合形成的无单位的数群称为特征数，又称

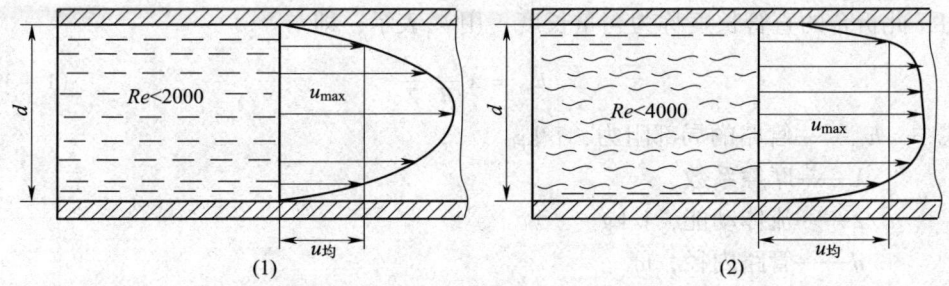

图1-13 流体在圆管内的速度分布

为准数。将由直径、流体密度、黏度、速度四种物理量组合起来的、用来描述流体流动形态的特征数称为雷诺准数（或雷诺数）Re。

$$Re = \frac{du\rho}{\mu} \qquad (1-30)$$

实验证明，当 $Re \leqslant 2000$ 时，流体的流动类型属于层流，称为层流区；当 $Re > 4000$ 时，流体的流动类型属于湍流，称为湍流区；当 $2000 < Re < 4000$ 时，流体的流动状态是不稳定的，称为过渡区，这时的流体流动受外界条件的影响，易促成湍流的形成，所以在阻力计算时常按照湍流来处理。

需要指出的是，在实际生产中，流体的流动是湍流流型。

4. 流体在管路中的流动阻力

流体在管路中的流动阻力可分为直管阻力和局部阻力两部分。

(1) 直管阻力 指流体流经一定管径的直管时，由于流体的内摩擦力而产生的阻力。由实验可知，流体在圆形直管中流动时的损失能量可用下式计算

$$h_{直} = \lambda \frac{l}{d} \frac{u^2}{2} \qquad (1-31)$$

式中 $h_{直}$——流体在圆形直管中流动时的损失能量，J/kg；

l——管长，m；

d——管内径，m；

$u^2/2$——动能，J/kg；

λ——摩擦因数，无单位

摩擦因数 λ 与管内流体流动时的雷诺数 Re 有关，也与管道内壁的粗糙程度有关，这种关联随流体流动类型的不同而变化。流体做层流流动时，摩擦因数 λ 只与雷诺数 Re 有关，与管壁的粗糙度无关；流体呈湍流时，摩擦因数 λ 与雷诺数 Re 和管壁粗糙度都有关。

对于非圆形管路，其直管阻力可用当量直径 $d_当$ 代替管内径 d。

(2) 局部阻力 指流体流经管路中的管件、阀门或管径突然增大与缩小等局部障碍所引起的阻力。局部阻力通常有两种计算方法：当量长度法和阻力系数法。

当量长度法是将某一局部阻力折合成相当于同直径一定长度直管所产生的阻

力，此折合的直管长度称为当量长度，用 $l_{当}$ 表示，即

$$h_{局} = \lambda \frac{l_{当}}{d} \frac{u^2}{2} \qquad (1-32)$$

式中　$h_{局}$——管路的局部阻力，J/kg

　　　λ——摩擦系数

　　　$u^2/2$——流体动能，J/kg

　　　d——管路内径，m

$l_{当}$ 值由实验测定。由于当量长度是以一定的管径为条件的，所以当量长度习惯于用 $l_{当}/d$ 值表述，称为以管径计的当量长度。常见的各种管件、阀门及流量计等的 $l_{当}/d$ 值列于表 1-2 中。

表 1-2　　　　常见管件、阀门及流量计等以管径计的当量长度

名　称	$l_{当}/d$	名　称	$l_{当}/d$
90°标准弯头	30~40	截止阀（标准式，全开）	300
止回阀（旋启式，全开）	135	闸阀（全开）	7
蝶阀（6in 以上，全开）	20	闸阀（3/4 开）	40
盘式流量计（水表）	400	闸阀（1/2 开）	200
文氏流量计	12	闸阀（1/4 开）	800
转子流量计	200~300	容器入管口	20

注：1in = 2.54cm。

管路系统的总阻力包括所取两截面间的全部直管阻力和局部阻力，即伯努利方程中的 Σh_f 项。

$$\Sigma h_f = h_{直} + h_{局} \qquad (1-33)$$

式（1-33）适用于等径管路的总阻力计算。对于不同直径的管段组成的管路，则需要分段计算。

流体阻力除用损失能量 Σh_f 表示外，也经常用损失压头 H_f 表示，有时还用相当的压力降 $\Delta p = \Sigma h_f \rho = H_f \rho g$ 表示。

二、流量测量

在流体的输送过程中经常要进行流速和流量的测定，理解掌握流速和流量测定方法的原理，以及认识常用的测量工具是很重要的。

1. 孔板流量计

孔板流量计的结构原理如图 1-14 所示，水平直管中垂直插入带有中央圆孔的孔板，U 形管压差计的支管连接在孔板的两侧。当管内流体流过孔板时，由于流动截面突然缩小，流速骤增，随着流体动能的增加，势必造成静压能的下降，从而在孔板的两侧产生一定的压强变化。由于静压能下降的程度随流体流量的大小而变化，所以，测定压力差就可以知道流量。压力差可以通过 U 形管读出来。将读数 R

代入有关公式，即可得出流体的流速和流量。

由于流体的惯性作用，流动截面不能立即扩大到与管子截面相等，而是在一定距离内不断收缩至最小截面，然后才扩大到整个管截面积。流动截面最小处称为缩脉。流体在缩脉处的流速是其流经小孔后的最大流速。流体经过缩脉后，部分动能会逐渐还原成静压能，但不会全部都恢复，相当部分的能量消耗于克服孔板前后的管截面积骤然缩小和扩大所引起的阻力，这部分损失的能量不能恢复为静压能，而是变为热能使流体温度升高，称为永久性压强降。

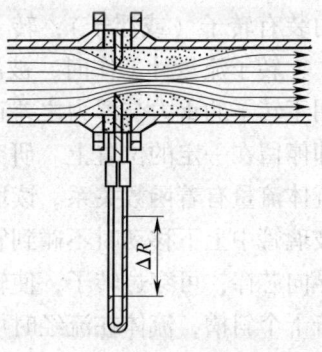

图 1-14 孔板流量计

利用伯努利方程式可推导出用孔板流量计测量流速（u_0）和流量（V_S）的计算公式：

$$u_0 = C_0 \sqrt{\frac{2gR(\rho_A - \rho)}{\rho}} \qquad (1-34)$$

$$V_S = C_0 A_0 \sqrt{\frac{2gR(\rho_A - \rho)}{\rho}} \qquad (1-35)$$

式中　ρ_A——指示液的密度

　　　ρ——流体的密度

　　　A_0——孔板圆孔的截面积

　　　C_0——校正因数，称为孔流因数，C_0 值一般由实验测定

　　　u_0——小孔处的流速

　　　V_S——管道中的流量

孔板流量计构造简单，准确度高，在工业生产中广泛使用。缺点是能量损失大。

2. 文丘里流量计

孔板流量计由于孔板结构而引起较多的能量消耗。为了减少能量的损失将孔板结构改为逐渐缩小的扩管，这样构成的流量计称为文丘里流量计（或文氏流量计，图 1-15）。一般收缩角 $\alpha_1 = 15° \sim 25°$，扩大角 $\alpha_2 = 5° \sim 7°$。

利用文丘里流量计测定管道流量仍可采用式（1-35），但须以文丘里管的孔流系数 $C_文$ 代替 C_0，因而管道中的流量为

$$V_S = C_文 A_0 \sqrt{\frac{2gR(\rho_A - \rho)}{\rho}} \qquad (1-36)$$

式中　A_0——为渐缩扩管喉颈处的截面积

文丘里流量计的阻力较小，常用于低压气体输送中的测量。但要求加工精度高，造价较昂贵。

3. 转子流量计

转子流量计的构造如图 1-16 所示，在自下而上直径逐渐扩大的垂直玻璃管

内装有转子（或浮子），转子可沿垂直玻璃管的中心轴线上下自由移动。

转子流量计工作时，被测流体自下而上流过时，推动转子向上浮动，直到作用于转子的重力与浮力之差正好与转子上下的压力差相等时，转子处于平衡状态，即停留在一定的位置上。研究发现，转子在玻璃管中的位置（高度）与所通过的流体流量有着函数关系。读取转子停留位置处的刻度，则可得知流量。为使转子在玻璃管中上下移动时不碰到管壁，有的转子流量计在玻璃管的中心轴线上装有一根导向芯棒，可穿过转子，使转子沿芯棒上下自由移动；也有的在转子顶部边缘开有若干个斜槽，流体在流经时可使转子绕中心线稳定旋转，而不会碰到管壁。

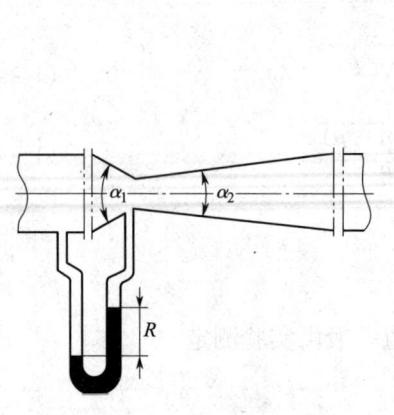
图 1-15　文丘里流量计

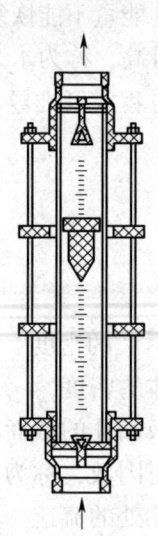
图 1-16　转子流量计

孔板流量计利用孔板上截面积一定的圆孔产生节流，通过孔板前后的压力差来测定流量。与之不同的是，在转子流量计中，流体流经转子前后的压力差保持恒定，而随着转子的上下移动，节流部分的截面积也在变化，可不断调整新的平衡点，由此来测定流量。转子流量计的转子位置与流量的关系需要预先校正。使用时，流量计必须垂直安装于管路中，使流体自下而上通过。

转子流量计是工业和实验室中最常用的一种流量计，结构简单、直观，压力损失小，维修简便，主要用于低压下小流量的测定。

项目四　管道与阀门

管道是工厂生产中流体流动的通道，是系统的组成，包括管线、管件和阀门，此外，还有管架、管卡、管沟、管撑和管道保温层等。本教材仅介绍管线、管件和阀门。

一、管线与管件

1. 管线

管线用于输送各种流体。管线有统一的规格标准。管线的规格描述（以不锈钢管为例）方法是：$\phi 108mm \times 4mm$ 表示钢管外径是 108mm，壁厚是 4mm，内径是 100mm。

任何管的内壁都是凹凸不平的，管内壁凸出部分的平均高度称为绝对粗糙度，用 ε 表示，单位是 mm。绝对粗糙度与管内径的比值称为相对粗糙度。新管的相对粗糙度小，用了一段时间的管相对粗糙度增大。管的相对粗糙度越大，流体在管内流动时受到的阻力也越大。工程设计时，常用相对粗糙度来确定流体流动时的阻力系数。

按照所用材料的不同，管线可分为金属管和非金属管。常用的管线主要有铸铁管、无缝钢管、有缝钢管、有色金属管、玻璃管、塑料管、胶管和陶瓷管等。

（1）铸铁管　常埋于地下，用作低压给水总管、煤气管和污水管等。其特点是价格低廉，耐腐蚀性比钢管强。但铸铁管性脆，管壁厚而笨重，不可用于输送易燃爆炸气体和高温、高压蒸气。

（2）无缝钢管　按制造方法分为热轧和冷拔（冷轧）普通碳素钢、优质碳素钢、低合金钢和普通合金结构无缝钢管。无缝钢管的质量均匀、强度高、管壁薄。可分为高压用、中低压用、锅炉用等各种类型的钢管，分别适用于各种流体的输送。

（3）有缝钢管　常用于水、污水、燃气、空气和采暖蒸汽等低压流体的输送。根据承受压力的大小，又分为普通管（<1MPa 表压）和加厚管（<1.6MPa 表压），一般使用温度为 0~140℃（随使用温度增高，极限工作压力下降）。水、煤气管中镀有锌的称为白铁管，不镀锌的称为黑铁管。用于生活用水的水管为镀锌管。

（4）有色金属管　包括紫铜管、黄铜管、铝管和铅管等，适用于特殊操作条件。

① 铜管：导热性好，耐弯曲，适宜做某些特殊用途的换热器用管。细铜管常用于输送有压力的液体（但不能输送氨），如机械设备的润滑系统、油压系统的油管，部分仪表管也使用铜管。

② 铝管：质轻且耐部分酸的腐蚀，导热性好，但不耐碱及盐水、盐酸等含氯离子的化合物，广泛用于浓硝酸、醋酸等物料的输送，亦用来制造换热器。

③ 铅管：常用作耐酸管道，如输送 15%~65% 的硫酸、60% 的氢氟酸、低于 80% 的醋酸等。铅管的最高使用温度为 200℃，温度高于 140℃时不宜在压力下使用。硝酸、次氯酸及高锰酸盐类等介质不可采用铅管输送。铅管重且机械强度低，在需要机械强度及耐硫酸腐蚀时，往往在无缝钢管的表面挂上一层铅，称为搪铅管。

(5) 玻璃管　耐酸碱腐蚀性好，表面光滑、耐磨，管道阻力小，价格便宜。缺点是性脆，不耐冲击与振动，热稳定性差，不耐高压。为克服这些缺点，在一些高温高压且需要耐腐蚀的场合下，常使用在钢管内搪玻璃的搪玻璃管。

(6) 塑料管　包括有机玻璃管、聚氯乙烯管、酚醛塑料管等。塑料管具有很多优良性能，特点是耐腐蚀性好，质轻，加工成型方便。但性脆，强度差，易裂，耐热性也差。有机玻璃管多用于实验装置，以便于观察管内流体流动的情况。聚氯乙烯管和酚醛塑料管用于输送常温常压或低压的耐腐蚀性流体。

(7) 橡胶管　为软管，能任意弯曲，质轻，耐温性、抗冲击性能较好，多用来作临时性管道。按性能和用途的不同，可分为纯胶管，以及耐热、耐压、耐油、耐酸的夹布胶管和吸引胶管。吸引胶管除在胶管内夹布外，还在胶管内层设有螺旋状钢丝，以使胶管在真空下不致被吸瘪。在一些需要严格控制物料内金属离子的生产中，还用内衬橡胶管来输送软化水和其他常温物料，以避免管壁上的金属离子进入物料中。

(8) 陶瓷管　具有优越的耐酸碱腐蚀性能，成本低廉，可节省大量的钢材。但陶瓷管性脆、强度低、不耐压，不宜输送剧毒及易燃易爆的介质，多用于排除腐蚀性污水。

2. 管件

把管子连接成管路时，需要接上各种配件，如连接法兰、直通、弯头、三通等，还有与各种仪器仪表相连接的接头、堵头等。习惯上将管道系统中除管线和阀门以外的各种配件统称为管件。

(1) 改变管路方向的管件　有90°弯头、45°弯头和180°回弯头，可改变管路的方向（图1-17）。

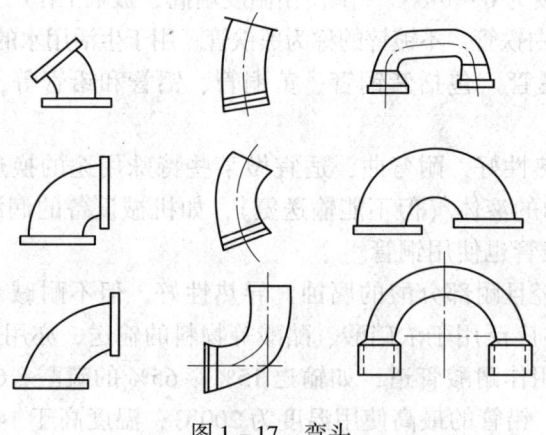

图1-17　弯头

(2) 连接两管的管件　如内螺纹管接头（内牙、内接）、外螺纹管接头（或称对丝、外接）、活接头（活接）、法兰等，用于管线连接（图1-18）。

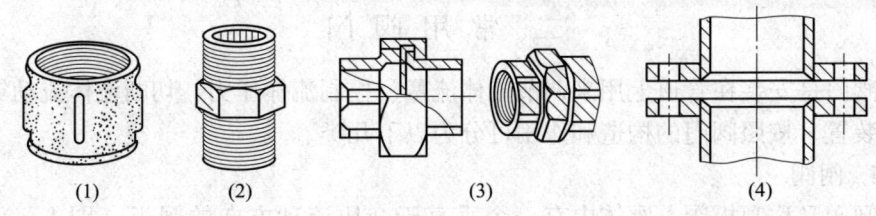

图 1 – 18　接头和法兰

(1) 内接头　(2) 外接头　(3) 活接头　(4) 法兰

（3）连接管路支路的管件　用于连接管路支路，如各种三通、四通等（图 1 – 19）。

图 1 – 19　三通、四通及 Y 形管

（4）改变管路直径的管件　连接不同直径的管线，改变管道的直径（图 1 – 20）。如异径管（或称大小头、变径），内、外螺纹管接头（或称内、外丝）。

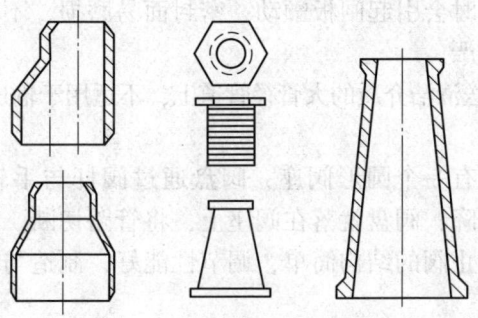

图 1 – 20　异径管和内外螺纹管接头

（5）堵塞管路的管件　用来堵塞管路，必要时打开清理或接临时管（图 1 – 20），如管帽（或称闷头）、管塞（或称丝堵、堵头）。

（6）连接固定钢管和临时管的管件　用于连接固定的管路和临时胶管、软管，进行短时间的临时操作，如卡箍（喉箍、啤喉等）。

二、常用阀门

阀门是安装在管道上用来调节流体流量、控制流体压力、切断流体流动等作用的装置。按照阀门的构造和作用可分为以下几类。

1. 闸阀

闸阀又称闸板阀，阀体内有一个垂直于介质流动方向的闸板（图 1 – 21）。闸板通过阀杆与手轮相连，转动手轮可使闸板上下活动：闸板降至最下方，管路被切断；闸板上升时，流体可部分通过；闸板提到最高处，管路全部打开。

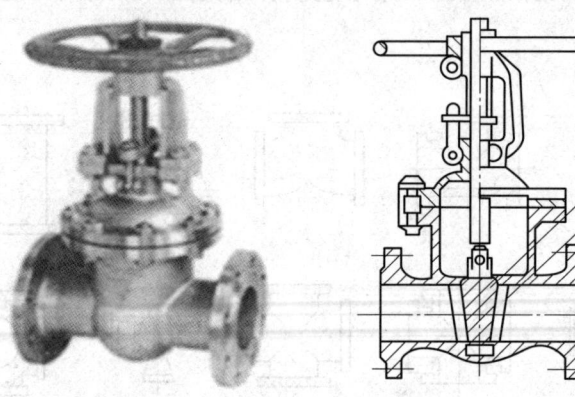

图 1 – 21　法兰式闸阀
1—闸板　2—闸座

闸阀的特点是密闭性能好，流体阻力小，启闭方便，易调节流量，可用于各种液体和气体的切断，同时也有一定的调节功能。但闸阀部分开启时，闸板易受流体浸湿，流体流动时会引起闸板颤动，密封面易磨损，不易修理，阀座槽中易沉积固体杂质而关不严。

闸阀一般用于输送清洁介质的大管径管道上，不适用于输送含固体杂质的流体。

2. 截止阀

截止阀的阀体内有一个圆形阀座，阀盘通过阀杆与手轮相连（图 1 – 22）。转动手轮可使阀杆下降，阀盘就落在阀座上，将管路切断。

与闸阀相比，截止阀的结构简单，调节性能好，制造与维修方便，但流体阻力大，密封性能差。

截止阀适用于蒸汽、压缩空气与真空管路，也可用于清洁的料液管路。不宜用于含有悬浮物质和易结晶的料液管路，因为固体颗粒会沉积、堵塞阀座通道、磨损阀盘。

3. 节流阀

节流阀属于截止阀的一种，因阀盘的形状为针形或圆锥形（图 1 – 23），也常称为针阀，可以较好地调节流量或进行节流调节压力。

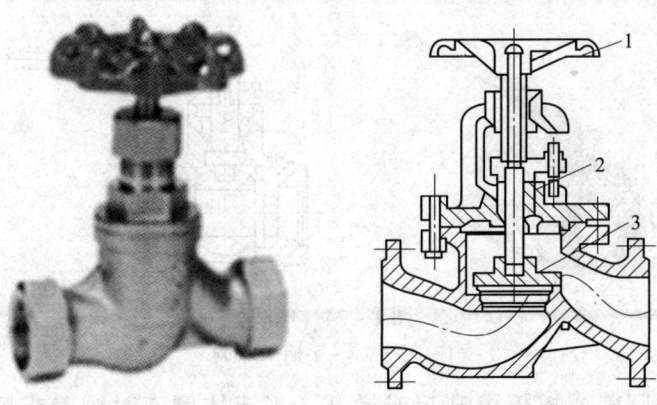

图 1-22　内螺纹截止阀
1—手轮　2—阀杆　3—阀盘

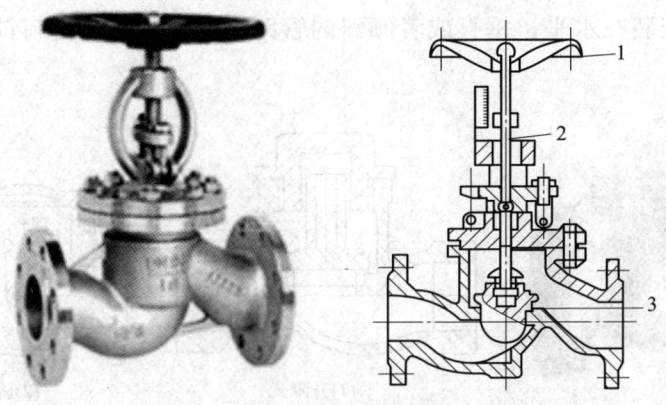

图 1-23　节流阀
1—手轮　2—阀杆　3—阀芯

节流阀的特点是外形尺寸小，质量轻，制造精度要求高。由于流速较大，易冲蚀密封面。适用于温度较低、压力较高的介质，不适用于黏度大、含有固体颗粒的介质，不宜用作隔断阀。

4. 球阀

球阀是以中心开孔的球体作阀芯，通过球体的旋转来控制阀的开启与关闭（图 1-24），其特点是结构简单，体积小，质量轻，开关迅速，操作方便，流体阻力小，适用于高压管道，能输送悬浮液和黏度较大的各种介质。但球阀的制作精度要求高，不能用于调节流量，受密封结构和材料的限制，不宜用于高温（<200℃）介质中。

5. 止回阀

止回阀也称为止逆阀或单向阀，可借助于流体的流动而自动开启或关闭的阀门（图 1-25），其作用是防止流体向反方向流动。止回阀内有一个阀盖或摇板，

 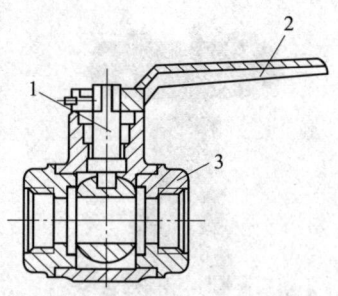

图 1-24 球阀
1—阀杆 2—手柄 3—球

当流体顺流时阀盖或摇板可升起或掀开,当流体倒流时阀盖或摇板即自动关闭。止回阀分为升降式和旋启式两种。升降式的阀盖可垂直做升降运动,所以升降式止回阀只能安装在水平管路上;旋启式的摇板做旋转运动,所以旋启式止回阀可以安装在水平、垂直或者倾斜的管路上。专用于泵进口前端的止回阀称为底阀。

 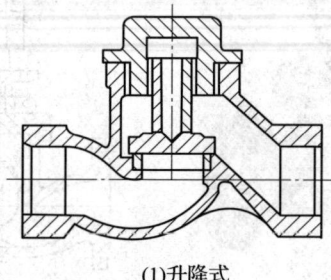 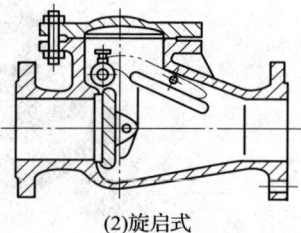

(1)升降式　　(2)旋启式

图 1-25 止回阀

止回阀可适用于清净介质,不宜用于含固体颗粒和黏度较大的介质。升降式的密封性比旋启式的好,而旋启式的流体阻力比升降式的小。一般旋启式止回阀多用于大口径管道上。

许多工艺流程中必须安装止回阀。例如,锅炉进水管安装止回阀,可保证软水进入锅炉,而锅炉内的水和蒸汽不能倒流;离心泵出口安装止回阀,可防止流体倒流,撞击齿轮叶片,缩短泵寿命。

6. 旋塞阀

工业上常将旋塞阀称之为"考克"。旋塞阀的阀件中心有一个带孔塞子,塞子可随阀杆转动,使塞孔与管路连通或切断,完成阀门的启闭动作(图 1-26)。塞子多为圆锥体,也有圆柱体。旋塞阀通常为内螺丝旋塞阀,也有三通旋塞阀,多用于截断介质的流动,也可用于进行介质的分流,或改变介质的流动方向,如三通旋塞阀或四通旋塞阀。

 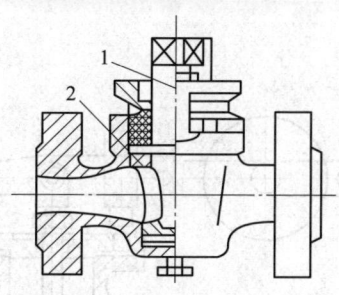

图 1-26 旋塞阀
1—阀杆 2—旋塞

旋塞阀结构简单，流体阻力小，价格便宜，便于维修，适用于小口径(<80mm)、温度低于100℃的管道，适宜输送黏度较大的介质和要求开关迅速的部位。一般不用于蒸汽和温度较高的介质。

7. 隔膜阀

隔膜阀是一种特殊形式的截止阀，是用一块软质材料制成的隔膜，将阀体内腔与阀盖内腔隔开（图 1-27），隔膜通过阀杆与手轮相连，可随手轮的旋转而升降，使阀体通道开启或者关闭。

 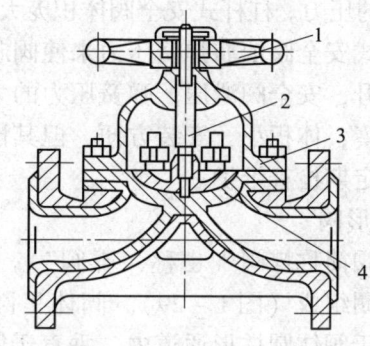

图 1-27 隔膜阀
1—手轮 2—阀杆 3—阀盘 4—隔膜

隔膜阀的介质通道与阀体的机械构件等完全被隔膜隔开，所输送的介质不易被污染，耐腐蚀，在食品、药品领域中应用广泛。适用于常压或低压管路及腐蚀性介质。

8. 安全阀

安全阀是一种截断阀门，常安装于中、高压设备和管路系统（如锅炉、压力容器等）上，作为超压保护装置。当系统内压力超过规定的最大压力时，阀门可以自动开启，使流体外泄而降压；当压力下降到规定的压力后，阀门自动关闭。常用的安全阀有杠杆式和弹簧式两种（图 1-28）。

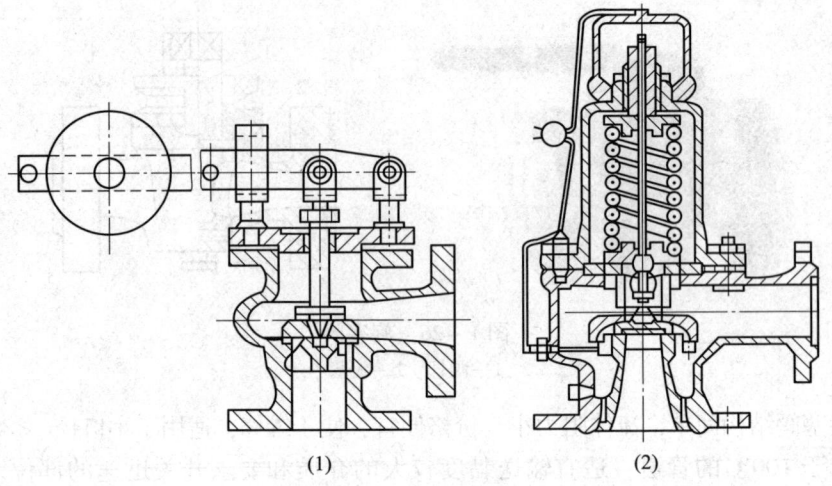

图1-28 安全阀
(1) 杠杆式 (2) 弹簧式

杠杆式安全阀的杠杆设置在阀芯的支撑上,杠杆上附有重锤。在最大工作压力下,流体作用于阀芯上的压力与杠杆重锤的重力相平衡;当超过规定的最大工作压力时,阀芯便离开阀座使流体与外界相通,即用变动重锤位置的方法来调整阀芯开启时的压力。杠杆式安全阀体积庞大,常用在周围空间开阔的压力容器上。

弹簧式安全阀依靠弹簧压力来使阀芯与阀座密合,当流体压力超过弹簧压力时阀芯上升,安全阀泄压。弹簧压力的大小可用螺纹衬套来调整。弹簧式安全阀的结构紧凑,体积小,安装方便,但其性能不如杠杆式安全阀可靠,为了保证安全,必须定期检查维护。

9. 蝶形阀

蝶形阀简称蝶阀(也称"碟阀"),阀体结构简单,主要由阀体、阀杆、蝶板和密封圈组成(图1-29)。阀体呈圆筒形,轴向长度短,内置圆盘形蝶板。蝶板安装于阀体圆柱形通道内、垂直于管道的直径方向,可在阀杆带动下旋转,旋转角度为0~90°。当旋转到90°时,阀门呈全开状态。改变蝶板的偏转角度,即可控制介质的流量,实现阀门流量的调节。

常用的蝶阀有法兰式和对夹式两种。法兰式蝶阀是在阀门上带有法兰,用螺栓将阀门上两端法兰连接在管道法兰上;对夹式蝶阀则由双头螺栓将阀门连接在两端管道法兰之间。

蝶阀和闸阀都属于全开全闭型的,适合大流量、黏度大、颗粒多的气体或液体。蝶阀的体积更小,安装简便,但耐压性不如闸阀,常用于低压、大中口径管道上的流体输送。使用中应注意检查阀座及O形环的密闭性。

10. 减压阀

减压阀的作用是自动地将高压气体按要求降低为某个恒定的压力,是节流阀

(1) 法兰式　　　　　　　　(2) 对夹式

图 1-29　蝶阀

的一种。减压阀通过阀件的启闭进行节流，将阀前的进口压力降至阀后的出口压力，并能在进口压力及流量变动时，利用介质本身的能量保持出口压力基本不变。一般来说，减压后的压力要低于阀前压力的 50%。

减压阀常用于蒸汽、洁净的压缩气体，不能用于液体的减压，也不允许气流中有固体颗粒，所以减压阀前一般装有管道过滤器。为了安全和检修方便，减压阀与过滤器一般都成组安装。

11. 疏水阀

疏水阀也叫疏水器或凝液排除器，能自动地排除管道或设备中的凝结水，而不排除气体，安装于需要排除凝结水的地方。例如，将其安装于蒸汽管网及设备中，能自动排出凝结水、空气及其他不凝结气体，并能阻止水蒸气的泄漏。常见的疏水阀多采用机械式排水原理，采用浮球或浮筒，通过杠杆原理控制凝结水的自动排出。

三、管道的连接

1. 管线连接

管线连接涉及管道和管道之间、管道和管件之间、管道或管件与阀门之间的连接，其连接方法是由管道用途及管道材质决定的。常见的连接方法有五类，即螺纹连接、法兰连接、焊接连接、承插连接及沟槽连接（图1-30）。

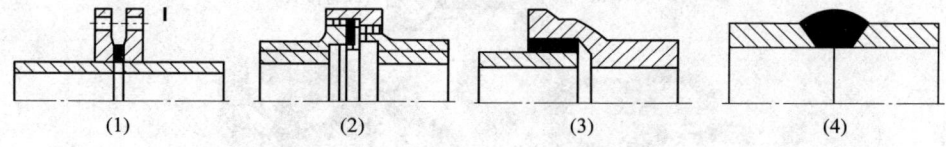

图 1-30　传统的管路连接方式
(1) 法兰连接　　(2) 螺纹连接　　(3) 承插连接　　(4) 焊接连接

（1）螺纹连接　这是一种可拆式连接，用于螺纹连接的管子两端都加工有外螺纹，对应的管件或阀门则加工有内螺纹，通过内外螺纹之间的相互拧紧而实现连接。螺纹连接一般用于小管径（<100mm）、工作压力较低的钢管、硬质塑料管等的连接。连接时先用聚四氟乙烯带、线麻和铅油等作填料，顺螺纹方向缠绕数圈，使螺纹之间严密结合。用内、外螺纹管接头连接管路时，结构简单，但不容易装卸。活接头的构造稍复杂，但容易装卸，且密封性好，不易泄漏。

（2）法兰连接　这也是一种可拆卸连接，适用于大管径、密封性能要求高的管路连接。连接时，先将两个法兰盘用丝扣或焊接方式固定在需要连接的两根管线的一端，然后将两个法兰盘用螺栓连接起来，中间以垫片密封。法兰连接密封的好坏，与选用的垫片材料相关。常用的垫片材料有橡胶垫、橡胶石棉垫、石棉垫和金属垫等。为了加强垫片的密封性能，在垫片的两面常涂以能抵抗介质渗漏、不与介质起化学反应的密封剂。法兰也有多种，可根据输送介质的压力、种类和管道的材质选定，常用的有平焊钢法兰、对焊钢法兰、松套钢法兰和塑料法兰等。

（3）焊接连接　常用的有熔焊、钎焊和胶焊三种。熔焊和钎焊用于金属管道和塑料管道的连接，胶焊仅用于塑料管道和橡胶管道的连接。施焊方式有气焊、手工电弧焊、钎焊、埋弧自动焊、CO_2气体保护焊和氩弧焊等。不锈钢管道的焊接常用氩弧焊。管道焊接较螺纹、法兰的连接要便宜、方便、严密，所有压力管道和真空管道都应尽量采用这种连接方式。考虑到检修方便，应在适当长度的管线或者需要经常拆卸的管段上使用法兰连接。

（4）承插连接　常用于管端不易加工的铸铁管、陶瓷管和水泥管的连接以及塑料管的连接。连接时，将一端插入另一管端的插套内，再用麻丝、石棉绳、胶圈、水泥等材料将连接处的环状空隙密封。这种方式多用于地下给排水管路的连接。

（5）沟槽连接　这种连接也称为卡箍连接。这种连接与法兰连接有点类似，在刚性管件接头的端面设置有沟槽，两个刚性接头之间夹着可与沟槽相契合的橡胶密封圈，再通过卡箍和锁紧螺栓完成紧固连接（图1-31，图1-32）。由于橡胶密封圈和卡箍采用特有的可密封的结构设计，使得沟槽连接件具有良好的密

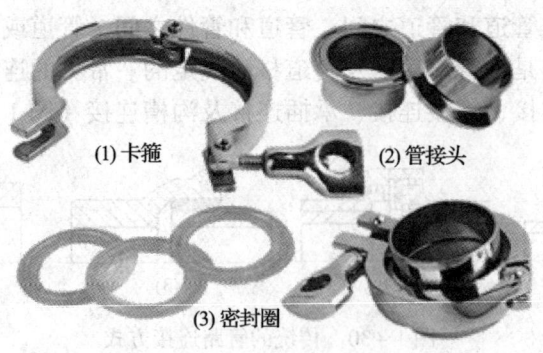

图1-31　沟槽连接管件的组成

(1) 弯头　　　　　(2) 软硬管接头　　　　　(3) 三通

图1-32　常见的沟槽连接管件

封性，并且随管内流体压力的增高，其密封性也相应增强。具有管道连接工序简单、快捷、方便的特点，是近年才引入国内的新型管线连接技术，已成为当前液体、气体管道连接的首推技术，正在逐渐取代法兰和焊接两种传统的管道连接方式。沟槽连接的操作如图1-33所示。

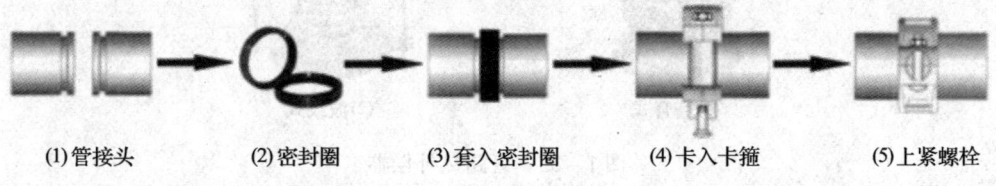

(1) 管接头　　　(2) 密封圈　　　(3) 套入密封圈　　　(4) 卡入卡箍　　　(5) 上紧螺栓

图1-33　沟槽连接的操作流程

2. 管路的热补偿

当管路输送温度较高的介质时，管路的工作温度往往与安装温度相差较大。而大多数金属管路都具有受热膨胀的特性。如果管路不可以自由伸长，金属管线本身就会有热应力产生，过大的热应力会造成管线弯曲或破裂。通常，钢管温度在80℃时就应当考虑对这种伸长量给予补偿。较短的管路可以由弯管自行补偿。较长的管路则需要在管路中设置热补偿，即利用管道弯曲管段的弹性变形来补偿管道的热伸长，常用的热补偿有Π形和Ω形两种形式（图1-34）。这种补偿也称为自然补偿。

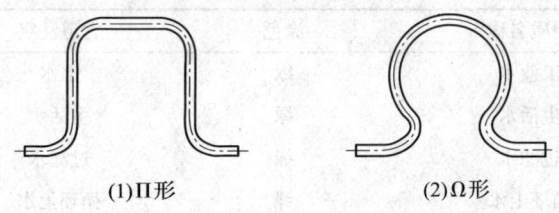

(1) Π形　　　　　　　　(2) Ω形

图1-34　管路的热补偿

[能力拓展]

补偿器是一种用于管道热补偿的管件。常见的有方形、球形、套管式和波纹管式。方形补偿器常用钢管煨弯或焊接制成，制造方便，不用经常维修，但热介质流动阻力较大，外形尺寸也较大；球形补偿器的补偿能力较大，易适应空间变动，供热介质的流动阻力较小，制造要求严格。

套管补偿器又称为伸缩接头、限位补偿器，通常由伸缩套管、限位短管、密封圈、压紧构件和法兰等组成，利用伸缩套管在规定限度内的伸缩来抵偿管线的热变形。外形较紧凑，供热介质流动阻力小，但由于构件较复杂，需要经常检修，多用于φ200mm以上的直管段（图1-35）。

波纹管补偿器也称伸缩节或膨胀节，由波纹管、端管、支架和法兰组成，利用波纹管的弹性伸缩变形来吸收管线热变形，结构简单，补偿能力较小，通常需要成对配置。

(1)套管式　　　　　　　　(2)波纹式

图1-35　管路热补偿器

3. 管线涂色

为了保护管路外壁和鉴别管路内介质的种类，在工程上常将管线外壁涂上各种规定颜色的油漆或在管道上涂几道色环，以方便检修管线和处理某些紧急情况。

工程上（包括医药、食品加工行业等），管道的涂色标志已经基本统一，如表1-3所示。涂刷的方法可以是涂遍管线的全长，或在管线上涂宽150mm的色环，也可以用有色胶带缠绕150mm的色带，色环间距视管径大小，一般为5~40m。

表1-3　　　　　　　　　　　　管线的涂色与注字

序号	介质名称	涂色	管道注字	注字颜色
1	工业水	绿	上水	白
2	生活水	绿	生活水	白
3	过滤水	绿	过滤水	白
4	循环上水	绿	循环上水	白
5	循环回水	绿	循环回水	白
6	消防水	绿	消防水	红
7	冷冻盐水（上）	淡绿	冷冻盐水	红
8	冷冻盐水（回）	淡绿	冷冻盐水	红

续表

序号	介质名称	涂色	管道注字	注字颜色
9	低压蒸汽	红	低压蒸汽	白
10	蒸汽回水冷凝液	暗红	蒸汽冷凝液（回）	绿
11	空气（压缩空气）	深蓝	压缩空气	白
12	仪表用空气	深蓝	仪表空气	白
13	氧气	天蓝	氧气	黑
14	氢气	深绿	氢气	红
15	氮气	黄	氮气	黑
16	真空	白	真空	天蓝
17	氨气	黄	氨	黑
18	物料管道	红	按管道介质注字	黄

[技能要点]

流体是具有流动性的物体。工业生产中的各类液体和气体原料都是流体，都需要依据流体流动的规律来确定管道、设备等各类工艺参数。流体力学反映了流体流动的各项规律，包括流体静力学和流体动力学。流体静力学基本方程表明了静止流体内部压力变化的规律，而伯努利方程是流体力学中最主要的方程式，是流体流动计算的基础。实际的流体流动存在阻力，需要外加设备提供能量。流体流动过程中，各种能量可以相互转换。利用流体流动中机械能的转换，可以测量流体流量，如孔板流量计等。

管道是生产中流体流动的通道，包括各种管线、管件和阀门等。管线有多种连接方式。不同的管件、阀门有各自不同的用途。

[思考与练习]

1. 名词解释

流体，表压，真空度，绝对压强，黏度，流量，流速，层流，湍流，当量直径

2. 填空题

（1）气体的黏度随温度升高而_____，水的黏度随温度升高而_____。

（2）当地大气压为 745mmHg，测得一容器内的绝对压强为 350mmHg，则真空度为_____。测得另一容器内的表压强为 1360mmHg，则其绝对压强为_____。

（3）测流体流量时，随流量增加孔板流量计两侧压差值将_____。若改用转子流量计，随流量增加转子两侧压差值将_____。

3. 选择题

（1）制药生产中水蒸气输送一般选用_____。

A 黑管　　　B 镀锌管　　　C 不锈钢管　　　D 铸铁管

（2）直径为 $\phi57mm\times3.5mm$ 的细管逐渐扩大到 $\phi108mm\times4m$ 的粗管，若流体在细管内的流速为 4m/s，则在粗管内的流速为_____。

A 2m/s　　　B 1m/s　　　C 0.5m/s　　　D 0.25m/s

（3）在一水平变径管道上，细管截面 1-1′ 及粗管截面 2-2′ 与 U 形管压差计相连，当流体流过时，压差计测量的是_____。

A 两个截面之间的总能量损失　　　B 两个截面之间的动能差
C 两个截面之间的局部阻力　　　　D 两个截面之间的压强差

（4）为防止流体逆向流动，管路中应安装_____。

A 球阀　　　B 隔膜阀　　　C 止回阀　　　D 旋塞阀

（5）管件中连接管路支管的部件称为_____。

A 弯头　　　B 三通或四通　　　C 短管　　　D 活接头

4. 计算题

（1）把下列压力换算为 kPa：① 640mmHg；② $8.5mH_2O$；③ $2kgf/cm^2$。

（2）水流经一变径管道，已知 $d_1=100mm$，$d_2=75mm$，d_1 管段处的平均流速为 1.2m/s，问 d_2 管段处的水流平均流速是多少？

（3）某水泵进口管处的真空表读数为 650mmHg，出口管处的压力表读数为 $2.5kgf/cm^2$。问泵进出口之间的压强差为多少？分别以 kPa 和 mH_2O 表示。

（4）如图 1-36 所示，一管段的内径由 200mm 逐渐缩小到 100mm。在粗细两管上连有一 U 形管压差计，指示液为水。当密度为 $0.67kg/m^3$ 的甲烷气从管内流过时，测得 U 形管压差计 R 值为 120mm，设 U 形管压差计两接口之间管路的能量损失可忽略不计，问甲烷气的流量为多少（m^3/h）？

5. 简答题

（1）绝对压、表压和真空度与大气压的关系是什么？

（2）流体的稳定流动与非稳定流动有什么区别？

（3）流体流动具有哪些机械能？说明伯努利方程式的意义及各项的物理意义。

（4）试述孔板流量计的工作原理。

（5）如图 1-37 所示的高位槽液面恒定，管路中 ab 和 cd 两段的长度、直径及材质均相同。某液体以一定流量流过管路，流体在流动过程中的温度可视为不变。问：

① 液体通过 ab 和 cd 两管段的能量损失是否相等？为什么？

② 此两管段的压力差是否相等？为什么？

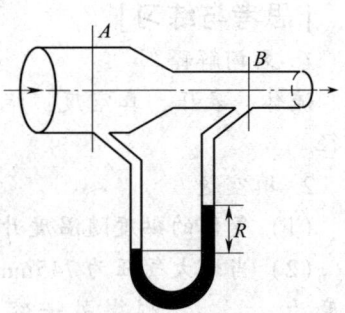

图 1-36　计算题

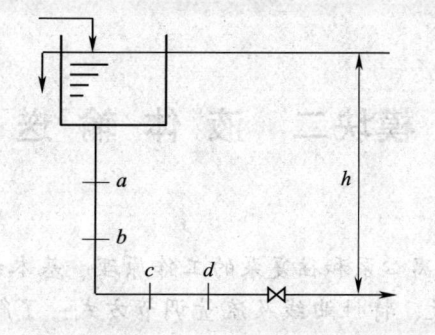

图 1-37 简答题

模块二　液体输送

学习目标

[学习要求]　掌握离心泵和往复泵的工作原理、基本结构与操作特性；熟悉离心泵的主要性能参数、特性曲线及流量调节方式；了解离心泵安装高度的计算，以及其他类型泵的结构特点、工作原理和应用场合。

[能力要求]　能根据生产工艺的要求，合理地选择和正确地使用液体输送机械，懂得离心泵、往复泵的正确开停车操作及其运行的日常维护。

在生物化工生产中，为了满足工艺条件的要求，常需把液体从一处送到另一处，有时还需提高流体的压强，这就需采用为液体提供能量的输送设备。为液体提供能量的输送设备称为泵。化工生产中被输送的液体是多种多样的，且在操作条件、输送量等方面也有较大的差别，所用的输送设备必须能满足生产上不同的要求，且生产过程又多为连续的，如果过程骤然中断，可能会导致严重事故，因此要求输送设备在操作上安全可靠。输送设备运行时要消耗动力，动力费用直接影响产品的成本，故要求各种输送设备能在较高的效率下运转，以减少动力消耗。为此，必须了解各种泵的工作原理、主要结构、操作性能及应用场合，以便合理地选择和使用这些液体输送机械。

化工生产中输送液体泵的种类较多，按其工作原理可分为以下几类。

（1）动力式（又称叶轮式、非正位移式）　它是利用泵内高速旋转的叶轮，给液体做功使液体产生能量，实现液体连续输出泵外。包括离心泵、轴流泵和旋涡泵等。

（2）容积式（又称正位移式）　它是利用活塞或转子的运动，使泵腔内容积改变，输送液体被吸进和压出，以实现液体连续输出。主要有往复泵和旋转式泵。

（3）其他类型泵　指不属于上述两类的其他形式的泵，如流体动力式（各种喷射类泵）。

项目一　叶　轮　泵

一、离　心　泵

1. 离心泵的结构

离心泵是典型的叶轮泵，其主要结构由泵壳、叶轮和轴封组成（图 2-1）。

作为液体输送设备，离心泵有许多比较复杂的机械结构（图2-2），包括泵轴、轴封、联轴器、密封环等。而从工作原理上看，离心泵的结构主要由泵壳、叶轮、轴封等三大部件构成。

（1）泵壳　泵体的外壳称为泵壳，包围着叶轮，在叶轮的四周开成一个截面积逐渐扩大的蜗壳形通道，又称为蜗壳。泵壳上设有与叶轮所在平面垂直的流体入口和沿切线方向的流体出口。由于液体在蜗壳中流动时通道截面积逐渐扩大，降低的动能被转化为静压能，所以泵壳不仅是汇集由叶轮流出的液体的部件，同时也是能量转化装置，起到汇聚流体、转化动能、减少能量损耗的作用。为减少液体直接进入蜗壳时的能量损失，有时在叶轮与泵壳之间还装有导轮，通过导轮使流体沿渐缓通道逐渐流入泵外，进一步将部分动能转变为静压能，减小能量损失。

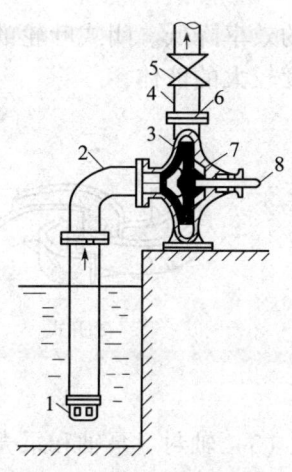

图2-1　离心泵装置简图
1—滤网　2—吸入管　3—叶轮
4，6—排出口　5—调节阀
7—泵壳　8—泵轴

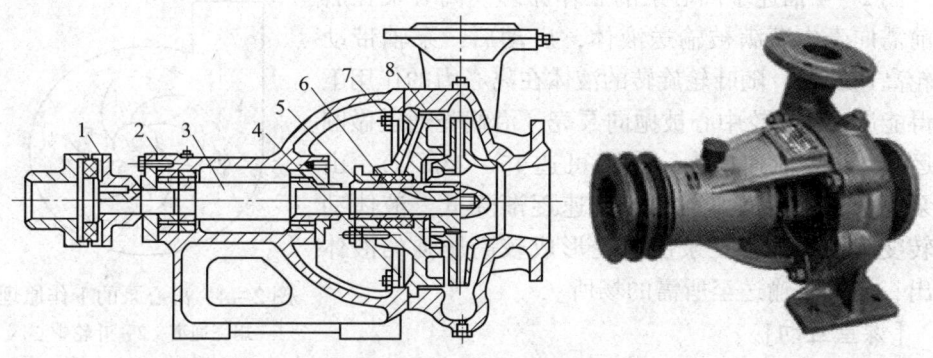

图2-2　卧式离心泵的结构
1—联轴器　2—托架　3—泵轴　4—后盖　5—护轴套　6—密封环　7—叶轮　8—泵体

（2）叶轮　叶轮是离心泵的核心部件，其作用是将电动机的能量传给液体，是供能装置。叶轮通常由4~8个叶片组成，叶片沿旋转方向朝后弯曲。叶轮的中心处与泵的吸入管连接。按叶片两侧有无盖板，叶轮可分为开式、半闭式和全闭式（图2-3）；按其吸液方式不同，则可分为单吸式和双吸式两种。单吸式叶轮只能从叶轮的一侧吸入液体，双吸式叶轮可同时从叶轮的两侧对称吸入。显然，双吸式叶轮具有较大的吸液能力，基本上可以消除轴向推力。常见的叶轮是单吸全闭式，两侧均有盖板，前盖板中心处是液体入口，与泵入口相对；后盖板上常设有小孔，可减弱自流体入口端传来的轴向推动力，称为平衡孔。液体通过平衡孔会同时带来短路回流，增加了泵的内泄漏量，使泵的效率降低。闭式叶轮的漏液少,效率高,但易堵塞,不适合输送含颗粒和黏度较大的液体。

图2-3 离心泵的叶轮结构

(3) 轴封　泵轴和泵壳之间的密封称为轴封,其作用是防止泵壳内高压液体沿轴漏出或外界空气吸入泵的低压区。常见的轴封有填料密封和机械密封两种:填料密封又称为填料函,在密封的同时还起到润滑作用,但不能用于酸、碱及易燃易爆液体的输送;机械密封由动环(硬质合金材料的转轴)和静环(软材料的外壳)组成,密封性好,效率高,可输送各种液体,但价格较高。

2. 离心泵的工作原理

图2-4描述了离心泵的工作原理。离心泵在启动前需向壳内灌满被输送液体,启动后,泵轴带动叶轮高速旋转,随叶轮旋转的液体在离心力的作用下获得能量,从叶轮中心被抛向泵壳,沿蜗壳通道做圆周运动,液体流速增大(一般可达15~25m/s);由于泵壳通道逐渐加宽,液体流速逐渐降低,液体动能转变为静压能,在泵出口处形成较高压强的液体排出,沿管路输送至所需的场所。

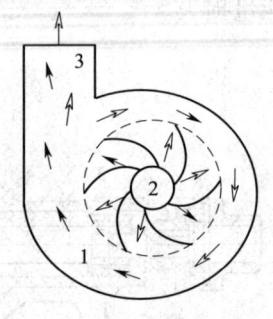

图2-4 离心泵的工作原理
1—蜗壳通道　2—叶轮中心区
3—泵出口

[课堂互动]

想一想　用离心泵从水塘中向外吸水,为何要先在泵内装满水?

当泵内液体从叶轮中心区被抛向泵壳时,在中心处形成低压。在泵内低压和被输送液体液面压力的共同作用下,液体由吸入管被吸入泵的中心区,填补被排除的液体的空间。只要叶轮不停地转动,液体便被不断地吸入和排出。可见,离心泵之所以能输送液体,主要是依靠高速旋转的叶轮。液体在离心力作用下获得能量,进而提高了压强。

3. 气缚现象

离心泵启动前,如果泵壳和吸入管路中没有充满液体,或者泵运行中出现吸入管路漏气的现象,则泵壳内就会存有空气。由于空气密度远远小于液体密度,故产生的离心力很小,叶轮中心区形成的低压不足以将液体吸入泵内,导致离心泵空转、不能输送液体。这种现象称为气缚现象，表明离心泵无自吸能力。因此，离心泵在启动前必须在泵内注满被输送流体。

很多场合下，离心泵的吸入管路上还安装有底阀，以防止启动前所灌入的液体从泵内流出。吸入管路前设置滤网，可以拦截液体中的固体物质，防止被吸入而堵塞管道和泵壳。

二、离心泵的性能与特性曲线

离心泵的性能参数及相互之间的关系是选泵和进行流量调节的依据。离心泵的主要性能参数有流量、压头、效率、轴功率等。它们之间的关系常用特性曲线来表示。离心泵的特性曲线是在一定转速下，用20℃清水在常压下实验测得的。

1. 离心泵的性能参数

（1）流量 Q　单位时间内输送到管路系统的液体体积，常用单位为 m^3/s 或 m^3/h 等。离心泵的流量与泵的结构、尺寸和转速有关。由于离心泵总是连接在特定的管路上，因此离心泵的实际流量还与管路特性有关。

（2）扬程 H　又称为压头，指离心泵对单位质量液体所提供的有效能量，单位为 J/N 或 m。扬程与泵的结构（如叶片的弯曲情况、叶轮直径等）、转速及流量有关。对于一定的泵和转速，扬程与流量之间具有一定的关系。实际上由于液体在泵内的流动情况较复杂，因此目前尚不能从理论上计算泵的实际扬程，一般是通过实验测定来获得。其测定方法见【例2-1】。

注意：泵的扬程与输出液体的升扬高度不是同一概念。在特定的管路中，离心泵的扬程等于单位质量的流体所需提供的有效扬程。

（3）功率　泵的功率有不同的描述，一般分为轴功率（N）和有效功率（N_e），单位常用 kW。

轴功率即泵轴从电动机获得的功率，是单位时间内电动机传递给泵轴的能量。

有效功率指泵在单位时间内对输出液体所做的功，是输出液体在单位时间内从离心泵获得的实际能量。这是由于离心泵运转时，泵内的高压液体有部分会回流到泵的入口或渗漏到泵外，而且液体在泵内流动时需要克服自身的阻力而消耗一部分能量，另外泵轴在转动时也会因机械摩擦而消耗能量，所以，泵的有效功率小于泵的轴功率。

（4）效率 η　泵的有效功率与轴功率之比，称为泵的效率。

离心泵在实际运转中，由于存在各种能量损失，致使泵的实际（有效）压头和流量均低于理论值，而输入泵的功率比理论值为高。这种能量损失的大小可以用离心泵的效率来表述。这些能量损失包括以下三个方面。

① 容积损：即泄漏造成的损失。

② 水力损失：液体流经叶片、蜗壳时，会受到因液体黏性而产生的摩擦阻

力，因流道面积和方向改变以及叶轮和蜗壳通道中的环流和旋涡等因素造成的局部阻力，这些阻力所造成的能量损失，统称为水力损失。额定流量下，液体的流动方向与叶片的入口角相一致时，水力损失最小。

③ 机械损失：指高速旋转的叶轮表面与液体之间、轴承和轴封存在的摩擦所带来的能量损失。

上述三部分的能量损失导致轴功率的损耗。损耗越大，离心泵将轴功率转化为有效功率的程度就越小。离心泵有效利用轴功率的程度称为离心泵的效率，用 η 表示，无因次。

离心泵的轴功率、有效功率和效率三者之间的相互关系为

$$N = N_e/\eta \qquad (2-1)$$

有效功率可通过离心泵的扬程计算

$$N_e = HQ\rho g = \frac{HQ\rho}{102} \qquad (2-2)$$

式中 N_e——有效功率，W

       Q——泵在输送条件下的流量，m^3/s

       H——泵在输送条件下的扬程，m

       ρ——输送液体的密度，kg/m^3

       g——重力加速度，m/s^2

离心泵的效率与泵的类型、尺寸、加工精度、液体流量和性质等因素有关。通常，小型泵的效率为 50% ~ 70%，而大型泵的效率可达 90%。

2. 离心泵的特性曲线

离心泵的扬程、轴功率和效率均随着流量的变化而改变，彼此间的关系可用泵的特性曲线来描述。这种特性曲线是建立在实验数据基础上的，由制造厂在一定转速下用 20℃ 的水测定，如图 2-5 所示，由 $H-Q$、$N-Q$、$\eta-Q$ 三条曲线组成，列入产品样本或说明书中，供使用部门选泵和操作时参考。各种型号的离心泵都有其独有的特性曲线。这种特性曲线不受管路特性的影响，但有着共同的规律，介绍如下。

(1) $H-Q$ 曲线   表示泵的扬程与流量的关系。一般情况下，扬程随流量的增大而下降（在流量极小时可能有例外）。

(2) $N-Q$ 曲线   表示泵的轴功率与流量的关系。轴功率随流量的增大而上升，流量为零时轴功率最小。所以离心泵起动时，应关闭泵的出口阀门，使起动电流减少，以保护电机。

(3) $\eta-Q$ 曲线   表示泵的效率与流量的关系。当 $Q=0$ 时，$\eta=0$；随着流量的增大，效率随之而上升并达到最大值，以后流量再增加，效率便开始下降。这说明离心泵在一定转速下有一个最高效率点，称为设计点。与最高效率点所对应的流量称为泵的额定流量。离心泵在额定流量下工作最为经济。最高效率点对

应的 Q、H、N 值称为最佳工况参数，这些参数标注在离心泵的铭牌上，表明该泵的性能。事实上，根据输送条件的要求，离心泵往往不会正好在最佳工况下运行，因此一般只能规定一个工作范围，这个工作范围称为泵的高效区，通常为最高效率的 92% 左右，如图 2-5 中破折号所示的范围。选用离心泵时，应尽可能使泵在此范围内工作。

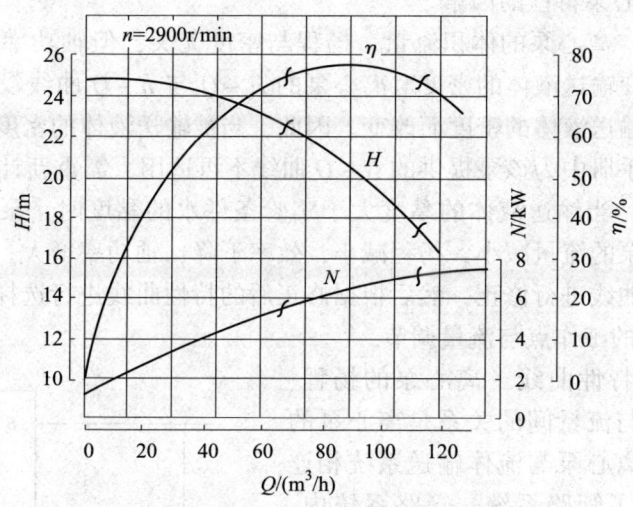

图 2-5 离心泵的特性曲线
N—轴功率 H—扬程 Q—流量 η—效率

【例 2-1】离心泵性能测定的装置如图 2-6 所示。泵转速 2900r/min。以 20℃水为介质测得泵流量 36m³/h，泵出口压力表读数 0.15MPa，泵入口真空表读数 0.025MPa，泵的轴功率 2.45kW。若压强表和真空表两个测压口间的垂直距离为 0.5m，泵的吸入管路和排出管路直径相同，则该泵的扬程是多少？

解：以真空表、压力表所在的截面 A - A′ 和 B - B′ 为衡算基准，列出单位质量的伯努利方程：

$$z_1 + \frac{u_1^2}{2g} + \frac{p_1}{\rho g} + H = z_2 + \frac{u_2^2}{2g} + \frac{p_2}{\rho g} + H_f$$

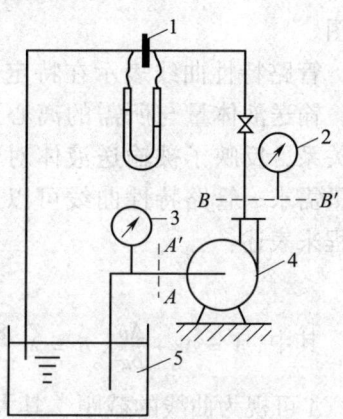

图 2-6 离心泵性能测定装置
1—流量计 2—压力表 3—真空表
4—离心泵 5—水槽

其中 $z_1 = z_2 = 0.5\text{m}, u_1 = u_2$
$p_1 = 2.5 \times 10^4 \text{Pa}(表压), p_2 = 1.5 \times 10^5 \text{Pa}(表压)$

因测压口距离短，流动阻力可忽略不计，即 $H_f = 0$

故泵的扬程为：$H = 0.5 + \dfrac{1.5 \times 10^5 + 2.5 \times 10^4}{1000 \times 9.81} = 18.34\text{m}$

由式（2-2）可知：$\eta = \dfrac{HQ\rho}{102N} = \dfrac{18.34 \times 36 \times 1000}{102 \times 3600 \times 2.45} \times 100\% = 73.39\%$

在图2-6装置中，若改变出口阀的开度，测出不同流量下的相关数据，可计算出相应的 H 及 η 值，并将 $H-Q$、$N-Q$、$\eta-Q$ 关系曲线绘制于坐标图上，即可得到该泵在一定转速下的特性曲线。

3. 影响离心泵特性的因素

（1）密度　离心泵的体积流量、扬程与密度无关，但轴功率随密度增大而增加。所以改变输送液体的密度对离心泵的 $H-Q$ 与 $\eta-Q$ 曲线没有影响。但是泵的轴功率随输送液体的密度而改变。因此，当被输送液体的密度与水的密度不同时，原产品手册中为该泵提供的 $N-Q$ 曲线不再适用，需重新计算。

（2）黏度　当输送液体的黏度大于实验条件水的黏度时，泵体内的能量损失增大，从而泵的流量减小，扬程减小，效率下降，轴功率增大。因此，选泵时应先对原特性曲线进行修正，然后根据修正后的特性曲线进行选择。

4. 离心泵的工作点与流量调节

（1）管路特性曲线　离心泵的扬程、轴功率、效率与流量间的关系是离心泵的特性曲线。当离心泵与流体输送系统相连接后，则构成了管路系统。管路系统内，扬程与流量之间的关系称为管路系统的特性曲线。图2-7是典型的管路输送系统示意图。

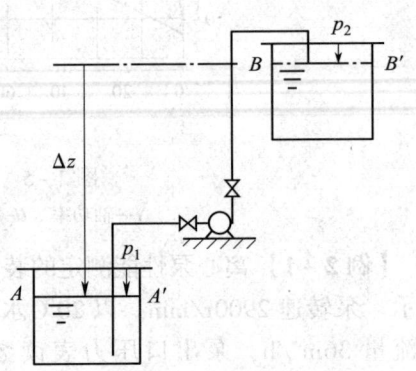

图2-7　管路输送系统示意图

管路特性曲线表示在特定的管路系统中，输送液体量与所需的离心泵扬程之间的关系，反映了被输送液体对输送机械的能量需求。管路特性曲线可以用管路特性方程来表述：

$$H_e = A + BQ^2 \qquad (2-3)$$

其中，$A = \Delta z + \dfrac{\Delta p}{\rho g}$，$B = \lambda \dfrac{8}{\pi^2 g} \dfrac{l + \Sigma l_e}{d^5}$

A 可视为曲线的截距，其大小与两贮槽间液位差 Δz 及操作压力差 Δp 有关；B 可视为曲线的陡度，其大小与管路的阻力状况有关。由此可见，管路特性曲线仅与管路的布局及操作条件有关，与泵的性能无关。高阻力管路系统的特性曲线较陡峭，低阻力管路系统的特性曲线较平坦。

（2）工作点　离心泵安装在特定的管路中，泵的特性曲线 $H-Q$ 与管路特性曲线 H_e-Q 的交点称为离心泵的工作点。当泵的工作点所对应的效率处于泵的高效率区，则该工作点是适宜的。工作点所对应的流量与压头，可利用图解法求取(图2-8),也可由管路特性方程和泵特性方程联立求解。

(3)流量调节 离心泵的流量调节主要有两种方法:

① 改变管路特性曲线:在离心泵排出管线上安装调节阀,改变阀门的开度,即改变管路的阻力状况,从而使管路特性曲线发生变化(图2-9)。这种方法操作简便、灵活,流量可以连续变化,应用较广,适用于调节幅度不大且经常需要改变流量的场合。缺点

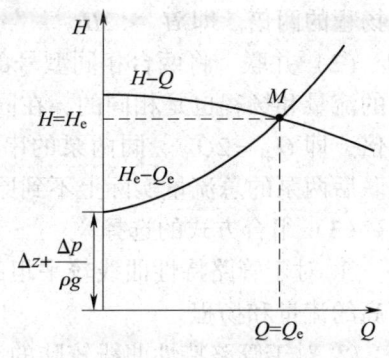

图2-8 离心泵的工作点

是当阀门关小时,增加了管路阻力,增大的扬程用在了消耗阀门的附加阻力上,使泵的效率降低,经济上不够合理。

② 改变泵特性曲线:通过改变泵的转速或直径来改变泵的性能。由于改变叶轮涉及泵结构的改变,所以通常采用改变泵的转速来实现流量调节(图2-10)。这种调节方法,不额外增加阻力,在一定范围内可保持泵的高效率运行,能量利用率高。但对电机的要求较高,如普通电机需要增加变速装置,故其应用受到一定限制。

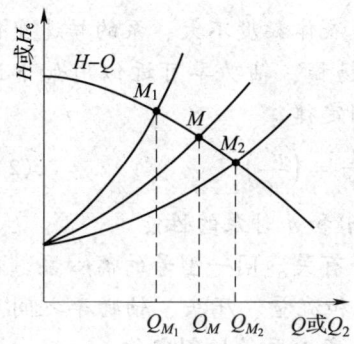
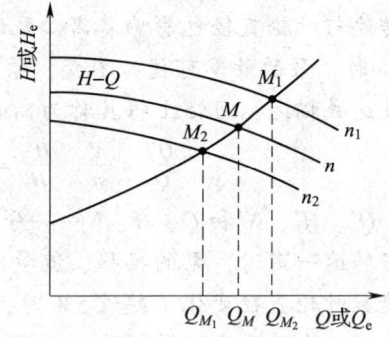

图2-9 管路特性曲线的变化　　图2-10 泵转速改变时特性曲线的变化

5. 离心泵的联用操作

实际工作中,当单台离心泵不能满足输送要求,或者为适应生产大幅度变化而动用备用泵时,都会遇到泵的联用问题。这里仅讨论两台性能相同泵的并联与串联的操作情况。

(1)串联 当生产上需要利用现有的泵来提高泵的扬程时,可以考虑将泵串联使用。当两台型号相同的泵串联操作时,在同一流量下,两泵串联后,总的扬程增加了一倍,即 $H_{串}=2H_{单}$。由于两台泵需要管路的连接才能完成串联,两泵之间必然增加一部分的管路阻力,因此两泵串联后的总扬程实际上小于两个单

泵扬程的两倍。即 $H_串 < 2H_单$。

（2）并联　将两台相同型号的泵并联，且各自的吸入管路相同，则两泵各自的流量和扬程也是相同的，在同一扬程下，两泵并联后的总流量等于单台泵的两倍，即 $Q_串 = 2Q_单$。同两泵的串联操作类似，由于两泵并联增加了管路系统，并联后两泵的总流量实际上不到原单泵流量的两倍，即 $Q_串 < 2Q_单$。

（3）组合方式的选择

① 对于管路特性曲线较平坦的低阻管路，采用并联组合，可获得较串联组合高的流量和扬程。

② 对于管路特性曲线较陡的高阻管路，采用串联组合，可获得较并联组合高的流量和扬程。

③ 对于 $(z + p/g)$ 值高于单泵所能提供最大扬程的特定管路，则必须采用串联组合方式。

泵的串联或并联操作是根据生产要求来选择的。串联一般是为了提高扬程，而并联则多是为了增加流量。一般来说，这类操作要比单台泵复杂，所以通常并不随意采用。可以说，多台泵串联，相当于一台多级离心泵，而多级离心泵比多台泵串联的结构要紧凑，安装和维修都更加方便。所以往往更多的是使用多级离心泵。同理，双吸泵相当于两台泵的并联，也宜采用双吸泵来代替。

[知识链接]

转速与叶轮直径也影响着离心泵的特性。当液体黏度不大、泵的转速变化小于20%时，泵的效率可视为不变，泵的流量、扬程、轴功率可近似用如下三个关系表达式描述，习惯上将其称为离心泵的比例定律。

$$\frac{Q'}{Q} = \frac{n'}{n} \quad \frac{H'}{H} = \left(\frac{n'}{n}\right)^2 \quad \frac{N'}{N} = \left(\frac{n'}{n}\right)^3 \quad (2-4)$$

式中　Q'、H'、N' 和 Q、H、N——分别为转速 n' 和 n 时泵的性能

当转速一定时，泵的扬程、流量与叶轮外径有关。同一型号的离心泵，在相同转速且叶轮直径变化不超过5%时，叶轮直径和流量、压头、轴功率之间可近似用下列三个关系表达式描述，习惯上将其称为离心泵的切割定律。

$$\frac{Q'}{Q} = \frac{D'}{D} \quad \frac{H'}{H} = \left(\frac{D'}{D}\right)^2 \quad \frac{N'}{N} = \left(\frac{D'}{D}\right)^3 \quad (2-5)$$

式中　Q'、H'、N'——叶轮直径为 D' 时泵的性能

　　　Q、H、N——叶轮直径为 D 时泵的性能

三、离心泵的汽蚀现象与安装高度

1. 汽蚀现象

离心泵之所以能输送液体，是因为叶轮的旋转在泵内形成了低压，依靠吸入液面与泵吸入口之间的压差而将液体吸入。当液面压力一定时，泵的安装高度越大，则泵吸入口的压力就越低。但此处的压力不能无限降低。当吸入压力低于输

送温度下液体的饱和蒸气压时,液体将在该处汽化而产生气泡,含气泡的液体进入泵体并流向泵边缘处的高压区,在高压作用下气泡又液化为液体,气泡的消失会产生局部真空,使周围的液体以极高的速度流向气泡中心,瞬间产生极大的局部冲击力。这种冲击在泵体内的位置是不确定和不均匀的,会对泵体的结构件(如叶轮)造成损坏。这种因被输送液体在泵体内汽化后再液化而引起泵结构材料受到破坏的现象,称为汽蚀现象。汽蚀现象会使泵体振动并产生噪声,泵流量、扬程及效率明显下降甚至无法吸液,使叶片表面腐蚀、脱落,呈蜂窝状甚至穿孔,损坏泵体。工程上将扬程下降3%就认为是产生了汽蚀现象。泵入口处的压力越低,则泵的吸液能力就越强,吸上液体的高度也就越大。

2. 离心泵的允许安装高度

泵的安装高度过大是产生汽蚀现象的原因。限制泵的安装高度,可以避免这种现象的发生。这种可允许的泵的最大安装高度,称为离心泵的允许安装高度,也称为允许吸上高度。如果在吸入液面和泵吸入口之间列伯努利方程,可推导出

$$H_g = \frac{p_0 - p_1}{\rho g} - \frac{u_1^2}{2g} - \sum h_f \tag{2-6}$$

式中　H_g——允许安装高度,m

　　　p_0、p_1——吸入液面和泵吸入口的压力,Pa

　　　u_1——泵吸入口的流速,m/s

　　　ρ——被输送液体的密度,kg/m³

　　　$\sum h_f$——被输送液体流经泵吸入管的阻力,m

由此可见,增加吸入液面的压力、减少被输送液体的密度、降低被输送液体的温度(通过降低液体的饱和蒸气压来降低 p_1)、增加吸入管的直径(降低流速)和减少吸入管内液体的流动阻力均有利于允许安装高度的提高,减少汽蚀现象的发生。同样,在其他条件都确定的情况下,如果流量增加,将造成动能及阻力的增加,安装高度会降低,增加发生汽蚀的可能性。

离心泵的抗汽蚀性能参数可用允许汽蚀余量来表示,其定义为:泵吸入口的压头(动能与静压能之和)高出被输送液体的饱和蒸气压头的最小差值,即,

$$\Delta h = \frac{p_1}{\rho g} + \frac{u_1^2}{2g} - \frac{p_v}{\rho g} \tag{2-7}$$

将上式代入式(2-6),可得:

$$H_g = \frac{p_0 - p_v}{\rho g} - \Delta h - \sum h_f \tag{2-8}$$

式中　p_v——操作温度下被输送液体的饱和蒸气压,Pa

　　　Δh——允许汽蚀余量,m

离心泵的允许汽蚀余量也是泵的性能参数之一,列于离心泵的规格表中,通常是由实验测得的。根据离心泵规格中提供的允许汽蚀余量 Δh,即可确定离心泵的允许安装高度。实际安装时,为安全计,应再降低0.5~1m。

欲提高泵的允许安装高度，必须设法减小吸入管路的阻力。泵在安装时，应选用较大的吸入管路，管路尽可能地短，减少吸入管路的弯头、阀门等管件，而将调节阀安装在排出管线上。

【例2-2】用IS80-65-125型离心泵从常贮管中将温度50℃的清水输送到用户。槽内水面恒定，输送量为50m³/h。已知泵吸入管路的阻力损失为2.5m，动压头可忽略不计。试求离心泵的最大安装高度。（当地大气压为9.81×10^4Pa）

解：IS80-65-125型离心泵在50m³/h流量时的气蚀余量：$\Delta h=3.0m$

50℃水的物理参数：$\rho=988.1kg/m^3$，$p_V=1.234\times10^4$Pa

离心泵的安装高度：$H_g=\dfrac{p_0-p_V}{\rho g}-\Delta h-\sum h_f=\dfrac{98100-12340}{988.1\times9.81}-3-2.5=3.35m$

实际安装高度应不大于3.35m，可选在2.35~2.85m。

四、离心泵的类型、选用与操作

1. 离心泵的类型

在离心泵的产品规格中，泵的型号是用字母和数字的组合来表示的，常用的表述方法如下：

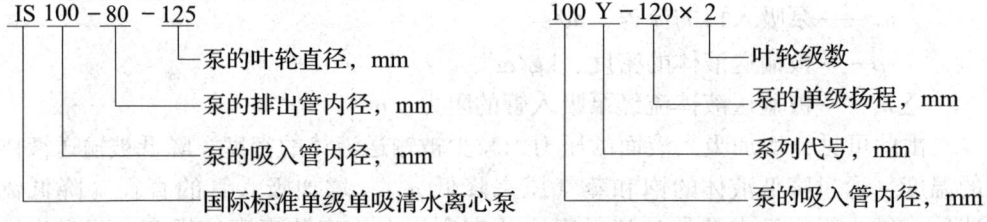

按照输送液体性质和使用条件，离心泵可分为以下几种类型。

（1）清水泵　这是最常用的一种泵型，适用于输送各种工业用水以及物化性质与水相近、不含固体杂质的液体。一般的清水泵是单级单吸式，其系列代号为"IS"。

如果要求较高的压头，则可采用多级离心泵，其系列代号为"D"。多级泵的结构如图2-11所示，即在一根轴上串联多个叶轮，液体在几个叶轮中多次接受能量，故可以达到较高的压头。多级泵的级数一般是2~9级，最多可达到12级。

如果输送液体的量较大而压头不是很高时，可采用双吸式离心泵，其系列代号为"Sh"。双吸式叶轮的厚度较大，有两个吸入口，输液量也比较大。

（2）耐腐蚀泵　用于输送酸、碱、浓氨水等腐蚀性液体，系列代号为"F"，主要特点是和液体接触的部件均用耐腐蚀材料制成，通常在F后面再加一个字母表示材料代号，以示区别。

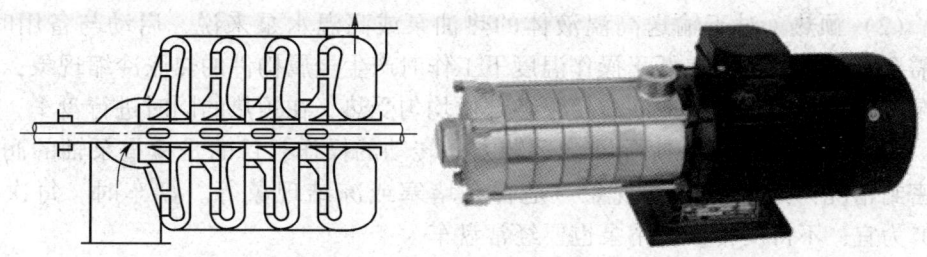

图 2-11 多级离心泵

(3) 油泵　用于输送不含固体颗粒物的油品。由于油品易燃易爆，因此要求油泵具有良好的密封性能。当输送 200℃ 以上的热油时，还需要对油泵的轴封和轴承部位等进行冷却，故这些部件常装有冷却水夹套。油泵的系列代号为"Y"，有单吸和双吸、单级和多级（2~6 级）等多种型号。

(4) 杂质泵　主要用于输送悬浮液及稠厚的浆液，系列代号为"P"，分为污水泵（PW）、砂泵（PS）和泥浆泵（PN）等。这类泵的特点是叶轮流道宽、叶片数目少，多为半闭式或开式叶轮，有些泵壳内衬以耐磨的铸钢护板，不易被杂质堵塞、耐磨、容易拆洗。

2. 离心泵的选用

离心泵的选用可依据如下基本步骤。

(1) 确定输送系统的流量和压头　一般液体的输送量由生产任务决定。如果流量在一定范围内变化，应根据最大流量选泵，计算最大流量下的管路所需的压头。

(2) 选择离心泵的类型与型号　根据被输送液体的性质及操作条件，确定泵的类型；再按照已确定的流量和压头从泵样本中选出合适的型号。若没有完全合适的型号，则应选择压头和流量都稍大的型号；若同时有几个型号的泵均能满足要求，则应选择其中效率最高的泵。

(3) 核算泵的轴功率　若输送液体密度大于水的密度，则要核算泵的轴功率，选择合适的电机。

3. 离心泵的安装要点

(1) 尽量将泵安装在靠近水源，干燥明亮的场所，以便检修。

(2) 地基应坚实牢固，避免振动。通常用混凝土地基，地脚以螺栓连接。

(3) 泵轴与电机转轴应严格保持水平，以确保运转正常，提高寿命。

(4) 严格控制安装高度，避免发生汽蚀现象。

(5) 在吸入管径大于泵吸入口径时，变径连接处要避免存气，以免发生气缚现象。

4. 离心泵的操作要点

(1) 灌泵　启动前，应使泵内充满被输送液体，避免气缚现象。

（2）预热　对于输送高温液体的热油泵或高温水泵来说，启动与备用时，均需要预热，以防止在低于操作温度下工作时产生金属构件的热胀冷缩现象，造成泵的损坏。预热时，应注意使泵各部位均匀受热，在预热的同时进行盘车。

（3）盘车　即用手使泵轴绕运转方向转动的操作，目的是检查泵轴的润滑与密封情况，是否有卡轴现象，是否有堵塞或冻结现象等。盘车时，每次以180°为宜，不得反转。备用泵也要经常盘车。

（4）启动　关闭出口阀，启动电动机。为防止启动电流过大，通常在最小流量、最小功率下启动，以免烧坏电机。但对于耐腐蚀泵，常采用先打开阀，再启动泵，以减少腐蚀。

（5）调节流量　缓慢打开出口阀，调节流量到指定值。

（6）检查　泵运行时应注意检查运转情况，如轴承温度、润滑情况、压力表及真空表读数等。任何情况下都要避免泵内无液体的空转现象。

（7）停车　先关闭出口阀，再关电动机，以免高压液体倒灌、叶轮反转，引起事故。在寒冷地区，停车后还应注意防止泵内残留液体的冷冻，短时停车应保温，长期停车则必须排净泵内残留液体。

项目二　正位移泵

一、往　复　泵

往复泵是一种通过活塞的往复运动将能量传递给液体，完成液体输送的设备。往复泵属于容积泵，即依靠泵内容积的改变，将机械能以静压能的形式传递给液体。往复泵的液体输送量只与泵的活塞位移有关，与管路情况无关，但泵的压头受到管路承压能力的限制。这种性质称为正位移性，具有这种特性的泵统称为正位移泵。

1. 往复泵的结构与工作原理

往复泵的结构如图 2-12 所示，由泵缸、活塞、活塞杆、吸入单向阀和排出单向阀构成。电机的回转运动通过曲柄连杆机构转换成活塞杆的直线往复运动，其每次的单向移动距离 S 称为冲程。当活塞自左向右运动时泵缸容积增大，形成低压，此时因受排出管内液体压力（图 2-12 中的 P_0）的作用，排出阀关闭，吸入阀则受贮池液体压力的作用而被顶开，液体流

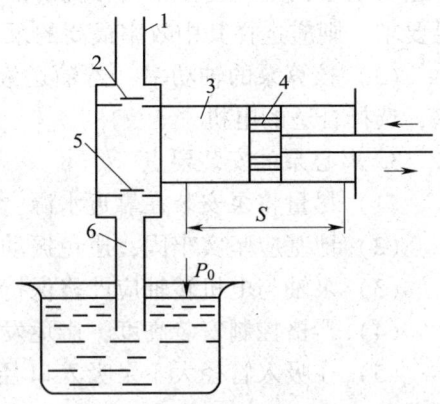

图 2-12　往复泵的工作原理
1—排出管　2—排出阀　3—泵缸
4—活塞　5—吸入阀　6—吸入管

入泵缸内。当活塞移至最右端时,泵缸容积最大,吸入的液体量最多。此后活塞向左运动,泵缸内液体被挤压,吸入阀关闭,排出阀被顶开,液体被压入排出管中,排液完毕,完成一个工作循环。

若在一个工作循环中只有一次吸入和一次排出,这种泵称为单动泵;若在一个工作循环中,无论活塞向左向右运动,都有吸入液体和排出液体的过程,则称为双动泵。也有三联泵等。活塞在泵缸内的移动距离称为冲程。

往复泵缸内低压的形成是靠扩大泵内的容积实现的。因此,往复泵有自吸作用,启动前不需要向往复泵缸内灌满液体。但是,由于往复泵是依靠外界和泵内的压强差吸入液体的,因此往复泵的吸上高度受到限制,其安装高度随地区的大气压、被输送液体的性质及温度等条件的变化而变化。

2. 往复泵的操作与维护

(1) 流量输出与调节 往复泵输出的液体流量是不连续的,输液量与活塞的截面积、活塞的冲程和活塞的往复频率有关。实际上,由于单向阀启闭滞后、活塞、填料等存在泄漏,实际输液量小于理论输液量。图2-13描述了往复泵的流量曲线变化。单动泵的流量是间歇性的,双动泵的流量连续但不均匀,采用多动泵可改善往复泵的不均匀性,如双联泵或三联泵。如图2-14所示的高压往复泵,其泵缸两侧均设有吸入和排出两组阀,无论活塞向那一侧移动,都会吸入并输出流体。

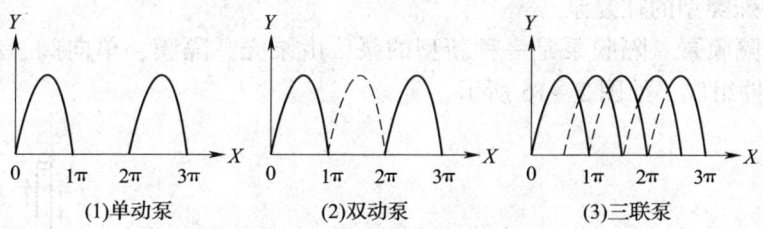

图2-13 往复泵的流量曲线

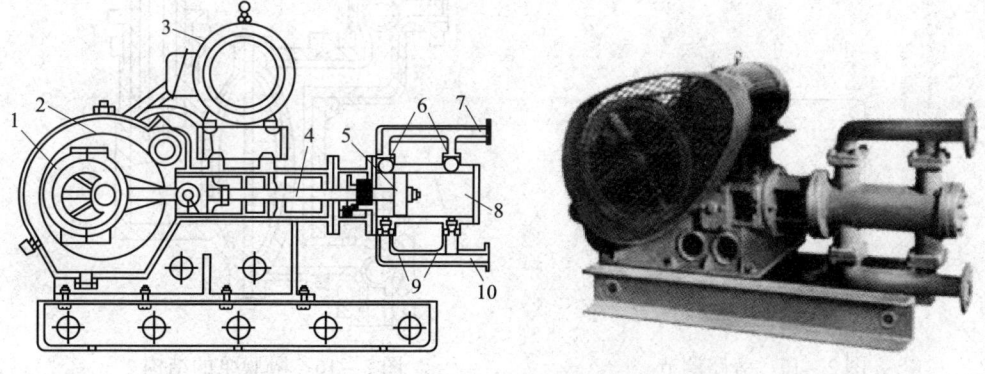

图2-14 高压往复泵的结构简图
1—连杆 2—偏心轮 3—电动机 4—活塞杆 5—活塞
6—排出阀 7,10—出料管 8—泵缸 9—吸入阀

与离心泵相比较,往复泵的流量固定而不均匀,压头高、效率高。但当扬程较高时,容积效率会降低,流量稍有减少。往复泵特别适用于小流量、高扬程的场合,尤其适合输送高黏度液体。往复泵的扬程与泵的几何尺寸无关,理论上与流量也无关,只要泵的力学强度和电动机的功率允许,理论上泵的扬程不受限制,即可以满足输送系统对扬程的各种要求。

由于往复泵的流量是固定的,所以绝对不允许像离心泵那样直接用出口阀来调节流量,否则会造成泵的损坏。生产中常用旁路调节的方法来调节输出流量(图2-15)。这种方式适合所有的正位移泵。所谓正位移性,就是指泵的输出流量与管路、扬程无关的特性。

也可以采用改变电机转速从而改变活塞往复频率的方式来调节往复泵的流量。

(2)操作要点 往复泵由于活塞与缸壁直接接触,不适于输送含有固体悬浮物的液体。泵启动前,应先检查压力表读数及润滑等情况是否正常;盘车检查是否有异常;打开放空阀、进口阀、出口阀及旁路阀等,再启动电机,关放空阀;通过调节旁路阀使流量符合要求;做好泵运行过程中的检查,确保压力、阀门、润滑、温度、声音等均处在正常状态,发现问题及时处理。严禁在超压、超转速及排空状态下运转。

3. 特殊类型的往复泵

(1)隔膜泵 隔膜泵是一种新型的泵,由泵壳、隔膜、单向阀、动力传输系统等部件组成,如图2-16所示。

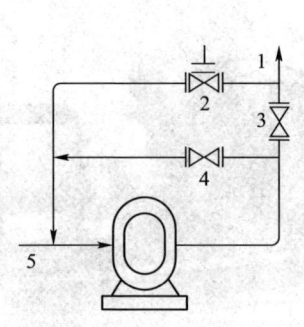

图2-15 旁路调节
1—排出 2—安全阀
3—出口阀 4—支路阀 5—吸入阀

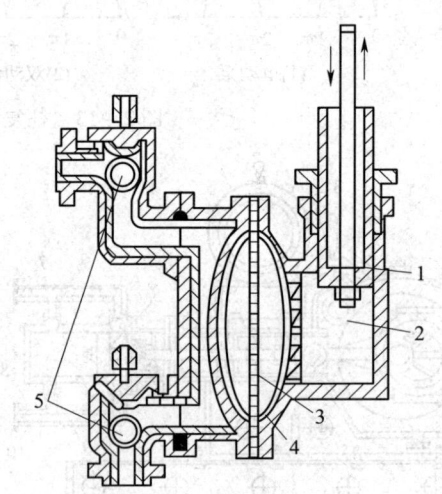

图2-16 隔膜泵的结构
1—活柱 2—泵缸 3—隔膜
4—泵体 5—球形活门

隔膜是隔膜泵的重要部件，其成分是耐腐蚀的氯丁橡胶、氟橡胶、丁腈橡胶、聚四氟乙烯等，根据不同的用途可采用不同的材质。隔膜被固定在泵缸内不能移动，将被输送液体与活塞柱隔开，使被输送液体不会与机械传送系统接触，适合输送腐蚀性液体或含有悬浮物的液体。隔膜本身具有很好的弹性，可通过扩张和收缩产生一定幅度的形变，从而引起泵缸体积的增大或减小。当泵缸体积增大时，产生的负压将外界流体吸入泵缸内；当泵缸体积减小时，产生的压力将液体排出泵缸。隔膜所起的作用相当于往复泵的活塞。

依据推动隔膜产生形变的动力方式的不同，隔膜泵可分为电动式、气动式和液动式三种类型。电动隔膜泵是由电动机直接推动隔膜运动；气动隔膜泵是采用蒸汽、压缩空气或其他工业废气作为动力源推动隔膜运动；液体隔膜泵则采用水等液体作动力源。图2-17是常用的气动隔膜泵的工作原理。支撑连杆在压缩空气的推动下交替向左右两侧做往复移动。当向右侧移动时，迫使隔膜4、8同时向右侧弯曲，泵缸2扩张而产生负压，泵缸9压缩而产生正压，此时，球形活门1和7弹开，液体被吸入泵缸2和排出泵缸9；当向左侧移动时，泵缸2压缩排出液体，泵缸9扩张吸入液体。

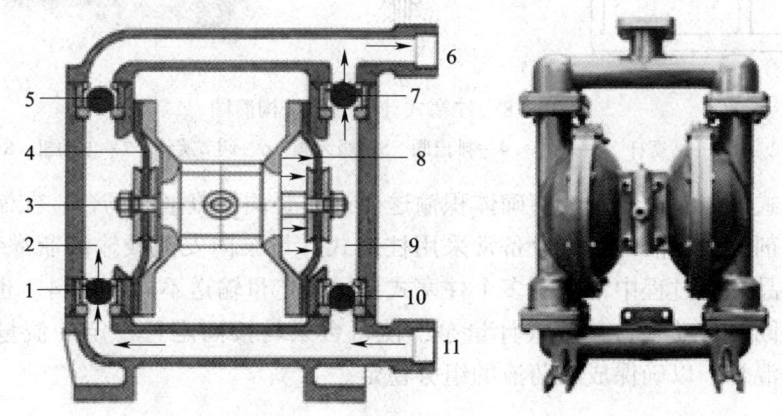

图2-17 气动隔膜泵的工作原理

1，5，7，10—球形活门　2，9—泵缸　3—支撑连杆　4，8—隔膜　6—排出口　11—吸入口

气动隔膜泵由于是用空气作动力，其流量可以随出口阻力的变化而自动调整，适合用于中高黏度的液体，这一点要优于离心泵和齿轮泵，因为离心泵和齿轮泵的工作点是以水为基准设定好的，如果被输送液体的黏度增大，则需要配套减速机或变频调速器，会大大提高设备成本和运行成本。另外，气动隔膜泵适宜在易燃易爆的环境中使用，适合杂质多且成分复杂的液体的输送。

用隔膜泵输送液体时，被输送液体不与动力机械系统接触，避免了被机械润滑油污染的情况，且由于隔膜有弹性，不会为液体中的颗粒物所堵塞，适用于多种性质的液体输送，如强酸强碱、易燃易爆、有毒有害液体，或者发酵液、糖浆、果蔬汁等卫生液体的输送。近年来，随着隔膜材料的不断进步，越来越多的工业领域采用这种形式的泵来代替部分离心泵、往复泵等传统泵，广泛应用于化工、生物工程、制药和冶金陶瓷等行业。

（2）计量泵　这是一种可以精确输送一定量液体的往复泵，又称为比例泵，基本结构与往复泵相同，但装有一套可以精确调节流量的调节机构，通过旋转调节手轮来改变偏心轮的偏心程度，达到改变柱塞（活塞）行程的目的，以此来改变液体的输送量。调节手轮的刻度决定柱塞行程，精确率可达到95%。计量泵有柱塞式（图2-18）和隔膜式两种基本形式。

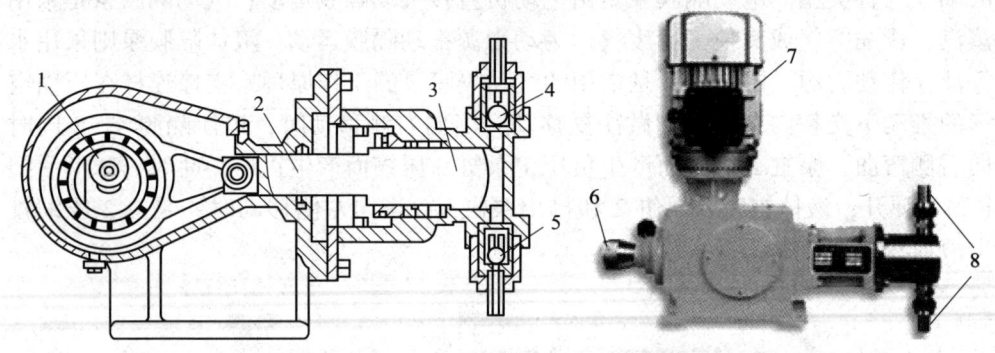

图2-18　柱塞式计量泵的结构简图
1—可调偏心轮　2—活塞杆　3—活塞　4—排出阀　5—吸入阀　6—调节旋钮　7—电动机　8—进出管

柱塞式计量泵适用于按精确体积输送而又需要调整流量的场合。在制药生产中，注射剂和大输液的灌装设备常采用柱塞式计量泵向安瓿或输液瓶灌装药液，在液体药品配制过程中常采用多个柱塞式计量泵定量输送不同的原料。也有采用一台电机同时带动多台柱塞式计量泵，使每台泵均按固定且稳定的流量泵入药液，进行混合，以确保成品药液的组分稳定。

二、旋　转　泵

旋转泵是依靠泵体内的一个或多个转子的旋转来吸入和排出液体的。旋转泵的形式很多，但工作原理基本相同，属于容积泵，都具有正位移性。常用的有齿轮泵和螺杆泵。

1. 齿轮泵

齿轮泵的结构如图2-19所示。泵壳内有两个齿轮，一个是主动轮，直接在电机驱动下旋转；另一个是从动轮，与主动轮啮合而随之做反方向转动。两齿轮与泵体间形成吸入和排出两个空间。随着齿轮转动时，吸入空间内两齿轮互相拨开，形成低压而吸入液体；吸入的液体分两路沿壳体被封闭于齿穴和壳体之间，被压向排出空间；排出空间内两齿轮互相合拢，形成高压而将液体排出。

齿轮泵流量较小，扬程高，流量比往复泵均匀，适于输送高黏度及膏状液体，如润滑油、甘油等，但不宜用来输送含有固体杂质的悬浮液。

2. 螺杆泵

螺杆泵主要由泵壳和一根或多根螺杆构成。可按螺杆数目分为单螺杆泵、双螺杆泵、三螺杆泵。图2-20所示的是双螺杆泵，其工作原理与齿轮泵相似，利用互相啮合的螺杆来排出液体。螺杆泵的螺杆越长，转速越高，则扬程也越高。

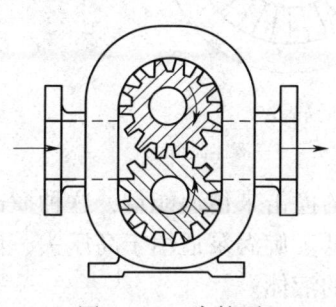

图2-19 齿轮泵

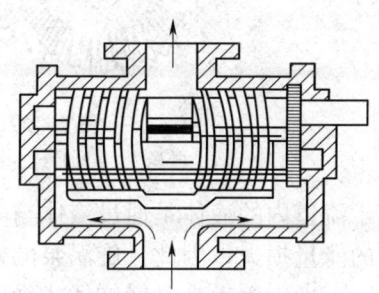

图2-20 双螺杆泵

螺杆泵的效率比齿轮泵高，流量连续均匀、脉冲小、噪声低，适合于高压下输送高黏度液体。

三、旋涡泵

旋涡泵是一类特殊类型的离心泵，由泵壳、叶轮构成，如图2-21所示。

旋涡泵的叶轮是一个圆盘，由从盘中心向外成辐射状排列的众多凹槽构成叶片。叶轮在泵壳内旋转，泵壳内有流体流道，吸入口和排出口之间有间壁。间壁与叶轮之间的缝隙很小，可使吸入腔和排出腔分开。旋涡泵运行时，泵内的液体随叶轮旋转的同时，又在液体流道与各叶片之间做反复迂回运动，从而使液体获得较高的能量而被排出（图2-22）。液体在流道中流动时，每经过一个叶片，就获得一次能量。在沿流道流出的过程中，液体不断获得能量。因而旋涡泵的扬程比一般离心泵的扬程高。

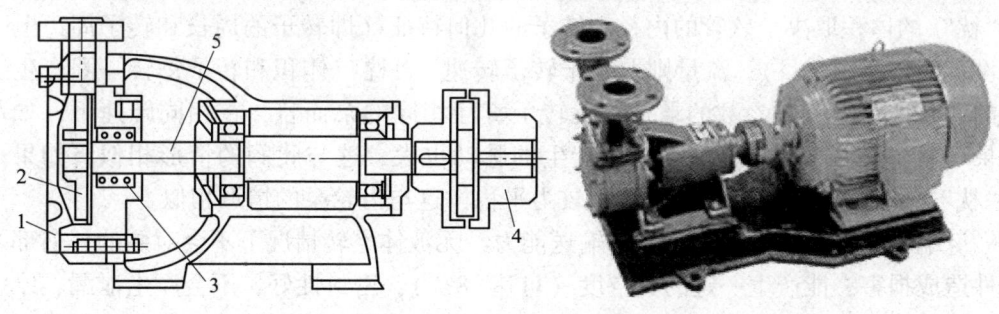

图2-21 旋涡泵

1—泵壳 2—叶轮 3—机械密封 4—电机 5—泵轴

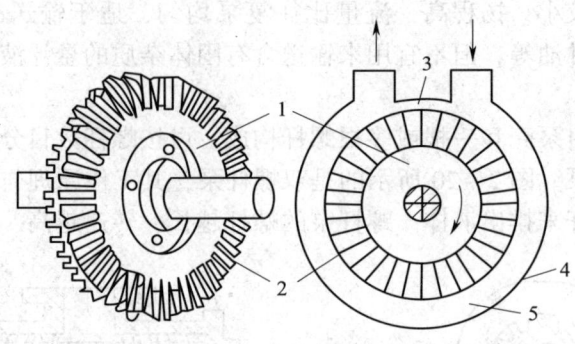

图 2-22 旋涡泵的叶轮
1—叶轮 2—叶片 3—间壁 4—泵壳 5—液体流道

由于流道内的液体是通过液体与叶片之间的撞击来传递能量，这种撞击也造成较大的能量损失。因此，旋涡泵的效率比较低。旋涡泵适用于高压头、低流量的场合，不适宜输送高黏度液体或含固体粒子的液体。

四、蠕 动 泵

蠕动泵是一种全新的泵种，其主要部件包括动力传输系统、挤压辊、软管等，如图 2-23 所示。电机通过泵轴带动转子旋转，转子上通常设置若干个（通常 2~4 个）个挤压辊，挤压辊和泵体之间夹有弹性软管（如硅橡胶软管）。泵体的上半部可通过手柄抬起，方便安装软管或者调解泵体和挤压辊之间的空隙大小；也有的泵体是固定的。

蠕动泵通常是采用无极调速电机。随着泵体的转动，挤压辊挤压弹性软管，在两个挤压辊之间的胶管内形成一段呈负压的空间，可吸入液体，

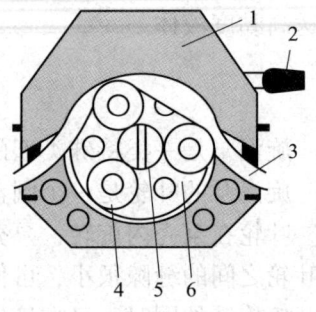

图 2-23 蠕动泵的工作原理
1—泵体 2—手柄 3—软管
4—挤压辊 5—泵轴 6—转子

形成所谓的"枕"。转子上设置的挤压辊多，则产生的"枕"数也就越多。每段"枕"的体积取决于软管的内径和转子的几何特征（即转子的周长和转子周边上设置的挤压辊数目）；流量则取决于转子转速、"枕"体积和转子每转一圈产生的"枕"数这三项参数的乘积。就转子直径相同的泵而言，在相同转速下，如果"枕"体积较大，则输出液体产生的脉动也大，这与膜阀的情形相似；如果"枕"体积小，则输送的液体体积较为平稳，这与齿轮泵的情形相似。

蠕动泵具有双向同等流量的输送能力，无液体空转情况下不会对泵的任何部件造成损害，能产生一定的真空度（可达 98%），密封性好，不会产生泄漏，维护简单，机械成本很低。蠕动泵能输送固、液或气液混合相流体，能允许流体内所含固体直径达到管状元件内径的 40%，可适合各种具有研磨、腐蚀、氧敏感

特性的物料及各种食品等流体的输送。泵在工作过程中，被输送流体只与软管接触，不与泵的其他部件接触，具有很好的防污染性。

蠕动泵的缺陷在于输送流量比较小，软管易磨损且承压能力有限，使用中需注意软管的磨损并及时更换。蠕动泵的流量调节范围比较窄，只能通过调整电机转速和改变泵管内径来调节流量的变化。图2-24是常见的几种蠕动泵。

图2-24　各种类型的蠕动泵

几类常见泵的比较见表2-1。

表2-1　　　　　　　　　　　几类常见泵的比较

类型	离心泵	往复泵	旋转泵	旋涡泵
流量	均匀、量大、范围广，随管路情况而变	不均匀，恒定，范围较小，不随压头变化	比较均匀，量小、恒定	均匀、量小，随管路情况而定
压头	不易达到高压头	高压头	高压头	压头较高
效率	最高约70%，偏离设计点越远效率越低	约80%，不同压头时效率仍较大	较高，压头高时效率降低（因有泄漏）	较低（25%~50%）
结构造价	结构简单，造价低	结构复杂，振动大，体积庞大，造价高	零件少，结构紧凑，制造精度高，造价高	结构简单紧凑，加工要求稍高
操作	小范围调节用出口阀，简便易行；大泵大范围一次性调节可调节转速或切削叶轮直径	小范围调节用旁路调节；大范围一次性调节可调节转速、冲程等	用旁路调节	用旁路调节
自吸作用	没有	有	有	部分型号有
启动维护	出口阀关闭，灌泵简便	出口阀全开麻烦	出口阀全开较简便	出口阀全开简便

续表

类型	离心泵	往复泵	旋转泵	旋涡泵
适用范围	流量、压头适用范围广泛,除高黏度液体外,可输送各种料液	适合流量不大、压头较高的输送过程	适宜于小流量、较高压头的输送任务,尤其适合高黏度液体的输送	高压头、小流量的清洁液体

项目三 其他液体输送方式

由模块一可知,如果存在机械能差,液体就能够流动。在机械能差的作用下,流体能自由地由高处流到低处;而低处流体如果输送到高处,则需要外界提供能量。

高位槽输送、加压输送、真空输送、压缩空气输送是生产中常用的输送方式。

利用一种流体的作用,或利用流体在运动中通过能量的转换,使流动中局部的压强增高或造成真空,而达到输送另一种流体的目的,这种输送系统常被称为流体作用泵,如酸蛋、真空输送、喷射泵等,这类泵无活动部件,结构简单,多用耐腐蚀材料制成。

一、压缩空气输送方式

采用压缩空气输送是生产中经常采用的方法。图 2-25 是利用压缩空气的压力来输送液体的一种常见形式,主体结构是一个可承受较高压力的容器,外形如蛋,俗称酸蛋。酸蛋需要配备必要的管路,分别与贮液容器、压缩空气管线、放空管线和目的容器相连接。

酸蛋工作时,首先将料液注入,然后关闭输入管,通入压缩空气使酸蛋内压力升高,料液在压力作用下排出;输送完毕后,打开放空管线使酸蛋内卸压后,再打开料液输入进料,开始下一次的循环操作。

酸蛋经常用来输送强酸、强碱等强腐蚀性液体。相比于耐腐蚀泵,酸蛋输送的设备及运行成本均较少。对于易燃易爆液体,可使用氮气或二氧化碳等惰性气体。

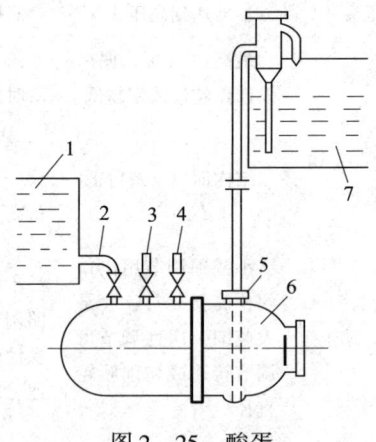

图 2-25 酸蛋
1—原料容器 2—料液输入
3—压缩空气 4—放空
5—料液压出 6—压力容器
7—目的容器

二、真空输送方式

1. 真空输送

真空输送是指通过真空系统的负压来实现液体的输送,如图 2-26 所示。原料贮槽呈敞开状态,而目的贮罐与真空泵相连。工作时,启动真空泵使目的贮罐呈负压后,利用两者之间的压差,将液体从原料贮槽中输送到贮罐里。通过设置在贮罐上的压差计,可知道已经输送的液体量。

真空输送也是生产中经常使用的一种液体输送方式,系统组成简单,操作方便。但流量调节不方便,不适合输送易挥发的液体,主要应用于间歇送料的场合。

如果输送的是易燃性液体,则需注意输送过程的密闭性,并注意温度的变化和消除静电。

2. 喷射输送

在实际生产中,如淀粉浆连续灭菌,常用喷射输送的方式,即利用流体流动时动能和静能之间的相互转换来输送液体,如图 2-27 所示。这种设备也被称作喷射泵。

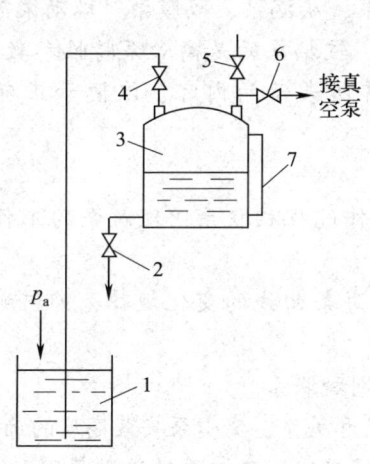
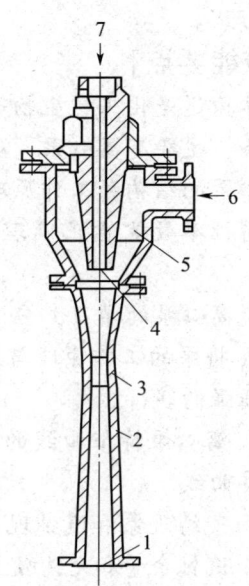

图 2-26 真空输送
1—原料贮槽 2—排液
3—目的贮罐 4—进料
5—放空 6—抽真空 7—液位计

图 2-27 水力喷射输送
1—混合液出口 2—扩散管
3—喉管 4—喷嘴 5—混合室
6—气体进口 7—冷水进口

喷射泵的工作流体一般是水蒸气或高压水，前者称为水蒸气喷射泵，后者称为水喷射泵。这种泵也常被用于真空度要求不高的场合，用来产生一定的负压。水喷射泵具有产生真空和冷凝水蒸气的双重作用。喷射泵的主要优点是结构简单、紧凑，制造方便，没有机械运动部件，能输送多种液体或蒸气，适应性强。但工作效率低，工作流体消耗量大。

三、高位槽输送

利用液体由高处自动流向低处的特点，当工艺要求将处在高位设备内的液体输送到低位设备内时，可以直接将两设备用管道连接起来完成输送，即所谓的高位槽输送。另外，在流量要求特别稳定时，也常设置高位槽，以避免输送机械所带来的流量波动。采用高位槽输送液体时，高位槽的排液高度必须能够保证输送所要求的流量。

四、机 械 输 送

将低处流体输送到高处需要机械能差。机械能差是通过流体输送机械对流体做功而获得的。如前述的离心泵、正位移泵等都是常用的输送机械。液体输送机械的类型很多，压头及流量的可选范围广且容易调节，是实际生产中最常见的流体输送方式。

[技能要点]

流体输送是化工、生物等众多工业生产操作的工艺情况。本章讲述的是液体输送设备，主要有离心泵、往复泵、旋转泵、旋涡泵、隔膜泵、蠕动泵等。

离心泵的结构和工作原理都比较简单，较抽象的是离心泵特性参数的意义，弄懂了特性参数就能正确理解离心泵铭牌所表示的内容，以便于正确安装和操作。

围绕离心泵的学习，应注意以下要点。

（1）将泵的工作原理与基本结构和操作过程相联系，理解泵的工作过程与较高静压强的获得。

（2）离心泵特征曲线的构成、条件，每条曲线的变化规律，如何测定才能得到这些曲线。

（3）气缚现象和汽蚀现象的定义、区别和联系。

（4）汽蚀余量和允许吸上真空度的定义和关系，离心泵安装高度的确定方法。

（5）管路特性曲线的含义及泵工作点的确定，离心泵的选型原则和方法。

（6）离心泵流量调节方法及各自的特点。

往复泵、旋转泵、旋涡泵、齿轮泵等都不同于离心泵，是正位移泵。所有的正位移泵在启动时不能关闭出口阀，以免泵内压力过大而损坏泵体，因此常在其出口处设计出口旁路，以避免因出口阀抱死而发生事故。

[思考与练习]

1. 名词解释

气缚现象，汽蚀现象，允许汽蚀余量，允许安装高度，正位移性

2. 填空题

（1）在离心泵工作时用于将机械能转化成动能的部件是_____，又将动能转变为静压能的部件是_____。

（2）离心泵铭牌上标明的扬程是指_____。

（3）离心泵的安装高度超过允许高度时，离心泵会发生_____现象。

（4）安装在管路中的离心泵，其他条件不变，输送液体的温度降低，泵发生汽蚀的可能性_____；若供液槽液面压强降低，泵发生汽蚀的可能性_____；输送液体的密度增大，泵发生汽蚀的可能性_____。

（5）往复泵的理论压头随流量的增大而_____。

3. 选择题

（1）用离心泵将水池的水泵入塔中，设水池和水塔水面维持恒定，若离心泵在正常操作范围内工作，开大出口阀门将导致_____。

A 送水量增加，泵压头下降　　　　B 送水量增加，泵压头增大
C 送水量增加，泵轴功率不变　　　D 送水量增加，泵轴功率下降

（2）由离心泵和某一管路组成的输送系统，其工作点_____。

A 由泵铭牌上的流量和扬程所决定
B 即泵的最大效率所对应的点
C 由泵的特征曲线所决定
D 是泵特征曲线和管路特征曲线的交点

（3）在一输送系统中，改变离心泵出口阀门开度，不会影响_____。

A 管路特征曲线　　　　　　　　　B 管路所需压头
C 泵特征曲线　　　　　　　　　　D 泵的工作点

（4）某同学进行离心泵特征曲线测定实验，启动泵后，出水管不出水，泵进水口处真空计指示真空度很高。他对故障原因做出了正确判断，排除了故障。你认为以下可能的原因中，真正的原因是_____。

A 水温太高　　　　　　　　　　　B 真空计坏了
C 吸入管路堵塞　　　　　　　　　D 排出管路堵塞

（5）用一台离心泵从低位液槽向常压吸收塔输送吸收液，设泵在高效区工作。若输送管路较长，且输送管路布置不变的情况下，再并联一台同型号的离心泵。则_____。

A 两泵均在高效区工作　　　　　　B 仅新装泵在高效区工作
C 仅原泵在高效区工作　　　　　　D 两泵均不在高效区工作

（6）往复泵适用于_____。

A 流量大且特别均匀的场合　　B 流量较小、扬程较高的场合
C 介质腐蚀性特别强的场合　　D 投资较小的场合

4. 计算题

(1) 某离心泵用20℃的清水进行性能试验,如图2-6所示。测得其体积流量为560m³/h,压力表读数0.3MPa,真空表读数0.03MPa,两表间的垂直距离为400mm,吸入管和排出管的内径分别为340mm和300mm。问:对应此流量的泵的扬程是多少?

(2) 采用图2-6的实验装置,以水为介质进行离心泵特性曲线的测定,在转速为2900r/min时测得一组数据为:流量$3.5 \times 10^{-3} m^3/s$,泵出口压力表读数为100kPa,泵入口真空表读数为6.8kPa。电动机的输入功率为0.85kW,泵由电动机直接传动,电动机效率为52%。已知泵吸入管路和排出管路的内径相等,压力表和真空表的两个测压孔之间的垂直距离为0.1m,试验水温为20℃。问:该泵在上述流量下的压头、轴功率和效率分别是多少?

5. 简答题

(1) 造成离心泵气缚的原因是什么?

(2) 造成汽蚀的原因是什么?

(3) 往复泵的流量、扬程与哪些因素有关?

(4) 刚安好的一台离心泵,启动后出口阀门已经开至最大,但仍不见有水流出。请分析原因,应采取什么措施解决之?

模块三　气 体 输 送

学习目标

[学习要求] 了解主要气体输送设备的类型和工作原理，熟悉这些设备的结构和工作特性，掌握其基本操作规程。

[能力要求] 能从工程应用角度理解输送气体种类和工艺状况对气体输送设备的要求，懂得离心通风机、离心式鼓风机、罗茨鼓风机、往复式压缩机及典型真空泵等气体输送设备的基本操作技能。

输送和压缩气体的设备统称为气体输送设备，其作用是对气体做功，提高其机械能。气体输送设备的结构和工作原理与液体输送设备基本相同。但由于气体的可压缩性，当输送过程中气体压力变化时，体积和温度也随之变化，这对气体输送设备的结构、形状产生较大影响。同时由于气体的密度小，相应的体积流量较大，因此一般气体输送设备的体积都比较大。

气体输送设备的应用十分广泛，主要包括以下几种

(1) 气体输送　为了克服输送过程中的流动阻力，需要提高气体的压强。

(2) 产生高压气体　有些反应或单元操作需要在高压下进行，如制冷操作、膜分离操作等，需要将气体的压强提高至几十个甚至更高的大气压以上。

(3) 产生真空　有些单元操作，如过滤、蒸发、蒸馏等往往要在低于大气压的压强下进行，这就需要从设备中抽出气体，以产生真空。

同液体输送设备相似，气体输送设备可按工作原理的不同分为离心式、往复式和旋转式等。但实际上，通常按照气体输送设备的终压（出口压力）或压缩比（气体出口绝对压力与进口绝对压力之比）的大小来分类（表3-1）。

表3-1　　　　　气体输送设备按终压或压缩比分类

名称	终压（表压）	压缩比	名称	终压（表压）	压缩比
通风机	≤15kPa	1~1.15	压缩机	>300kPa	>4
鼓风机	15~300kPa	<4	真空泵	当时当地的大气压	由真空度决定

项目一　离心式通风机

离心式通风机是一种应用广泛的低压气体输送设备。按产生风压的大小不同，可分为以下几类。

(1) 低压离心通风机　终压 $<1\times10^3$ Pa（表压）。
(2) 中压离心通风机　风压 $=1\sim3\times10^3$ Pa（表压）。
(3) 高压离心通风机　风压 $=3\sim15\times10^3$ Pa（表压）。

一、离心式通风机的结构和原理

离心式通风机的结构与离心泵相似（图3-1），由蜗形机壳和多叶片叶轮组成。机壳流道的断面有方形和圆形两种，一般低、中压通风机多为方形，高压通风机多为圆形。通风机的叶轮直径较大，以适应输送风量大的要求；叶片数目较多，且长度较短。低压通风机的叶片是平直的，与轴心成辐射状安装；中、高压通风机的叶片多是后弯的；也有高压通风机采用前弯的叶片，有利于提高压头，但效率较低。

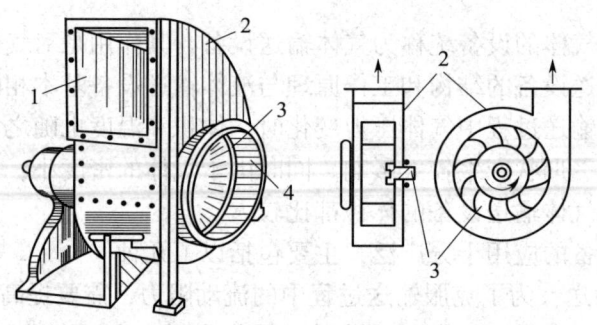

图3-1　离心式通风机的结构
1—出口　2—机壳　3—叶轮　4—入口

离心通风机的工作原理与离心泵相同，都是在叶轮中心区产生低压而吸入气体，气体质点在叶片上获得动能并转化成静压能而被排出。

[课堂互动]

想一想　实验室通风换气的风机与中央空调用的风机有什么不同？

低、中压离心通风机主要作为车间通风换气用，高压离心通风机主要用于气体的输送。

二、离心式通风机的性能

1. 性能参数

(1) 风量 Q　指单位时间内通风机输送的气体体积，以通风机进口处的气体状态计，单位 m^3/s 或 m^3/h。通风机的风量取决于风机的结构、尺寸（叶轮直径与叶片宽度）和转速。通风机铭盘上标注的风量是标准条件（1atm、20℃、1.2kg/m^3）下标定的。

(2) 风压 p_T　指在操作条件下单位体积的气体流经通风机后获得的能量，

单位 J/m^3 或 Pa。离心式通风机的风压取决于风机的结构、叶轮尺寸、转速与进入风机的气体密度。

$$p_T = (p_2 - p_1) + \frac{\rho}{2}u_2^2 \qquad (3-1)$$

式中，$(p_2 - p_1) = p_S$，称为静风压；$\frac{\rho}{2}u_2^2 = p_K$，称为动风压。

通风机性能表上的风压指的是全风压，又称为标准全风压 p_{T_0}，是用 1atm、20℃ 条件下的空气标定的，该条件下空气密度 $\rho_0 = 1.2 kg/m^3$。当操作条件与实验条件不同时，应将操作条件下的全风压 p_T 换算成实验条件下的风压 p_{T_0}，然后按 p_{T_0} 的数值来选择风机。

$$p_{T_0} = p_T \frac{\rho_0}{\rho} = p_T \frac{1.2}{\rho} \qquad (3-2)$$

（3）轴功率与效率　离心通风机的轴功率用下式计算

$$N_{轴} = \frac{p_T Q}{1000\eta} \qquad (3-3)$$

式中　$N_{轴}$——轴功率，kW

　　　Q——风量，m^3/s

　　　p_T——全风压，Pa

　　　η——效率，又称为全压效率

2. 特性曲线

一般离心通风机在出厂前需要用 20℃、101.3kPa 的空气作为工作介质测定特性曲线和性能参数，即离心通风机铭牌上的风量、全风压、轴功率和效率等。图 3-2 是离心通风机的特性曲线，包括全风压与流量 $p_T - Q$、静风压与流量 $p_s - Q$、轴功率与流量 $N_{轴} - Q$、效率与流量 $\eta - Q$ 四条线。

3. 离心式通风机的选用

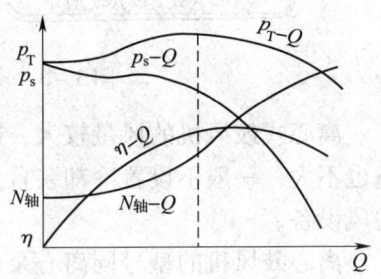

图 3-2　离心式通风机的特性曲线

离心式通风机的选用与离心泵相仿，即根据输送气体的风量与风压，由通风机的产品样本来选择合适的型号。但应注意，通风机的风压与密度成正比，当使用条件与通风机标定条件不符时，需先换算为标定条件下的风压，再选风机。

输送常温空气或一般气体时，常选用 4-72 型、8-18 型和 9-27 型离心式通风机。前一类属于中低压风机，可用于通风和气体输送，后两类属于高压风机，主要用于气体输送。同型号中有不同的尺寸，通常在型号后加机号来区别，如 9-27No7，No7 表示机号，7 表示风机叶轮外径，单位 dm。

项目二 鼓风机与压缩机

一、离心式鼓风机与压缩机

1. 离心式鼓风机

离心式鼓风机又称涡轮鼓风机或透平鼓风机,其结构一般由 3~5 个叶轮串连组成,如图 3-3 所示。各级叶轮直径基本相同,结构与多级离心泵相似,其工作原理与离心式通风机相似。其工作过程是:气体由吸入口进入后经过第一级的叶轮和导轮,被送入第二级的叶轮入口,如此类推下去,最后由排出口排出。

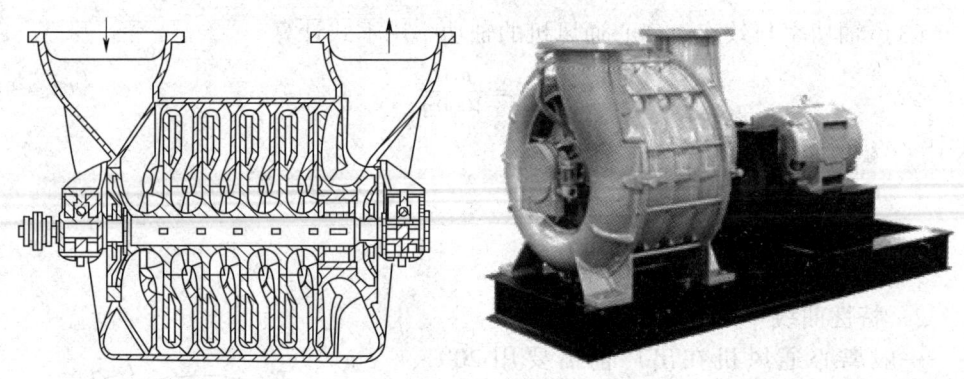

图 3-3 多级离心式鼓风机结构示意图

离心式鼓风机的风量较大,压缩比不高,终压小于 300kPa(表压),产生热量也不大,一般不设置冷却装置。离心式鼓风机适合于送风,常用作空调系统的送风设备。

离心鼓风机的型号同离心泵相似。如 D1200-2,其中 D 表示鼓风机吸风形式为单吸(S 表示双吸,指第一级),1200 表示鼓风机进口流量为 1200m^3/min,最后的"2"表示鼓风机的叶轮数。

2. 离心式压缩机

离心式压缩机也称为涡轮压缩机或透平压缩机,主要构造与工作原理同离心式鼓风机相似,只是叶轮级数更多,可达到 10 级以上,转速更高,故能产生较高的压力,达到 0.4~10MPa。由于气体压力逐级增大,气体体积则相应减小,因而叶轮直径和宽度也逐渐缩小。当气体经过多级压缩后,温度显著上升,因而常将压缩机分成几个工作段,每段包括若干级叶轮,段与段之间设置有冷却装置,以免气体温度升得过高,损坏压缩机。

我国离心式压缩机的型号代号与离心式鼓风机相同,仅增加一个"A",以示区别。例如，DA350-6，即表示单侧吸入的离心式压缩机，流量 $350m^3/min$，六级叶轮。

离心式压缩机排气量大、供气均匀，运转平稳，易损部件少，维护方便，气体不与润滑系统接触，不会被油污染，广泛应用于大型化工生产中。

[能力拓展]

离心式压缩机的润滑油路需要定期维护。如果有杂质进入高速运转的轴承、密封、调节阀以及调节器等部件中，容易导致轴承烧坏，调节阀、调节器失灵，危及设备的运行安全。因此，需要定期对密封的油路系统进行认真的清洗，清除夹带在管路及其附件内的油污、铁屑、焊渣、氧化物、尘土等杂质，确保润滑油路的畅通，保证调节机构动作准确灵敏。无论是新安装的，还是大修后，都应该对油路进行清洗。

一般采用矿物油作为清洗剂，浸泡洗涤时间至少在24h以上，每4~8h抽出滤网检查一次，防止杂物堵塞滤网或进入邮箱。当100目滤网上无硬质金属颗粒存在，一般非金属污点量不超过 $2点/cm^2$ 时，可结束洗涤工作。

二、往复压缩机

往复压缩机的构造与往复泵相似，依靠活塞的往复运动将气体吸入和压出。其主要部件有气缸、活塞、吸气阀和排气阀等。图3-4所示为立式单级往复压缩机。在机体内装有一个气缸，活塞连于曲轴上，吸气阀和排气阀都在气缸的上部。曲柄连杆机构推动活塞在气缸中做往复运动。

由于气体可压缩产生热量，导致温度升高，容易使压缩性能及其他方面受到不良影响。为减少这种影响，压缩机中设置有冷却装置，一般在气缸外壁装有冷却水夹套或散热翅片。

往复压缩机有多种分类方式。例如，按照吸排气体是在活塞的一侧还是两侧，可分为单动和双动压缩机；按照气体受压缩的次数不同，可分为单级、双级和多级压缩机；按照气缸空间布置不同，可分为立式、卧式、角式和对称平衡式；按照压缩气体种类不同，可分为空气压缩机、氧气压缩机、氢气压缩机、氮气压缩机、氨气压缩机等；同样，也可按照产生终压的高低，分为低压、中压、高压和超高压压缩机。

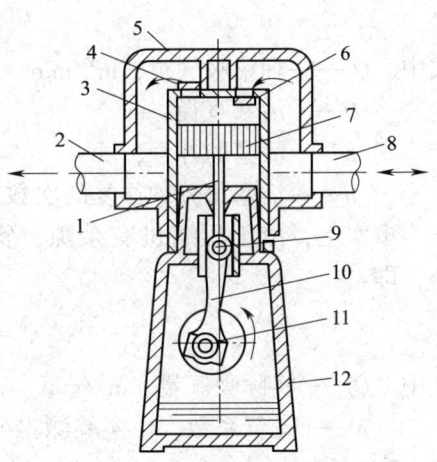

图3-4 立式单级往复压缩机
1—活塞 2—排气管 3—气缸
4—排气阀 5—气缸盖 6—吸气阀
7—活塞 8—吸气管 9—十字头
10—连杆 11—曲柄 12—机座

1. 往复压缩机的工作过程

压缩机的工作原理与往复泵相似，依靠做循环往复运动的活塞，使得气缸工作容积增大或减小，由此进行吸气或排气。活塞的一个工作循环包括膨胀、吸气、压缩和排出四个阶段。当气缸工作容积增大时，气缸内压强降低，吸气阀自动开启，低压气体经吸气阀被吸入缸内；当气缸工作容积减小时，气缸内压强升高，吸气阀自动关闭，当气缸内气体压强升高达到要求时，排气阀自动开启，高压气体从气缸内经排气阀被排出缸外。通过活塞连续不断的往复运动，气缸交替吸入低压气体和排出高压气体。

[课堂互动]

想一想　输送液体的往复泵与输送气体的往复式压缩机在工作原理上有哪些异同点？

在排气过程中，活塞到达端点时与气缸端盖之间的间隙容积称为余隙容积。往复泵的余隙容积对操作无影响，但往复压缩机的余隙容积必须严格控制，因为余隙中残留的气体为高压气体，在气缸吸气前会膨胀而占去部分工作容积，使吸气量减小，甚至不能吸气。另外，往复式压缩机的气缸必须有润滑装置；对吸气阀和排气阀的要求也更高。

2. 往复式压缩机的生产能力

往复式压缩机的生产能力即为压缩机的排气量，指压缩机在单位时间内排出的气体体积换算成吸入状态的数值。若没有余隙，往复式压缩机的理论吸气量与往复泵类似，为：

$$Q' = \frac{\pi}{4}D^2 Sn \tag{3-4}$$

式中　Q'——理论吸气量，m^3/min

　　　D——活塞直径，m

　　　S——活塞的冲程，m

　　　n——活塞每分钟往复的次数

事实上，由于压缩机有余隙，实际吸入气体体积较理论吸入气体体积为小，即，

$$Q = \lambda \frac{\pi}{4}D^2 Sn \tag{3-5}$$

式中　Q——实际吸气量，m^3/min

　　　λ——送气系数，由实验测得或取自经验数据，一般数值为 0.7~0.9

3. 多级压缩

如果生产上所需气体压缩比很大，是不可能将压缩过程用一个气缸一次完成的，因为压缩比太高的话，动力消耗将显著增大，气体温度也显著升高，易导致润滑油变性，润滑不良，严重的会造成爆炸。另外，余隙的影响也使压缩机的容积下降。因此，当压缩比大于 8 时，需要采用多级压缩，这样的压缩机称为多级

压缩机。

多级压缩过程，即将压缩机内的两个或更多气缸串联起来，气体在第1个气缸内被压缩后，经中间冷却器2、油水分离器3再送入第2个气缸进行压缩，依次连续经过若干气缸的压缩，达到所要求的最终压力（图3-5）。连续压缩的次数称为压缩级数。

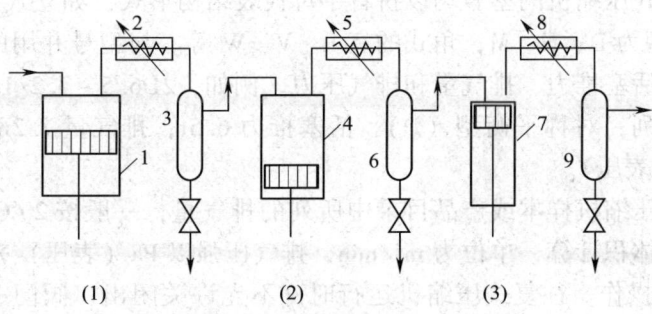

图3-5　三级压缩流程示意图
(1) 第1级　(2) 第2级　(3) 第3级
1，4，7—气缸　3，6，9—油水分离器　2，5，8—冷却器

采用多级压缩的优点介绍如下。

（1）避免排出气体温度过高　过高的终温会导致润滑油黏度降低，失去润滑性能，使运动部件间摩擦加剧，磨损零件，增加功耗。此外，温度过高，润滑油易分解，若油中的低沸点组分挥发并与空气混合，易使油燃烧甚至爆炸。因此在实际运转中，过高的油温是不允许的。

（2）减少功耗，提高压缩机的经济性　在同样的总压缩比下，多级压缩采用了中间冷却器，消耗的总功比单级压缩时少，提高了压缩机的经济性。

（3）提高气缸容积利用率　气缸内总是不可避免地会有余隙空间存在，压缩比愈高，气缸容积利用率就越低。如为多级压缩，则每级压缩比较小，从而可提高气缸的容积利用率。

（4）压缩机结构更为合理　若采用单级压缩，为了承受很高终压的气体，气缸要做得很厚；又因要吸入初压很低、体积很大的气体，气缸又要做得很大。若采用多级压缩，气体经每级压缩后，压强逐级增大，体积逐级减小，因此气缸的直径可逐级减小，而缸壁也可逐级增厚。

从上述分析可知，当压缩比大于8时，一般采用多级压缩。但压缩机的级数越多，整个压缩系统结构就越复杂，冷却器、油水分离器等辅助设备的数量也随级数成比例地增加。因此过多的级数也是不合理的，必须根据具体情况，恰当地确定级数。

4．往复式压缩机的选用、操作与维护

（1）设备选用　选用压缩机时，首先应根据输送气体的性质确定压缩机的种类。各种气体具有各自的特殊性质，对压缩机有不同的要求。例如，氧气是一种强烈的助燃气体，氧气压缩机的润滑方法和零部件材料就与空气压缩机的不同。其次根据生产任务及厂房的具体条件选定压缩机结构的型式，如立式、卧式还是角式。最后根据生产时所要求的排气量和排气压强，在相应的压缩机样本或产品目录中选择合适的型号。

我国往复式压缩机的型号均以拼音字母代表结构形式，如立式为 Z，卧式为 P，对称平衡型为 D、H、M，角式的有 L、V、W 等。与型号并用的数字分别表示气缸列数、活塞推力、排气量和排气压力。例如，2D6.5-7.2/150 型压缩机，表示气缸为 2 列，对称平衡型（D），活塞推力 6.5t，排气量 7.2m^3/min，排气压力 150atm（表压）。

应注意，压缩机样本或产品目录中所列的排气量，一般按 20℃、101.33kPa 状态下的气体体积计算，单位为 m^3/min，排气压强以 Pa（表压）来表示。

（2）设备操作　往复式压缩机运行时，不允许关闭出口阀门。由于往复式压缩机的排气量是间歇、不均匀的，所以排出的气体要先经过贮气缸（缓冲罐），再进入输气管路，使得气体输出均匀稳定，同时使气体中夹带的水沫、油沫得到沉降。为操作安全，贮气缸上需安装压力表和安全阀。压缩机的吸入口安装过滤器，防止吸入灰尘和杂物，磨损活塞、气缸等部件。运转中还必须注意润滑和气缸的冷却等。

（3）排气量的调节　往复式压缩机排气量的调节有以下几种方式。

① 补充余隙调节法：此法是在气缸余隙附近，设置一个补充余隙容积，打开余隙调节阀时，补充余隙便与气缸余隙相通，通过改变余隙容积的方法调节排气量。这是大型压缩机常用的比较经济的调节方法，但设备结构较复杂。

② 旁路调节法：即在排气管与吸气管之间安装可回流的旁路阀，通过调节旁路阀，改变回流量来调节排气量。

③ 降低吸入压力调节法：即部分关闭吸入管路的阀门，减少吸入量，达到调节目的。

④ 转速调节法：改变电机转速，调节活塞的往复频率。

⑤ 操作台数调节法：改变压缩机的操作台数。

三、罗茨鼓风机

罗茨鼓风机属于旋转式气体输送设备，其工作原理与齿轮泵相似。罗茨鼓风机的结构如图 3-6 所示，由椭圆形机壳和一对转向相反的 8 字形转子所组成，转子之间以及转子与机壳之间的缝隙很小，两个转子转动时，在机壳内形成一个低压区和高压区，气体从低压区吸入，从高压区排出。如果改变转子的旋转方向，则吸入口和排出口互换，所以在开车前要检查转子转动的方向。

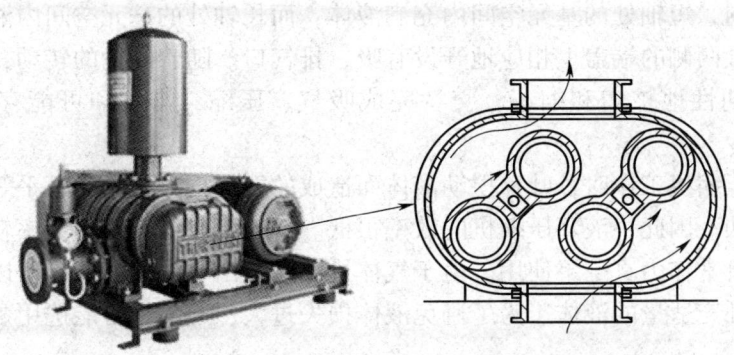

图 3-6 罗茨鼓风机结构示意

罗茨鼓风机属正位移泵，其风量与转速成正比，当转速一定时，其风量不变。因此，罗茨鼓风机也称为定容式风机。气体进入风机前，应尽可能将尘屑油污等除去。风机的出口应安装稳压气罐与安全阀。流量调节用旁路调节法，运行时出口阀门不能关闭。罗茨鼓风机的操作温度不能高于85℃，否则转子易受热膨胀而发生碰撞。

罗茨鼓风机结构简单、紧凑、体积小，没有活塞和阀门等装置，工作腔无油润滑，强制性输气风量风压比较稳定，排气连续均匀，适用于压力不大而流量较大的场合，对输送带液气体和含尘气体不敏感，排气量大。缺点是转速低、噪声大、热效率低。罗茨鼓风机常用作输送气体和抽真空使用。

四、液环压缩机

液环压缩机又称为纳氏泵，如图3-7所示，由椭圆形外壳和圆形叶轮（轮上有很多爪性叶片）组成，壳内充有适量液体。当叶轮转动时，液体在离心力的作用下，沿椭圆形内壳形成一层液环，液环与叶轮的两个叶片之间形成一个密封的月牙形空间，称为基元空间。因内壳呈椭圆形，基元空间在长、短轴的两端

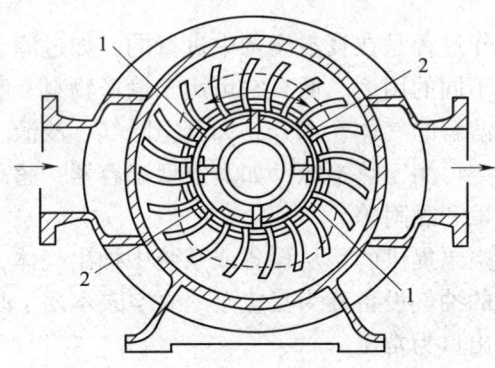

图 3-7 液环式压缩机结构示意图
1—吸入口　2—排出口

处容积不同，短轴处的基元空间内充满液体，而长轴处的基元空间内液体没有充满。在气缸两侧的端盖上相应地开设有吸、排气口。随着叶轮的转动，基元空间的容积周期性地扩大和缩小，交替完成吸气、压缩、排气和可能存在的膨胀过程。

液环压缩机工作时，叶片搅动液体而造成的能量损失很大，几乎等于压缩气体所耗的功。因此，液环压缩机的效率很低。一般真空泵消耗的功率较小，所以液环压缩机常作为真空泵使用。由于气体排出会带出一部分液体，所以必须经常在吸气口补充适量的液体。为了避免液体损失过大，通常尽可能选用黏度较小的液体。

液环压缩机的特点是结构简单，制造容易，操作简便，易损零件少，排气的脉动性和噪声都较小。此外，液体有充分的冷却作用，压缩气体终了温度很低，所以液环压缩机适用于压缩高温下易分解的气体，如乙炔、硫化碳、硫化氢等。由于压缩介质与气缸不直接接触，液环压缩机还特别适用于压缩具有强腐蚀性的气体（如氯气）。在这种情况下可选用一种与被压缩气体不起作用的液体作为密封液，如压缩氯气时用浓硫酸。

项目三 真 空 泵

真空指操作环境的压力低于大气压。根据国家标准规定，真空被划分为表3－2所示的四个区域。

表3－2　　　　　　　　　　　　真空区域的划分

名称	真空范围/Pa	名称	真空范围/Pa
低真空	$10^3 \sim 10^5$	高真空	$10^{-6} \sim 10^{-1}$
中真空	$10^{-1} \sim 10^3$	超高真空	$10^{-10} \sim 10^{-6}$

生产中，许多操作过程是在真空设备中进行的，如过滤、蒸发、干燥、输送等。不同的真空度有不同的用途。低真空可用于输送物料、吸尘、过滤；中真空可排除物料中吸留或溶解的气体、水分，如真空除气、浸渍、浓缩、干燥、脱水和冷冻干燥等；高真空可用于热绝缘，如真空保温容器；超高真空可以用作空间模拟研究特性，如摩擦和黏附等。

真空环境是由真空泵提供的。从设备或系统中抽出气体，使其中的绝对压强低于大气压强，所用的抽气设备称为真空泵。真空泵本质上是气体输送设备，只是它的进口压强低、出口为常压。

真空泵可分为干式和湿式两大类。干式真空泵只能从容器中抽出干燥气体，真空度可达到96%～99%；湿式真空泵在抽吸气体时允许带有较多的液体，产生的真空度为 85%~90%。在结构上，真空泵与压缩机类似，有往复式、液环式和喷射式等。

一、往复式真空泵

往复式真空泵是一种干式真空泵，其构造和工作原理与往复式压缩机基本相同，但吸气阀和排气阀更加轻巧灵敏。往复式真空泵的压缩比大于空气压缩机，主要用于大型抽真空系统，如干燥、过滤、浓缩、蒸馏等。由于固体颗粒和腐蚀性气体易损坏往复式真空泵的气缸壁和活塞，故不能将往复式真空泵用于抽排含尘或腐蚀性气体。

真空泵的主要性能参数有两个。一是抽气速率，指单位时间内真空泵在残余压力下所吸入气体的体积，也就是真空泵的生产能力，单位 m^3/h；二是残余压力，指真空泵能达到的最低压力，单位 mmHg 等。往复式真空泵的型号用"W"表示。

二、水环式真空泵

水环式真空泵如图 3-8 所示，工作原理与液环压缩机相似。结构有所不同，圆形外壳内装有偏心叶轮，叶轮上有辐射状叶片，泵壳内充有一定容积的水，当叶轮旋转时，被抛向壳壁的水环具有密封作用，与叶片空隙之间形成密封小室。随着偏心叶轮的旋转，密封小室的空间周期性增大和变小，将气体从吸入口吸入，由压出口排出。

水环式真空泵可产生的最大真空度为 83kPa 左右，当被抽吸的气体不宜与水接触时，泵内可充以其他的液体，故又称为液环式真空泵。

水环式真空泵的特点是结构简单、紧凑，易于制造和维修，使用寿命长，操作可靠，适用于抽吸含有液体的气体；缺点是效率低，所产生的真空度受泵内水温高低的控制。水环式真空泵广泛用于真空过滤、蒸馏、减压蒸发等操作。

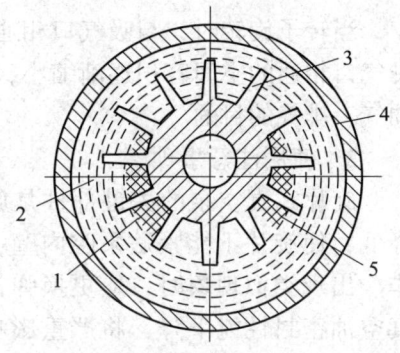

图 3-8 水环式真空泵结构示意图
1—吸入口 2—水环 3—叶片
4—外壳 5—排出口

三、旋片式真空泵

1. 结构和原理

旋片式真空泵的结构如图 3-9 所示，主要由泵体、转子、旋片、端盖、弹簧等组成。在旋片泵的泵腔内设置有偏心转子，转子外圆与泵腔内表面相切

（二者有很小的间隙），转子沿直径开有贯通槽，槽内装有弹簧，弹簧的两端各连接一个可自由伸缩的金属旋片。在弹簧张力的作用下，两金属旋片与泵腔内壁保持接触，又可以随着转子的转动而沿泵腔内壁滑动，将泵腔内分隔成两个空间。泵腔内充填真空油，使泵腔内的机件沉浸在油中。真空油起密封、润滑和冷却作用。

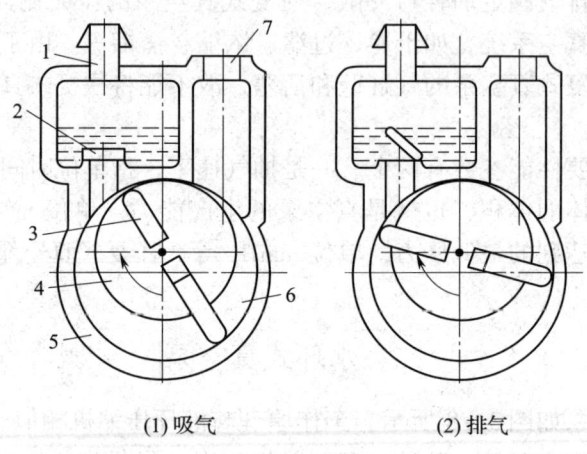

(1) 吸气　　　　　　(2) 排气

图 3-9　旋片式真空泵的工作原理

1—排气　2—排气阀　3—滑片　4—转子　5—泵体　6—泵腔　7—吸气

当转子旋转时，与吸气口相通的空间容积逐渐增大，处于吸气过程；同时与排气口相通的空间容积逐渐缩小，处于排气过程。在泵的连续旋转下，达到连续抽气、排气的目的。

2. 使用注意事项

旋片式真空泵的关键部件是旋片和弹簧，当使用一段时间后，弹簧性能会降低，使旋片不能紧贴泵腔内壁，产生漏气现象，抽真空能力下降，或者不工作。出现类似现象时，应更换弹簧片。如果有水蒸气混入到真空油中，会导致真空油密封性能下降，将严重影响泵的性能，所产生的真空度降低，甚至不能产生真空。因此，在使用时常安装干燥器等除湿器，以避免真空油被水蒸气污染。

旋片式真空泵不适用于抽除对金属有腐蚀的、对泵油起化学反应的、含有颗粒尘埃的气体，以及含氧过高的、有爆炸性的、有毒的气体。

四、喷射式真空泵

喷射泵是利用流体流动时，静压能与动能相互转换的原理来吸送流体的，可用于吸送气体，也可吸送液体，生产中常用于抽真空，故又称为喷射式真空泵。

图 3 – 10 所示的是单级蒸汽喷射泵,由吸入口、喷嘴、喉管、扩散管组成。其工作过程是:工作蒸汽以很高的速度从喷嘴喷出,在喷射过程中,蒸汽的静压能转变为动能,产生低压,而将气体吸入。吸入的气体与蒸汽在喉管混合后进入扩散管,部分动能再转变为静压能后从压出口排出。

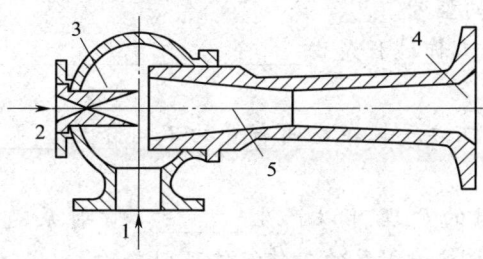

图 3 – 10 单级蒸汽喷射泵
1—工作蒸汽 2—气体吸入口 3—喷嘴 4—气体压出口 5—混合室

在喷射泵的抽送过程中,由于被吸液体与工作流体混合得非常均匀,故也常用于液体物料的混合,如发酵工程中常用来混合输送培养基。单级蒸汽喷射泵抽真空能力可达到90%的真空度,若要获得更高的真空度,可采用多级蒸汽喷射。

喷射泵的工作流体可以是水蒸气,也可以是高压水或其他流体。前者为蒸汽喷射泵,后者为水喷射泵或液体喷射泵。

喷射泵的优点是结构简单,无运动部件,抽气量大,操作压强范围广,以高压水作为工作流体,尤其适合真空蒸发操作,高压水既是真空工作流体,同时又是二次蒸汽的混合冷凝剂。喷射泵的缺点是效率低,且工作流体消耗量大。

[技能要点]

输送和压缩气体的设备统称为气体输送设备,其设备结构和工作原理与液体输送设备基本相同。但由于气体的可压缩性,在设备的结构、操作等方面又有所不同。学习中应借助对比的方法进行学习,并注意它们之间的异同点。

气体输送设备的体积一般都比较大,通常按照设备终压或压缩比的大小分成通风机、鼓风机、压缩机和真空泵四大类,分别有不同的用途。离心式的风机可用作通风机、鼓风机和压缩机,可用多级串联的方法获得较高的压缩比,称为多级鼓风机或多级压缩机。往复式、旋转式等具有正位移特性的风机常用作鼓风机和压缩机,为避免压缩气体温度过高、功耗过大等,同样需要多级压缩来获得较高的终压。真空泵用于产生真空环境,多采用往复式、液环式和喷射式等结构形式。

[思考与练习]

1. 名词解释

全风压,余隙容积,压缩比,多级压缩,真空泵

2. 填空题

(1) 根据气体输送机械的输出压强大小或压缩比,把常见的气体输送机械分为_____、_____、_____和_____。

(2) 离心式通风机的选用是根据输送气体的_____和_____,由通风机的产品样本来选择合适的型号。

(3) 压缩机一个工作过程是由_____、_____、_____和_____四个阶段组成的。

(4) 往复式压缩机按气缸在空间布置的不同分为_____、_____、_____和_____。

(5) 以流体喷射的原理可以产生_____,喷射泵是由_____、_____、_____和_____组成,按喷射泵的工作流体可以分为_____和_____。

3. 选择题

(1) 下列风机采用正位移操作及使用旁路调节流量的设备是_____。
  A 离心式通风机　　　　　　　　B 离心式鼓风机
  C 离心式压缩机　　　　　　　　D 罗茨鼓风机

(2) 单位体积的气体通过风机时所获得的能量称为_____。
  A 全风压　　　B 风量　　　C 静风压　　　D 动风压

(3) 下列哪些设备属于透平压缩机?_____
  A 往复式压缩机　　　　　　　　B 液环式压缩机
  C 离心式压缩机　　　　　　　　D 喷射泵

(4) 下列哪类真空泵运行时,泵内没有活动部件?_____
  A 喷射式真空泵　　　　　　　　B 往复式真空泵
  C 水环式真空泵　　　　　　　　D 旋片式真空泵

4. 简答题

(1) 离心式通风机的结构有何特点?其性能参数有哪些?

(2) 往复式压缩机采用多级压缩有哪些优点?压缩级数为何要限制?

技能训练 1

训练目标

1. 熟悉常用管线、管件和阀门,能够识别工艺流程图;熟悉管路安装的一般原则,掌握管路装拆的方法,了解管路维护的方法。

2. 熟悉离心泵的结构、性能及特点,掌握离心泵的开、停操作,熟悉流量的调节与切换技能,了解泵的常见故障及处理方法。

3. 掌握往复式真空泵的开、停操作,熟悉流量调节与切换技能,了解泵的常见故障及处理方法。

一、管路拆装

(一) 原理简述

管路包括各种规格的管线、管件和阀门等。管件是指连接管线所需要的各种部件,包括直管、弯管、支管、变径管以及终端管等各种连接方式。阀门是管路中起截止、调节、止逆、安全等作用的一类部件。通过阀门、管件和管路,可以将各种设备按照工艺流程连接起来,构成产品加工制造的完整装置。将这些连接用图形符号描述出来,表示产品的生产工艺流程,就是所谓的工艺流程图。

1. 工艺流程图

工艺流程图是以图解的形式表示原料转化为产品,所需要经过的各种反应设备、辅助设备(如缓冲罐、贮槽、输送设备等)以及管路的全部过程,是原料转化为产品所需要单元反应、单元操作的组合。工艺流程图按用途可分为:生产工艺流程图、物料流程图和带控制点的工艺流程图。带控制点的工艺流程图也称为施工流程图,包括全部工艺设备及其纵向关系,是设计、绘制设备布置、管道布置的基础,施工安装和生产操作的主要依据。

一个完整的施工流程图包括:带接管口的设备示意图、带阀门等管件和仪表控制点的管道流程线,对阀门等管件和仪表控制点的图形符号说明,以及标题栏。在看图纸时,应注意以下几点。

(1) 流程图为平面图,按照工艺流程的顺序,自左向右用管道流程线逐一将各个设备展开。

(2) 流程图中的设备用细实线画出大概轮廓,一般不按比例,但保持相对大小(技图1-1)。

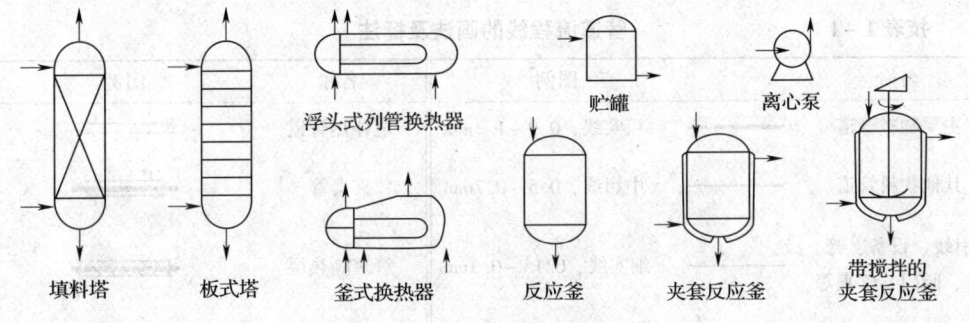

技图1-1 部分设备的流程示意图

(3) 流程线用粗实线绘制,用箭头标明物料流向,在起始和终端处注明物料名称、来源或去向。

(4) 各设备、管道均标注有名称和代号,并附带与工艺有关的检测仪表(技图1-2)。

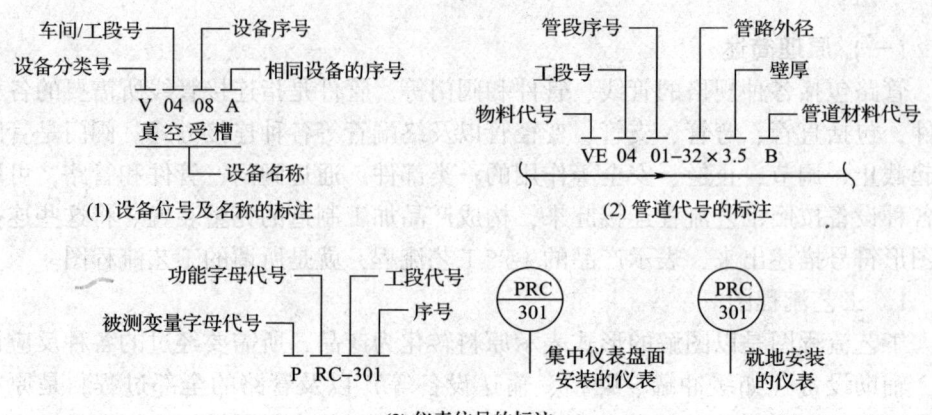

技图 1-2 设备、管道与仪表的标注方法

（5）流程线均为水平或垂直线，转弯处用直角；交叉的流程线表示管线是相连的；如果在交叉点处，两条流程线中的一条断开一段，则表示两条管线是交叉但不是相连的（图技 1-3）。

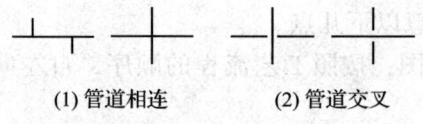

技图 1-3 交叉管道流程线的含义

管道流程线的画法及标注见技表 1-1。

技表 1-1　　　　　　管道流程线的画法及标注

名称	图例	名称	图例
主要物料管道	粗实线，0.9~1.2mm	电伴热管道	
其他物料管道	中粗线，0.5~0.7mm	夹套管	
引线、设备、管件、阀门、仪表等	细实线，0.15~0.3mm	管道隔热层	
仪表管道	电动信号线 / 气动信号线	翅片管 / 柔性管	
原有管线	管线宽度与其相接的新管线宽度相同	同心异径管	
伴热（冷）管道		喷淋管	

部分阀门等管件的画法及标注见技表1-2。

技表1-2　　　　　　　　部分阀门等管件的画法及标注

名称	图例	名称	图例	名称	图例	名称	图例
截止阀	▷◁	闸阀	▷◁	球阀	▷◁	疏水阀	●
管帽	─D	盲板	─┤	法兰连接	─╢├─	电动阀	

2. 管路安装的一般原则

良好的流程设计与选材，优质的管材，规范的安装，正确的操作与维护是管路安装的一般原则。管路安装时，应综合考虑生产特点、设备布置、物料性质、建筑结构、整体美观等多个方面。此外，还应注意安装、检修与操作的方便和人身安全，尽可能减少基建费用。

（1）除上水总管线、下水管道和煤气管道宜埋地铺设外，一般尽可能采用明线；管路上的管件、阀门一般应相互错开，以便于安装、检修与操作。

（2）各种管线应该尽量集中并平行铺设，以便于共同利用管架，管道应横平、竖直，少拐弯、少交叉，遇交叉时，一般小管让大管、支管让干管、辅料管让主料管。

（3）管路尽可能沿墙壁安装，管与管之间、管与墙壁之间的距离以能容纳活动接头、法兰以及便于安装检修为宜（技表1-3）；管路离地面的高度应便于检修，穿越通道时的离地高度应符合相关规定，并且在穿越通道时不得装设各种管件、阀门及可拆卸连接。

技表1-3　　　　　　　　管与墙的安装距离

公称管径/mm	25	40	50~80	100	125	150
管中心离墙距离/mm	120	150	170	190	210	230

（4）竖管设管卡，横管设支架、吊架或钩钉，管路的跨距（管支架之间的距离）应符合相关规定（技表1-4）；管路穿过墙壁或楼板时应尽量集中并开设好预留孔，管外加装保护套。

技表1-4　　　　　　　　管路的跨距

公称管径/mm	50	75	100	125	150	200	250	300
管路跨距/mm	3.0	4.0	4.5	5.0	6.0	7.0	8.0	9.0

（5）管路安装一般保持（3~5）/1000的倾斜度，含颗粒较多的物料管应不低于1/100。

（6）平行的管路排列应考虑管路间的相互影响，通常按照热上冷下、高压上低压下、无腐蚀上有腐蚀下的原则垂直排列，或者低压外高压内、常检修的在外的原则水平排列，质量大的靠墙或支架，衬橡胶管或聚乙烯塑料管应避开热的管路。

（7）易燃易爆物料管路应设有可靠接地；金属管线在输送60℃以上物料且长度超过50cm时，应考虑安装补偿器（伸缩器），∩形补偿器是使用较普遍的一种。

（8）蒸汽管路上，每隔一定距离应安装冷凝水排出装置。

（9）为了便于区别各种类型的管路，通常会在管路表面涂色；管路涂色一般由输送物料而定。

（10）管路安装后，应按规定进行强度和严密性试验，未经试验合格，在焊接及其他连接处不得涂漆和保温；另外，管路在第一次使用前须用压缩空气或惰性气体进行吹扫，以排除管内的杂质。

3. 管路安装前的准备

管路安装前应做好技术准备、作业现场准备和材料准备等项工作，要弄清工艺流程、了解几何位置、规格型号、连接形式等。大体步骤如下。

（1）看图纸目录　查对图纸是否齐全，了解工程名称及用途；看图纸说明，明确选用的材料、设备，以及施工及验收等方面的特定要求。

（2）看设备布置平面图　了解管路与设备的平面安装位置。

（3）看配管图　弄清管路系统的工艺流程，管路的空间几何位置、管径以及与设备的相互联系。

（4）看设备材料明细表　了解设备材料详细情况，注意施工中各专业的相互衔接。

4. 管路的安装验收

管路安装后的验收重点检查以下内容。

（1）核对设计图纸，检查是否符合工艺设计要求，如管路布置、坡度、管材规格及质量等。

（2）管路安装是否规范，管路系统内的所有器具、各类支架是否牢固、安全。

（3）管路中的控制阀件、仪表等操作是否灵活、准确，管路流通能力是否正常、畅通，所有接口严密性是否符合要求。

（4）管路的防腐、保温质量是否符合设计要求。

（二）管路拆装技能训练

1. 实训目的

（1）熟悉常见的管件、阀门及不同规格的管材。

（2）熟悉管路的安装与拆卸过程，掌握管路安装的基本操作技能。

2. 实训内容

现场测绘、备料、管路安装、试漏、拆卸等。过程可反复进行，直至熟练掌握。

（1）管路系统及设备已定，要求在拆除后恢复原样，反复进行拆装训练；

（2）按指定的工艺流程图及相关实训材料，安装一段流体输送管路，安装后要求试漏合格。

3．工艺流程图

工艺流程图见技图1-4。

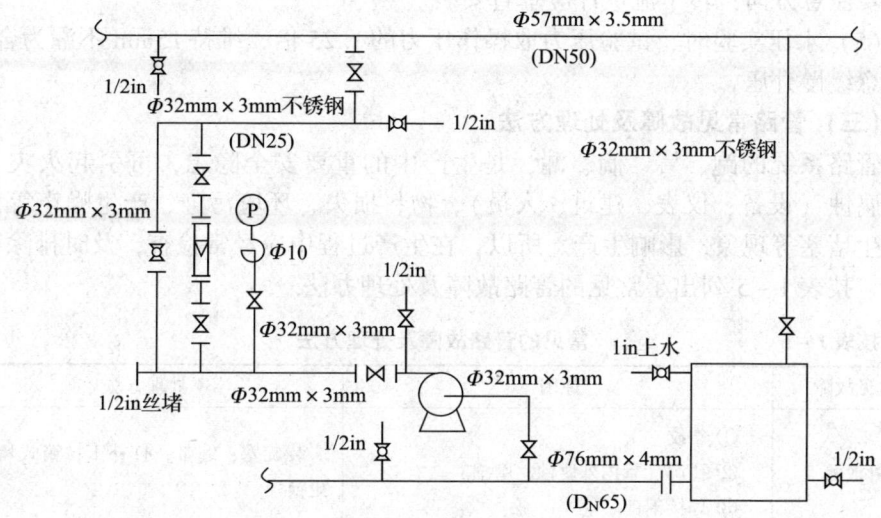

技图1-4　管路安装工艺流程图（示例）

（1in＝2.54cm）

4．设备、材料和工具

（1）设备　IS型离心式水泵（25-125，4m³/h，20m），LZB-25转子流量计，2.5MPa手动试压泵，手推车，规格分别为$\Phi 76mm \times 4mm$（$D_N 65$）、$\Phi 57mm \times 3.5mm$（$D_N 50$）、$\Phi 32mm \times 3mm$（$D_N 25$）的不锈钢管（带法兰），规格分别为$D_N 50$、$D_N 25$的不锈钢三通（带法兰），规格为$D_N 50$、$D_N 25$的不锈钢弯头（带法兰），规格为1in、3/4in、1/2in的镀锌管，1/2in的不锈钢球阀和普通截止阀，$D_N 25$法兰式不锈钢球阀、闸阀、截止阀、止回阀和过滤阀，$\phi 10mm$不锈钢压力表弯管，0~1.6MPa压力表，-1~1.6MPa真空压力表，内丝弯头，活接头，大小头，短接头，丝堵，螺栓，螺母，橡胶板，垫片，生料带等。

（2）工具　1/2~1in铰板（攻丝钳）、割刀、管钳、三角管架、活扳手、固定扳手、套筒扳手、老虎钳、尖嘴钳、剪刀、圆榔头、5m卷尺、一字/十字螺丝刀弓锯、半圆锉、人字梯、安全帽等。

5．安装注意事项

（1）管路拆装时，一律要身穿工作服、佩戴安全帽，操作中注意安全。

（2）管路安装要横平竖直，做到水平管偏差不大于15mm/10m，垂直管偏差不大于10mm。

(3) 法兰紧固前要将密封面清理干净，表面不得有沟纹；垫片要完好、大小合适，位置要放正，不得有裂纹，不得用双层垫片；法兰对接要正、要同心；紧固螺栓时应对称拧紧；连接活接头时，应放置垫圈；连接螺纹时，应沿顺螺纹方向缠绕生料带，不可缠绕过多圈数（通常3~5圈即可）。

(4) 阀门安装前要清理干净，将阀门关闭后进行安装；截止阀、单向阀安装时要注意方向；转子流量计应垂直安装。

(5) 水压实验时，试验压力取操作压力的1.25倍，维持15min不漏为合格。要注意缓慢升压。

（三）管路常见故障及处理方法

管路系统的跑、冒、滴、漏，是生产中的重要安全隐患，可引起火灾、燃爆、腐蚀（设备、仪表、建筑、人员）、物料损失、环境污染、产生噪声等，还会产生堵塞等现象，影响生产。所以，在生产过程中应经常检查，及时排除事故隐患。技表1-5列出了常见的管路故障及处理办法。

技表1-5　　　　　　　　常见的管路故障及处理方法

常见故障	原因	处理方法
管泄漏	① 裂纹 ② 孔洞（管内外腐蚀、磨损） ③ 焊接不良	装旋塞；缠带；打补丁；箱式堵漏；更换
管路堵塞或流量小	① 杂质堵塞 ② 阀不能开启	连接旁通，设法清除管路杂质或更换管段；检查阀盘与阀杆；更换阀部件；更换阀门
管振动	① 流体脉动 ② 机械振动	用管支架固定或撤换掉管支架，但必须保证强度
管弯曲	管支架不良	调整管支架
法兰泄漏	① 螺栓松动 ② 密封垫片损坏 ③ 法兰有砂眼	紧固螺栓、更换螺栓；更换密封垫；更换法兰
阀泄漏	① 压盖填料不良，杂质附着其表面 ② 阀不能关闭（内漏） ③ 阀体有砂眼	紧固填料函；更换压盖填料；更换阀部件或阀门

二、离心泵输送物料

（一）原理简述

离心泵是输送液体物料的常用设备，由于是依靠离心力的作用来输送流体，因此称为离心泵。据统计，使用离心泵输送流体超过液体输送设备的 80%。离心泵的操作是化工生产中最基本的操作。

离心泵一般由电动机驱动，启动前需先向泵壳内灌输被输送的液体。启动后泵内叶轮带动泵内液体高速旋转，产生的惯性离心力使液体沿圆周切向流出泵体，同时因叶轮中心处产生的低压而由泵外吸入液体。叶轮连续转动，液体就不停地被吸入、排出。

离心泵的主要性能参数有流量、扬程、轴功率和效率等，这些参数都体现在离心泵的特性曲线上，离心泵的特性曲线是泵选择与操作的重要参考依据。对一定类型的泵来说，特性曲线即指在一定转速下（以水为介质），泵扬程 H、轴功率 N、泵效率 η 与流量 Q 之间的关系曲线。

此外，离心泵启动时需注意避免气缚现象，运行中还应防止汽蚀现象的发生，因此必须选择合适的泵安装高度。

（二）离心泵的操作训练

1. 实训目的

熟悉离心泵的操作方式，掌握离心泵的开、停、流量调节及切换等操作技能。

2. 实训装置

实训装置如技图 1-5 所示，可控制离心泵的启动、停车及流量调节。水槽中的水由底阀进入泵体，经引水阀流出，使泵内注满水；泵启动后，水经泵、涡轮流量计、出口阀流回水槽；改变出口阀的大小可以调节离心泵流量，并经涡轮流量计显示出来。技图 1-5 中表 P1 为真空表，表 P2 为压力表。

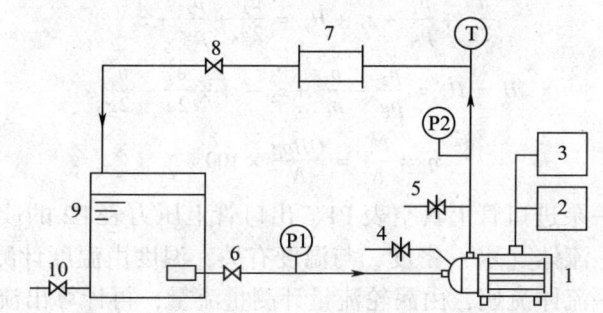

技图 1-5　离心泵操作训练装置（示例）
1—离心泵　2—变频器　3—功率表　4—排气阀　5—引水阀　6—底阀
7—涡轮流量计　8—出口阀　9—水槽　10—放空阀

3. 实训内容

（1）离心泵的启动

① 检查离心泵安装是否牢固，各连接部分的螺栓是否有松动现象，泵的转动部件是否灵活（无摩擦和卡死现象），泵的出入口管线、阀门、法兰及各测量

仪表是否正常。

② 检查水箱是否有水（2/3），开引水阀和排气阀，向泵内注满水，将泵及管线内的空气排净后，关闭引水阀和排气阀。

③ 关闭出口阀，接通离心泵电动机电源，开启离心泵。

④ 待泵的出口压力达到正常后，逐渐打开出口阀，并调节出口阀的大小，将流量调节到规定值。

⑤ 检查表 P1、P2 及流量计、电流/电压表等的指示是否正常。

注意：新安装或大修后的泵，应注意检查电动机的接地线是否牢固并调试正反转。

（2）离心泵的停车

① 停泵时先关闭出口阀（防止停泵后管路中的高压液体倒流入泵内，使叶轮反转造成事故）。

② 切断离心泵电动机电源，关停离心泵。

③ 若停止使用离心泵较长时间，应将泵和管路内的积水排放干净。

（三）离心泵性能曲线的测定

1. 实训目的

（1）了解离心泵的结构、特点与主要性能参数，巩固离心泵的操作。

（2）测定离心泵的特性曲线。

2. 实训装置

泵的特性曲线可采用技图 1-5 装置直接测定。在泵的进出口设 1-1′、2-2′两个截面（技图 1-6），这两个截面处的管内压力、流速、管直径（内径）及距离基准截面的高度分别用 p，u，d，h 表示，建立如下机械能衡算式：

$$\frac{u_1^2}{2g} + \frac{p_1}{\rho g} + z_1 + H_e = \frac{u_2^2}{2g} + \frac{p_2}{\rho g} + z_2 \quad (技1-1)$$

$$H = H_e = \frac{p_2}{\rho g} - \frac{p_1}{\rho g} + z_2 - z_1 + \frac{u_2^2}{2g} - \frac{u_1^2}{2g} \quad (技1-2)$$

$$\eta = \frac{N_e}{N} = \frac{QH\rho g}{N} \times 100\% \quad (技1-3)$$

式中　p_1、p_2——泵进口管上真空表 P1、出口管上压力表 P2 的读数

　　　ρ——流体（水）密度，与温度有关，温度由温度计测得

　　　u——流体流速，由涡轮流量计测量流量，再计算出流速

　　　N——轴功率，由泵的电机功率表计量得出

　　　N_e——有效功率，可由离心泵的扬程计算得出

　　　η——离心泵的效率，有效功率与轴功率之比

　　　Q——离心泵的输送流量，可由涡轮

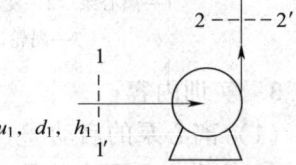

图技 1-6　机械能衡算示意图

流量计测得

H——离心泵的扬程，可通过测得的流体流速、压力和输送高度计算得出

H_e——离心泵在该操作条件下使用该管路所需要的扬程，本实训装置中即离心泵的扬程

z_1、z_2——两个测量截面（$1-1'$，$2-2'$）距离基准面的高度，即 h_1、h_2

调节出口阀可以改变流量大小，由上述衡算式可以计算出不同流量的 H 值，绘出泵的扬程曲线。

3. 实训内容

① 熟悉工艺流程，了解测量点、控制点的位置及各仪表的操作。

② 检查离心泵的转动部件是否灵活，泵的出入口管线、阀门、法兰及各测量仪表。

③ 检查水箱中的水量（应为水箱容积的 2/3）。

④ 开引水阀和排气阀，向泵内注满水，将泵及管线内的空气排净后，关闭引水阀和排气阀。

⑤ 关闭出口阀，接通离心泵电动机电源，开启离心泵。

⑥ 将出口阀全开，稳定后分别读取流量计、功率表、表 P1、表 P2 的读数。

⑦ 慢慢关小出口阀门，待流量稳定后，再次读取上述数值。

⑧ 测量结束后，关闭出口阀，停水泵，关电源。

注意：由于离心泵的最大效率点多出现在较大流量范围内，故可在较大流量下较多地采集数据。

4. 实训记录

将测得的数据填入技表 1-6。

离心泵型号：_____ 进口管内径：_____ mm 出口管内径：_____ mm

电动机频率：_____ Hz 转速：_____ r/min ΔZ：_____ mm 水温：_____ ℃

技表 1-6   离心泵性能曲线测定原始数据记录

序号	流量 $Q/$（L/s）	真空表 p_1/MPa	压力表 p_2/MPa	功率表/W

5. 数据处理与结果分析

（1）整理数据，将数据处理结果填入技表 1-7。

（2）在同一张坐标纸上绘制一定转速下的 $H-Q$、$N-Q$、$\eta-Q$ 曲线。

（3）分析离心泵特性曲线的结果。

技表1-7　　　　　　　离心泵性能曲线测定原始数据记录

序号	流量 Q/(L/s)	扬程 H/mmH$_2$O	有效功率 N_e/kW	轴功率 N/kW	效率 η/%

注：1mmH$_2$O = 9.81×10^{3}Pa。

三、往复泵抽送物料

流体物料的输送，除用泵输送之外，还可采用真空抽吸及气体压送等方式。例如，利用往复式真空泵来抽送物料。

1. 实训目的

掌握往复式真空泵的开、停操作及抽送物料的操作技术。

2. 实训装置

实训装置如技图1-7所示：利用往复式真空泵形成的负压，将物料（水）从水槽中抽送到高位计量槽中，再视需要提供给反应釜。在真空泵与计量槽之间设置有缓冲罐，起调节与保护作用。

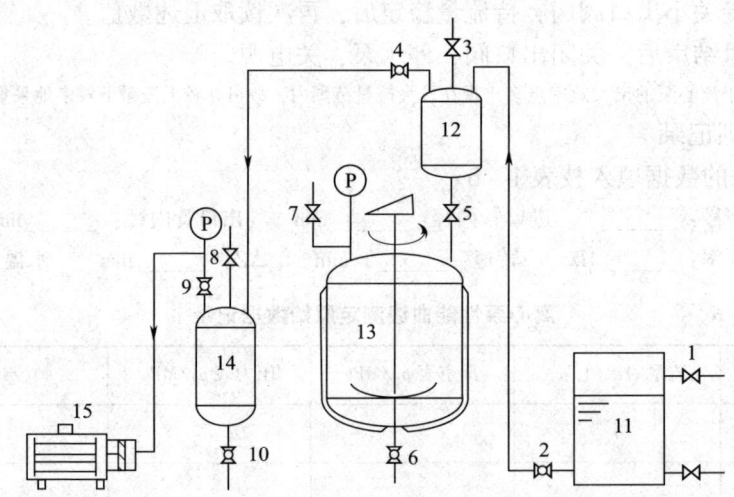

技图1-7　抽送物料流程图

1—进水阀　2—上水阀　3，7，8—放空阀　4，9—抽气阀　5，6—放料阀　10—排污阀
11—水槽　12—高位计量槽　13—反应釜　14—缓冲罐　15—往复式真空泵

3. 实训内容

（1）运行前检查

① 检查并清除计量槽、反应釜、缓冲罐中的残留液，关闭放料阀5、6和排

污阀 10。

② 检查水槽中的水量是否充足（≥2/3 水槽容积），如不足则开启进水阀 1，向水槽中加水。

③ 关闭放空阀 3、7、8，关闭抽气阀 4、9 和上水阀 2，检查反应釜和缓冲罐的气密性。

（2）往复式真空泵的启动

① 检查泵各连接部分的螺栓是否松动，泵转动部件是否灵活，进出口法兰等真空系统是否有漏气；检查真空泵的供油系统，润滑油是否够量，调整好油杯针阀；打开泵的冷却水阀。

② 打开抽气阀 9 及放空阀 8，启动真空泵，注意观察泵的转动方向与要求的方向是否一致（通常皮带轮沿顺时针方向旋转）。

③ 逐渐关闭放空阀 8，观察缓冲罐真空表 P 的读数，当达到极限真空时，检查电流负荷；如果电表读数不稳定，电流急剧上升超载，应立即停车，查找原因进行处理。

④ 当真空泵运行正常后，缓缓打开抽气阀 4，使计量槽 12 与缓冲罐 14 接通，对计量槽进行抽真空操作，注意观察缓冲罐真空表 P 的变化。

（3）往复式真空泵的停车

① 关闭抽气阀 4，打开缓冲罐的放空阀 8。

② 停真空泵电源，关闭真空泵的油杯针阀；停泵 10min 后，关闭泵的冷却水阀。

（4）抽送物料的训练

① 确认水槽内水量充足，按上述步骤启动真空泵。

② 待真空泵运行正常后，打开上水阀 2，将水抽送至高位计量槽内，注意观察计量槽液位的变化，至需要量后，关闭上水阀 2。

③ 关闭抽气阀 4，慢慢打开放空阀 3，再打开放空阀 7 和放料阀 5，按需要量将计量槽内的物料放入反应釜中。

④ 关闭放料阀 5 和放空阀 7，再关闭放空阀 3。

⑤ 反复练习，直至熟练掌握。

（5）注意事项

① 往复式真空泵启动后，注意观察泵的运行情况，正常运行时，泵有一定的噪声和振动，但如果运转中有冲击声，则属于不正常情况，应及时处理。

② 冷却水的进出口温差不应超过 5℃，被抽气体的温度应不大于 40℃。

③ 往复式真空泵是一种干式真空泵，操作时必须采取有效措施，防止进入泵体的被抽气体中夹带有液体，否则会造成严重的设备事故。

④ 往复式真空泵使用场所应保持干燥，通风良好，环境温度在 10~30℃；

当室温低于0℃以下时，必须放净冷却水，以免冻坏汽缸。

[技能要点]

管路连接就是将各种规格的管、管件和阀门等，按照工艺流程连接起来，构成产品加工制造的完整装置。完成管路连接必须会看工艺流程图，带控制点的工艺流程图包括了产品生产所需要的全部工艺设备、单元反应和单元操作。

离心泵、往复泵都是输送液体物料的常用设备，对这类设备的操作是化工生产中最基本的操作，必须熟练掌握。

[思考与练习]

简答：

（1）管路有哪几种连接方式？法兰连接应注意些什么？

（2）截止阀、单向阀、转子流量计的安装应注意些什么？

（3）离心泵启动操作时应注意哪些要点？什么情况下要先引水灌泵排气？如果灌泵后仍然不能启动，可能的原因是什么？

（4）影响离心泵特性曲线的因素有哪些？

（5）为什么往复式真空泵使用时应保持环境及被抽吸气体的干爽？

模块四 传　　热

学习目标

[学习要求] 了解传热的基本原理，熟悉典型传热设备的结构特征和影响传热的主要因素，掌握常用的工业换热的形式和典型换热设备的操作。

[能力要求] 能理解传热过程的机理和工程应用，懂得夹套、薄板、管壳等典型换热器的结构特征、工作机理和基本的操作、维护技能。

项目一　传热的基本知识

热量传递是自然界和工程技术领域中极为普遍的一种传递现象。如用手抓冰块时会感到冷，这是因为手的温度高于冰块的温度，两者之间存在着温度差，所以手上的热量传递给了冰块，手感到冷；再如在一根铁棒的一端加热，过一段时间后另一端也就变热了，这也是因为铁棒两端的温度不同，被加热一端的温度高于另一端，两端之间存在温差，热量从温度高的一端传递到温度低的一端。由此可知，热量传递的起因是由于物体内或系统内两部分之间存在温度差。即凡是有温度差存在的地方，就必然有热量的传递，并且热量总是自发地从高温处向低温处传递。

一、传热的基本概念

生物工程的许多单元操作过程都伴有热量传递现象，即加热和冷却。例如，发酵过程通常是控制在一定温度下进行的，需要对发酵罐输入或移出热量；又如蒸馏和干燥等单元操作中，都需要向设备输入或输出热量。除此之外，化工设备的保温、生产过程中热能的合理利用以及废热（余热）的回收等，都涉及传热的问题。

1. 温度场

只要有温差，就会有温度的传递。温度的传递是全方向的，即在物体与环境所组成的三维系统中，各空间点都分布有传递中的温度点，形成各空间点的温度。这些温度点的温度不尽相同，其集合称为温度场。

温度场中同一时刻具有相同温度的各点所形成的空间曲面称为等温面。温度场中有许多等温面，不同的等温面不会相交。

两个相邻等温面之间的温度差称为温度梯度。温度梯度是向量，其方向垂直于等温面，正方向是温度增加的方向（图4-1）。

2. 定态传热和非定态传热

温度场是时间和空间坐标的函数。在温度场中，各空间点的温度大小与该点所处的位置有关，离高温处越近，其数值越大，反之则越小。如果在高温处持续等量地放热，则随着热量的均匀传递，各空间点的温度能保持不变，即温度的分布仅随位置的变化而改变，与时间无关，这种传热称为定态传热。如果在高温处的放热不是持

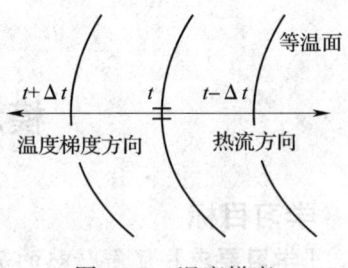

图 4-1 温度梯度

续等量的，或者热量的传递不是均匀的，则各空间点的温度将不会再保持不变，会随着时间的推移而发生变化，即温度的分布与位置和时间均有关系，均随之改变而发生变化，这样的传热称为非定态传热。

在实际生产中，对于连续进行的正常传热过程，传热系统（如换热器）处于稳定的操作状态，没有热能的积累，输入系统的热能等于输出系统的热能，可认为是定态传热；对于间歇进行或连续操作中处于开、停车阶段的传热过程，操作状态不是稳定的，传热系统中有热能积累，冷、热物体之间传递的热量随时间而变，可认为是非定态传热。

在工业生产中，传热的应用主要有以下几个方面。

① 强化传热过程：参与反应前、后的物质往往需要加热或冷却（冷凝）到一定温度，使得单位时间和单位传热面积上传递的热量达到最大。

② 削弱传热过程：当反应体系内的温度与环境温度有差异时，必然会引起热量的交换，当这样的热量交换不利于反应的进行时，就需要阻止这样的热量传递。如对设备和管道的保温、绝热等，以减少热损失。

二、工业换热的方式

1. 热载体

热量传递的源头称为热源。自身能够产生热量的物质称为一次热源，如煤炭、天然气、石油、木材、电加热器等，利用一次热源可直接加热，如加热锅炉生产蒸汽。从一次热源吸收热量，再将热量释放并加热物料的物质，称为二次热源，如用于消毒灭菌的水蒸气。二次热源又称为热载体。常用的热载体有水蒸气、矿物油、有机液体等。水蒸气具有无污染、温度控制方便，成本低等多种优点，是最常使用的工业热载体。

2. 换热方式

根据冷、热流体热量交换的原理和方式，可以把换热分为三大类：混合式、蓄热式、间壁式。

① 直接接触式换热：冷、热流体在传热设备中通过直接混合的方式进行热量交换，又称为混合式换热。这种换热方式方便且有效，设备结构较简单，

常用于热气体的水冷或热水的空气冷却。不足之处是工艺上必须允许两种流体能够相互混合。直接接触式换热设备有板式塔、填料塔、反应釜直接蒸汽加热等。

② 蓄热式换热：当冷、热两种流体交替通过同一蓄热室时，即可通过填料将来自热流体的热量传递给冷流体，达到换热的目的。这种换热器结构较简单，可耐高温，常用于气体余热或冷量的利用。但是由于填料需要蓄热，所以设备的体积较大，且两种流体交替时难免会有一定程度的混合。这类换热器主要用于回收和利用高温废气的热量。

③ 间壁式换热：多数情况下，化工工艺上不允许冷、热两种流体直接接触，故直接接触式传热和蓄热式传热的应用不是很普遍。工业上应用最多的是间壁式传热过程。这类换热器的特点是在冷、热两种流体之间用金属壁或石墨等导热性能好的非金属壁隔开，以便使两种流体在不直接接触、混合的情况下进行热量传递。夹套、薄板、套管、列管等换热器是这一类换热设备的典型代表。

项目二 传热机理

根据传热的机理不同，热的传递可分为三种基本方式：热传导、热对流和热辐射。传热可依靠其中的一种方式或几种方式同时进行，在无外功的条件下，热传递的方向总是从高温处向低温处流动。

一、热传导

物体内各部分之间不发生相对位移，仅依靠分子、原子和自由电子等微观粒子的热运动而引起的热量传递称为热传导，简称导热。热传导的条件是系统两部分之间存在温度差，此时热量将从高温部分向低温部分传递，或从高温物体传向与之接触的低温物体。热传导在固体、液体和气体中均可进行，但导热的微观机理因物质的形态不同而异。固体中的热传导属于典型的导热方式。

不良导热的固体和液体中的热传导是通过晶格结构的振动，即原子、分子对其平衡位置附近振动来实现的。气体热传导则是由于分子不规则运动而引起的。

1. 传热速率方程

传热的快慢可用传热速率来描述。传热速率指单位时间内通过传热面的热量。在通常的间壁式换热器中，热量是通过冷热两流体间的壁面传递的，这个壁面是垂直于传热方向的，称为传热面；而冷热两流体间的温度差是热量传递的推动力。实践证明，两流体之间在单位时间内所传递的热量与传热面积和温度差成正比。如果热量传递为纯导热过程，则上述关系可以用下式表述：

$$Q = -\lambda S \frac{dt}{dx} \quad (4-1)$$

式中　Q——导热速率，单位时间内通过传热面的热量，W

　　　S——传热面积，m^2

　　　λ——比例系数，称为热导率或导热系数，W/(m·K)

　　　$\frac{dt}{dx}$——温度梯度，传热方向上单位距离的温度变化率，K/m

式中的负号，表示热量总是沿着温度降低的方向传递。

式（4-1）称为傅里叶定律，是热传导的基本定律。

对于生产中的换热器来说，其换热面积是固定的，用 A 表示，当工艺稳定时，冷热流体的温度差也一定，则可将式（4-1）写成：

$$Q = KA\Delta t \quad (4-2)$$

式（4-2）称为传热速率方程，比例常数 K 称为传热系数。K 值大小是衡量换热器性能的一个重要指标。K 值越大，表明换热器的传热效率越高。

还可以将式（4-2）改写成：

$$\frac{Q}{A} = \frac{\Delta t(传热推动力)}{1/K(传热阻力)} \quad (4-3)$$

式中 $1/K$ 表示传热过程的阻力，简称热阻，可用 R 表示。由式（4-3）可知，单位传热面积上的传热速率与传热推动力成正比，与热阻成反比。提高传热推动力和降低传热阻力，是提高换热器传热速率的有效途径。

2. 热导率

同流体黏度一样，热导率也是物质粒子微观运动特性的表现，表示物质导热能力的大小，是物质的物理性质之一。由式（4-1）可得出，当传热面积为 $1m^2$、传热壁面的厚度为 1m、两侧温度差为 1K 时，热导率的数值就等于单位时间内所传递的热量。物质的热导率越大，其导热性能就越好。各种物质的热导率通常是由实验测定的，其数值大小与物质的组成、结构、温度、密度、压强有关。一般来说，不同状态下物质的热导率遵循如下规律：

金属固体 > 非金属固体 > 液体 > 气体

① 固体的热导率：在所有的固体中，金属是最好的热导体。纯金属热导率一般随温度的升高而降低，而金属的纯度越高，其热导率则越大，合金的热导率一般比纯金属要低。非金属的热导率通常是随着温度的升高而增大，随密度的增加而增大。

② 液体的热导率：液体可分为金属液体和非金属液体。金属液体的热导率要比一般液体的高。大多数金属液体的热导率随温度的升高而降低。在非金属液体中，水的热导率最大。除水和油以外，液体的热导率随温度升高略有减小。一般来说，纯液体的热导率要比其溶液的热导率大。

③ 气体的热导率：气体的热导率随温度升高而增大。在相当大的压强范围内，气体的热导率随压强变化甚微，可以忽略不计。只有在过高或过低的压强（$>2\times10^5$ kPa 或 <3 kPa）下，才考虑压强的影响，此时气体的热导率随压强的增高而增大。

气体的热导率很小，对传热不利，但有利于保温、绝热。多孔性或纤维性的材料是工业上常用的保温材料。

热传导是发生在静止物质内的一种传热方式，也就是说没有物质的宏观运动。单纯的热传导只有在固体中才能观察到。而在气体和液体内部，当各处温度不同时，必然存在各处密度的差异，从而带来流体的对流。因此在气体和液体发生导热的同时，也同时伴有气体和液体的流体对流。

[课堂互动]

想一想 在冬季里，人们要穿上棉衣御寒。所谓"十层单不如一层棉"，其依据是什么？

3. 热负荷

生产上，换热器冷热两种流体之间单位时间内所交换的热量应满足工艺要求，热流体的放热量或冷流体的吸热量，称为换热器的热负荷。热负荷是换热器应具有的工作能力。根据能量守恒定律，在换热器保温良好、无热损失的情况下，单位时间内热流体释放的热量应等于冷流体吸收的热量。

换热器应能满足生产工艺的换热要求，必须使其传热速率等于（或略大于）其热负荷。可以通过计算热负荷，来选择合适的换热器。常用热负荷的计算方法有以下三种。

（1）焓差法 利用流体换热前后焓值的变化来计算，计算式如下：

$$Q = q_{m热}(H_1 - H_2) \text{ 或 } Q = q_{m冷}(h_2 - h_1) \tag{4-4}$$

式中　Q——热负荷，W

$q_{m热}$、$q_{m冷}$——热、冷流体的质量流量，kg/s

H_1、H_2——热流体进、出口的焓，J/kg

h_1、h_2——冷流体进、出口的焓，J/kg

焓的数值取决于流体的物态和温度。通常取 0℃ 为计算基数，规定液体和蒸汽的焓均取 0℃ 的焓为 0J/kg，而气体则取 0℃ 气态的焓为 0J/kg。

（2）显热法 此法用于流体在换热过程中无相变化的情况，计算式如下：

$$Q = q_{m热}c_{热}(T_1 - T_2) \text{ 或 } Q = q_{m冷}c_{冷}(t_2 - t_1) \tag{4-5}$$

式中　$c_{热}$、$c_{冷}$——热、冷流体的平均定压比热容，J/(kg·℃)

T_1、T_2——热流体进、出口温度，℃

t_1、t_2——冷流体进、出口温度，℃

（3）潜热法 此法用于流体在换热过程中仅发生相变化（如冷凝或汽化）的情况，计算式如下：

$$Q = q_{m热}r_{热} \text{ 或 } Q = q_{m冷}r_{冷} \qquad (4-6)$$

式中 $r_{热}$、$r_{冷}$——热、冷流体的相变热（蒸发潜热），J/kg

4. 热载体的选用

当确定了换热器的热负荷后，可根据热量衡算来选用合适的载热体。一般来说，生产过程中的两种冷热流体，只要两者的温度变化能够在可控条件下达到工艺要求，就应尽可能让这两种流体进行换热。利用反应前后流体自身的热交换，可以充分回收热能，对于降低生产成本和节约能源有着重要的实际意义。但当换热条件超出工艺可控范围时，就需要采用外来的热载体与工艺流体进行热交换。饱和水蒸气和水是生产中使用最广泛的热载体。

（1）饱和水蒸气　饱和水蒸气在冷凝时可放出大量的热，加热均匀，不会有局部过热现象。依据饱和温度与蒸汽压力的对应关系，可以很方便而准确地调节压力、控制温度，但对设备、管道的耐压、密闭要求也比较高。一般水蒸气的加热温度范围在120~180℃，绝对压力在200~1000kPa。大部分的生产操作（如蒸发、蒸馏、干燥等操作单元）都在此温度下进行。

水蒸气的加热分为直接和间接两种。直接法是将水蒸气直接通入被加热液体中，即混合式换热，水蒸气的热量可完全被利用，但被加热液体浓度被稀释，在很多工艺中是不允许的。间接法是在换热器中进行，即间壁式换热，使用中应注意：溶于水中的空气或漏入的空气会降低水蒸气的传热效果，水蒸气的冷凝水会因积聚而占据部分传热面积，应注意经常性地将其排出。通常用加装防空阀门、设置冷凝水排出器（疏水阀），来使其间歇性排出。

（2）水　水是广泛使用的冷却剂。一般的水温为4~25℃，受气候条件的影响较大，因此水的用量主要取决于经过换热器之后的出口温度。由于工业用水常含有一定量的污垢杂质，这些杂质沉积在换热器壁面时会降低换热器的传热效果，所以水的流速不能过低。用于冷却的水的温度主要从温度和流速两个方面考虑：水与被冷却流体之间应有5~35℃的温度差，水温不能超过40~50℃，以避免溶解在水中的各种盐类析出而在传热壁面形成污垢；水的流速不应小于0.5m/s，否则在传热面上易产生污垢。

如果将物料加热到180℃以上，就需要用其他热载体，这类热载体在工业上称为高温热载体；如果将物料冷却到5~10℃或更低温度，就必须采用低温冷却剂，又称为制冷剂（见模块六制冷）。

二、热对流

热对流又称为对流传热，是因流体各部分之间发生相对位移、冷热流体质点相互掺混所引起的热量传递，即因流体的流动而发生的热传递现象。

1. 对流传热分析

如前所述，流体沿固体壁面流动时，由于流体黏度的影响，在流动方向的垂直截面上,流体流速不是均匀分布的,无论平均流速有多大,靠近管壁处总存在着层流,称为层流内层。在层流内层,流体各质点的流速平均,彼此间平行移动,热量以热传导的方式传递;而在湍流层内,流体各质点处于杂乱脉动中,彼此间的混合碰撞使热量的传递十分迅速,属于对流传热。

事实上,通过间壁传递热量时,热传导和热对流两种方式都有。热对流发生在流体的湍流中,而热传导发生在靠近间壁处的层流内。所以,热对流的同时伴随着热传导,热对流是层流层的传导传热和湍流层的对流传热的统称。

图4-2描述了两种流体间壁换热的热传递情况。由图可见,热量Q由热流体一侧通过传热面A传递至冷流体一侧,流体主体的湍流层内,流体温度几乎为恒定值,热流体湍流层内的温度T,和冷流体湍流层内的温度t都比较均衡;在壁面两侧的冷热流体层流层内,温度差最大,对应的温度T'和t'都变化较大,曲线较陡,几乎呈直线下降;而壁面两侧,尽管也存在冷热两端的温度差(T_w与t_w),但由于固体的热导率一般高于液体和气体,T_w与t_w之间温度差反而不如壁面两侧层流层内的温度差大。因此,间壁传热的阻力主要来自层流内层。一般将流动流体中存在温度梯度的区域称为温度边界层,也称为热边界层。

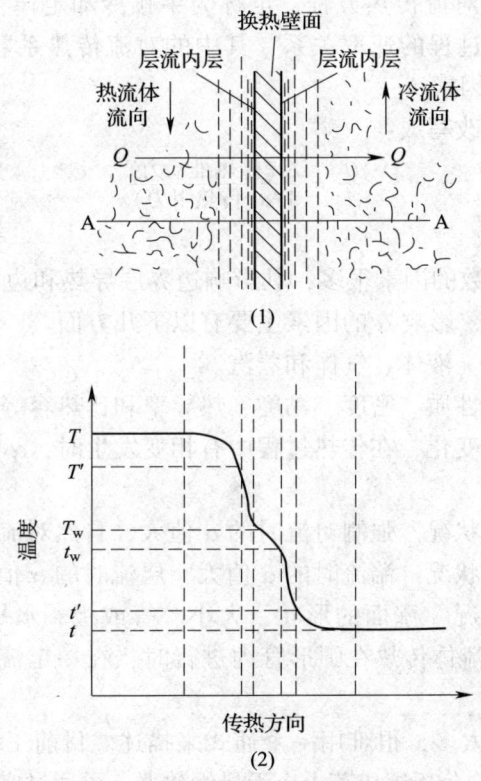

图4-2 换热器管壁两侧流体的流动状况及温度分布
(1)流动状况 (2)温度分布

依据产生流体对流的原因不同,可将流体对流分成自然对流和强制对流。前者是因流体中各处温度不同,产生密度差异,使流体各质点产生相对位移;后者是因泵、风机或搅拌等外力推动流体各质点的流动,称为强制对流。很多时候,同一种流体的流动,有可能同时发生自然对流与强制对流。

2. 对流传热方程

由上述分析可知,热对流是一个复杂的过程,影响热对流的因素很多。工程上采用了较为简便的处理方式。通过实践证明,在单位时间内,通过热对流传递的热量 Q 与传热壁面的大小、传热壁面与流体主体平均温度间的温度差成正比,如下式所示:

$$Q = \alpha A \Delta t \tag{4-7}$$

式中 A——传热面积,m^2

Δt——传热壁面与流体主体平均温度间的温度差,℃

α——对流传热系数(或给热系数),$W/(m^2 \cdot ℃)$

α 的物理意义是,流体与壁面温度差为1℃时,单位时间内通过每平方米的传递热量,表示热对流的强度。

式(4-7)称为对流传热方程,也称为牛顿冷却定律,以很简单的形式描述了复杂的对流传热过程的速率关系,其中的对流传热系数 α 包括了所有影响对流传热过程的复杂因素。

式(4-7)也可改写成:

$$\frac{Q}{A} = \frac{\Delta t (传热推动力)}{1/\alpha (传热阻力)} \tag{4-8}$$

3. 对流传热系数

影响对流传热系数的因素很多,凡影响边界层导热和边界层外对流的条件都和 α 有关。实验表明,影响 α 的因素主要有以下几方面。

(1)流体的种类 液体、气体和蒸汽。

(2)流体的物理性质 密度、黏度、热导率和比热容等。

(3)流体的相态变化 在传热过程中有相变发生时,α 值比无相变发生时大得多。

(4)流体对流的状况 强制对流时的 α 值大,自然对流时的 α 值小。

(5)流体的运动状况 湍流时的 α 值大,层流时的 α 值小。

(6)传热壁面状况 壁面的形状、大小、管或板、水平或垂直,以及管或板的排列方式等。当流体传热在圆形管内进行时,在一定流速下,管径越小,α 值越大。

影响 α 值的因素太多,很难用一个通式来描述。目前工程应用中,通常是将这些影响因素经过理论分析组成若干个无量纲数群,再通过实验确定这些数群之间的关系,建立若干个经验关联式,称之为准数。常用的准数及物理意义见表4-1。

表 4-1　　　　　常见准数的名称、符号和含义

名称	符号	含义
努赛尔特准数	$Nu = \dfrac{\alpha l}{\lambda}$	表示对流传热的准数
雷诺准数	$Re = \dfrac{lu\rho}{\mu}$	反映流体的流动型态和湍流程度
普兰德准数	$Pr = \dfrac{c_p \mu}{\lambda}$	反映与传热有关的流体物性
格拉斯霍夫准数	$Gr = \dfrac{l^3 \rho^2 g \beta \Delta t}{\mu^2}$	反映由于温度差而引起的自然对流强度

准数关联式是一种经验公式，应用这些关联式时，必须注意其适用条件不能超出实验条件的范围。一般来说，这些条件主要包括以下三个方面。

（1）应用范围　指关联式中 Re、Pr 等准数可适用的数值范围；
（2）特征尺寸　关联式中 Nu、Re 等准数中的特征尺寸 l 应如何选定；
（3）定性温度　关联式中各准数中流体的物性应按什么温度查定。

α 值的范围很大。表 4-2 中介绍了常用流体 α 值的大致范围。

表 4-2　　　　　　　　　α 值的大致范围

换热方式	α/[W/(m²·℃)]	换热方式	α/[W/(m²·℃)]
空气自然对流	5~12	油的加热或冷却	58~1500
空气强制对流	12~120	水蒸气冷凝	5000~15000
水自然对流	200~1000	有机蒸气冷凝	500~2000
水强制对流	1000~11000	水沸腾	5800~50000

由表 4-2 可见，流体在传热过程中有相变化时的 α 值比较大；在没有相变化时，水的 α 值最大，油类次之，气体和过热蒸汽最小。

4. 污垢热阻

实际生产中的换热设备，因长期使用，在固体壁面上常有污垢的积存，可对传热产生附加热阻，使传热系数降低。因此，在设计和使用换热器时，必须考虑污垢热阻的问题。污垢层的厚度及其热导率难以测定，通常只能根据污垢热阻的经验值做参考。表 4-3 介绍了常见流体的污垢热阻经验值。

表 4-3　　　　　　　　　常见流体的污垢热阻

流体	污垢热阻/[(m²·℃)/kW]	流体	污垢热阻/[(m²·℃)/kW]
水（1m/s，$t>50$℃）		已处理的锅炉用水	0.26
蒸馏水	0.09	硬水、井水	0.58
清净的河水	0.21	气体	

续表

流体	污垢热阻/ [(m²·℃) /kW]	流体	污垢热阻/ [(m²·℃) /kW]
空气	0.26~0.53	往复机排出	0.176
容积蒸汽	0.14	液体	
水蒸气		处理过的盐水	0.264
优质（不含油）	0.052	有机物	0.176
劣质（含油）	0.09	燃料油	1.056

如果管壁内外侧的表面上都有污垢，则应将两侧的热阻叠加，即间壁两侧流体间的传热总热阻等于两侧流体的对流传热热阻、污垢热阻及管壁热阻之和。

一般污垢层的热导率都比较小，即使很薄的一层也会形成比较大的热阻。生产上应尽量防止和减少污垢的形成，如提高流体的流速，使所携带的悬浮物不易沉积；控制冷却水的加热程度，防止水垢析出；对有垢层形成的设备定期清洗除垢，以维持较高的传热系数。

三、热辐射

物体以电磁波形式传递能量的过程称为辐射，被传递的能量称为辐射能。物体产生辐射的原因不同，其中因热的原因引起的辐射称为热辐射。任何物体，只要其绝对温度不为零度，都会不停地以电磁波的形式向外界辐射能量，同时又不断地吸收来自外界物体的辐射能，当物体向外界辐射的能量与其从外界吸收的辐射能不相等时，该物体就与外界产生热量的传递。

热辐射和光辐射的本质完全相同，不同的仅仅是波长范围。理论上热辐射的电磁波波长范围从零到无穷大，但具有实际意义的波长为 $0.4\sim40\mu m$，即介于可见光线（$0.4\sim0.8\mu m$）与红外线（$0.8\sim500\mu m$）之间，这两类光线统称为热射线。红外线的热射线对热辐射起决定作用，只有在很高温度下，才能察觉到可见光线的热效应。

热辐射可以在真空中传播，无需任何介质，这是热辐射与热对流和热传导的主要不同点。因此辐射传热的规律不同于对流和传导。

应予指出，传热的三种方式经常是相伴而生的，可发生在同一个传热过程中。如电炉上烧水，杯内的水被加热的过程就包含了热传导、热对流和热辐射。工程上为了简化传热问题，重点关注占支配地位的传热方式。

物体的温度越高，辐射的能量就越多；两物体之间的温度差越大，辐射传热量就越多。对于工业生产中常见的间壁式换热器，其传热壁面的辐射传热量很小，故通常只考虑换热器外壳壁面的辐射传热所带来的热损失。

[知识拓展]

传热系数在一定程度上间接反映了不同材料之间热传递的能力。可用下式计算：

$$K = 1/(1/A_w + \delta/\lambda + 1/A_n)$$

式中 A_n、A_w——内、外表面热交换系数，W/（m²·℃）

δ——管壁厚度，m

λ——管壁导热系数，W/（m·℃）

传热系数以往称总传热系数。国家现行标准规范统一定名为传热系数。传热系数 K 值，是指在稳定传热条件下，结构两侧空气温差为1K（℃），1h通过1m²面积传递的热量，单位是W/（m²·K）（此处K可用℃代替）。

项目三　常见换热器

换热器是实现换热的设备手段，是制药、化工等许多工业领域中的通用设备，按照传热的用途可分为加热器、预热器、冷却器、冷凝器、再沸器、蒸发器等。虽然换热器的名称不同，但大多数设备的结构原理完全相同。以下简略介绍典型的间壁式换热器。

按照换热面的形式，间壁式换热器主要有管式、板式和特殊形式三种类型。

一、管式换热器

1. 蛇管换热器

蛇管换热器的结构很简单，由金属管子盘绕而成，可以根据容器的形状盘成各种不同的形式，如图4-3所示。为防止蛇管变形，也可将蛇管固定在容器壁上。

蛇管换热器又分为沉浸式和喷淋式两种。

（1）沉浸式蛇管换热器　蛇管沉浸在容器内（图4-4），管内通入热流体或冷流体，对容器内的流体进行加热或冷却/冷凝。这种换热器的优点是结构简单，能承受高压，可用耐腐蚀材料制造，适用于传热量不大的场合；缺点是管外

图4-3　蛇管的形状

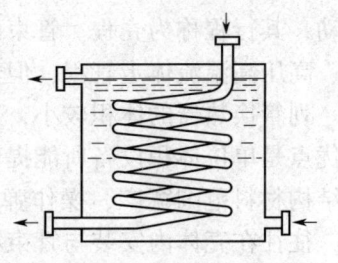

图4-4　沉浸式蛇管换热器

对流传热系数小，易结垢堵塞，不便于清洗。为提高传热性能，可在容器内安装搅拌器，使容器内液体做强制对流。

(2) 喷淋式换热器　这种换热器一般做成排管状，如图 4-5 所示，整个排管固定在钢架上，主要用作冷却器。被冷却流体一般是自下而上在管内流动，冷却水由管子上方的喷淋装置均匀喷洒在蛇管表面，并逐排流经下面排管的表面，最后汇集在底部集液盘中。该换热器常设置于室外空气流通处，冷却水在空气中汽化时可带走部分热量，提高冷却效率。和沉浸式相比，喷淋式的换热效率要好很多，而且易于检修和清洗；缺点是喷洒不均匀，体积庞大，占地面积大。

2. 套管式换热器

由不同直径的同心套管组成，内管和套管环隙内可分别通入较高流速的冷、热流体（图 4-6），可根据换热要求，将几段套管用 U 形管连接起来，以增加换热面积。这种换热器内管的壁面是传热面，传热系数较大。两种流体可以逆流，也可以并流，但一般用逆流的方式，通常套管环隙内是 α 值较大的流体。优点是结构简单，能耐高压，可通过增减管段数量来改变传热面积，应用方便；缺点是结构不够紧凑，金属消耗量大热负荷不高。一般是用于压强较高，流量不大，所需传热面积不多的场合。

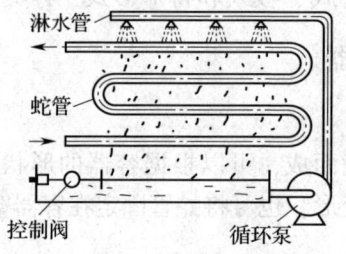

图 4-5　喷淋式蛇管换热器

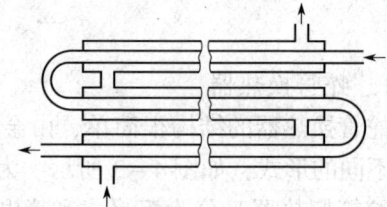

图 4-6　套管式换热器

3. 列管式换热器（管壳式换热器）

这种换热器是应用最广泛的间壁式换热器，主要由壳体、管束、管板、折流挡板和封头等组成。一种流体在管内流动，其行程称为管程；另一种流体在管外流动，其行程称为壳程。管束的壁面即为传热面。一般来说，不易清洗、有腐蚀性、高压高温流体走管程，但蒸汽、沸腾液体多走壳程。

列管换热器的体积较小，造价较低，是目前应用最为广泛的典型传热设备。其优点是单位体积设备所能提供的传热面积大，传热效果好，结构坚固，可选用的结构材料范围宽广，操作弹性大，大型装置中普遍采用。为提高壳程流体流速，往往在壳体内安装与管束相互垂直的一定数目的折流挡板，不仅可防止流体短路、增加流体流速，还能迫使流体按规定路径多次错流通过管束，使湍动程度大为增加。常用的折流挡板有圆缺形（图4-7）和圆盘形（图4-8）两种，前者更为常用。

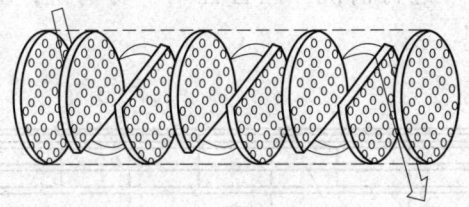

图4-7　圆缺形折流挡板

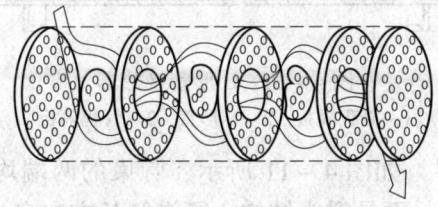

图4-8　圆盘形折流挡板

列管换热器的壳体内装有管束，管束两端固定在管板上。由于冷热流体温度不同，壳体和管束受热不同，其膨胀程度也不同，如两者温差较大，管子会扭弯，从管板上脱落，甚至毁坏换热器。所以，列管式换热器必须从结构上考虑热膨胀的影响，采取各种补偿的办法，消除或减小热应力。

根据所采取的温差补偿措施，列管式换热器可分为以下几种。

（1）固定管板式换热器　如图4-9所示，是结构上最简单的换热设备，适合在冷热流体温度差不大的场合下使用。当壳体与传热管壁温度之差大于50℃时，壳体上需设置补偿圈，也称膨胀节，当壳体和管束之间有温差时，依靠补偿圈的弹性变形来适应它们之间不同的热膨胀。由于壳程的检修和清洗比较困难，所以壳程流体应是清洁、不易产生垢层和腐蚀的介质。

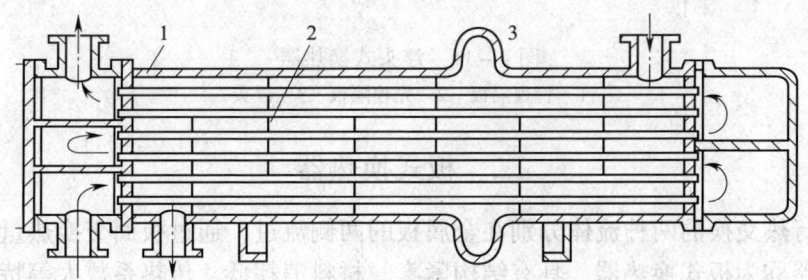

图4-9　固定管板式换热器
1—放气嘴　2—挡板　3—补偿圈

（2）U形管式换热器 如图4-10所示，U形管的两端固定在同一管板上，由于每根管子弯成了U形，因此每根管子可自由伸缩，以此来解决热补偿问题。整个管束可以拉出壳外进行清洗，但管程则不易清洗，所以适合于洁净流体（如高压气体）的换热。

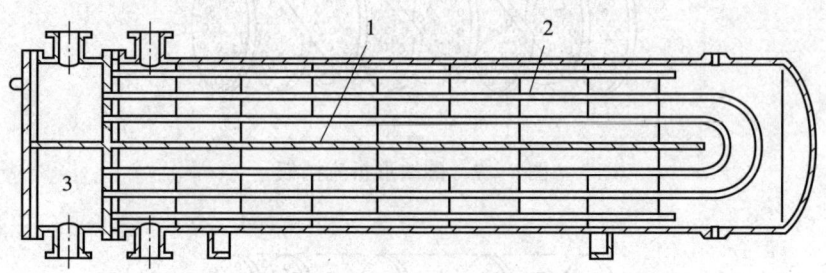

图4-10 U形管换热器
1—壳程隔板 2—U形管 3—管程隔板

（3）浮头式换热器 如图4-11所示，管束的两端均与管板相连，但有一端的管板不与壳体固定，而是浮头结构，可沿管长方向自由浮动。当壳体与管束因温度不同而引起热膨胀时，管束连同浮头可在壳体内沿轴向自由伸缩，完全消除热应力。将浮头打开后，可将管束从壳体内抽出，不仅可以清洗管外，还能清洗管内。尽管浮头式换热器的结构复杂、造价高，但仍然是应用最广泛的换热器。

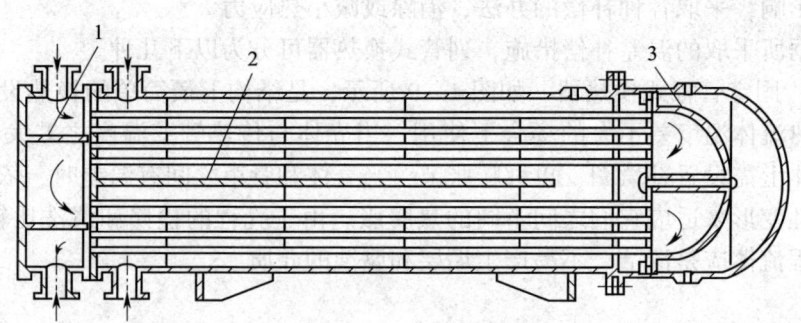

图4-11 浮头式换热器
1—管程隔板 2—壳程隔板 3—浮头

二、板式换热器

进行热交换的两种流体分别在金属板的两侧流过，通过板面交换热量，这样的换热器称为板式换热器。具有结构紧凑、材料消耗低、传热系数大等特点。这类换热器一般不能承受高压和高温，但对压力较低、温度不高或腐蚀性强的情况，显示出很高的优越性。

1. 夹套式换热器

这是最简单的板式换热器，常见于发酵罐、搅拌釜、提取罐、贮液槽等各类反应容器中。其结构如图4-12所示，在容器外面安装夹层，夹层与器壁之间构成的空间作为流体通道，称为夹套。这种换热器主要用于反应过程的加热和冷却。在用蒸汽加热时，为便于排除冷凝水，蒸汽常由上部接管进入夹套，冷凝水由下部接管流出；而在用液体加热或冷却时，为了便于排除夹套内的空气，并使夹套内充满流体，通常将入口设在夹套的底部，将出口设在夹套的上部。

夹套式换热器结构简单、加工方便，应用十分广泛。但其传热面受容器器壁的限制，传热系数不高。为提高传热系数，可在容器内安装搅拌器；为补充传热面的不足，也可在容器内安装蛇管。

2. 平板式换热器

平板式换热器又称薄板换热器，也简称为板式换热器，早在20世纪20年代开始用于食品工业，50年代逐渐用于化工及其相近工业部门，现已发展成为一种传热效果较好，结构紧凑的化工换热设备。这种换热器由一组长方形金属薄板、垫片和支架组成。金属薄板平行排列，用框架夹紧组装在支架上，两相邻薄板的边缘用垫片压紧密封。

制作金属薄板的材料主要是铜、铜合金及铝合金。薄板的表面被冲压出规则的凹凸波纹，薄板的四角各开有圆孔（图4-13），其中相邻或对角的两个圆孔为一组，圆孔的内壁有暗孔，可与薄板表面的凹槽相通，构成流体通道；另一组圆孔没有暗孔。将一组薄板平行排列，两相邻薄板的两组圆孔相互错开，通过带有暗孔的垫片和相邻金属薄板之间的凹槽，冷、热两种流体流过薄板的两侧（图4-14），薄板是冷、热流体间壁换热的换热面。

[课堂互动]

讨论 用于培养微生物的发酵罐，通常都用哪些换热形式？

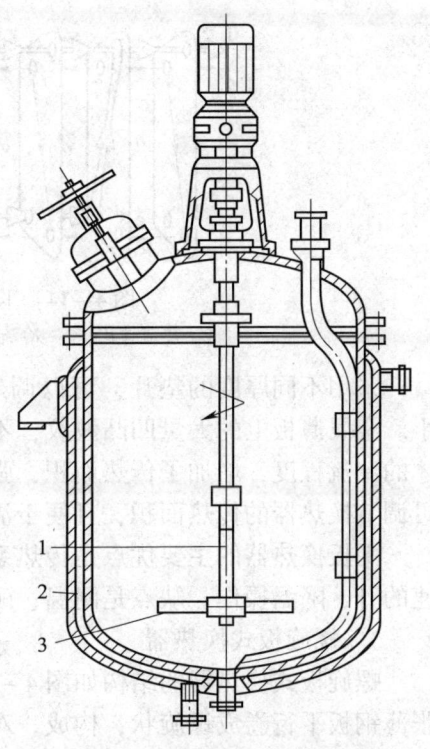

图4-12 夹套式换热器
1—搅拌轴 2—夹套 3—搅拌器

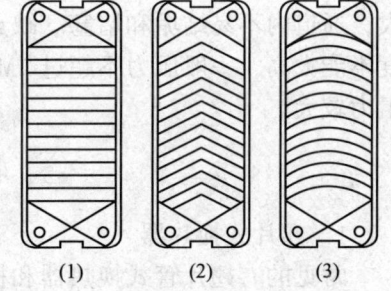

图4-13 平板式换热器的金属薄板
（1）水平波纹 （2）人形波纹
（3）圆弧形波纹

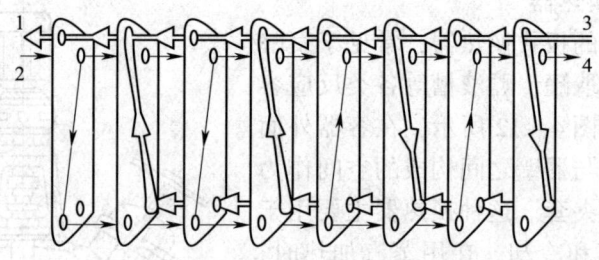

图 4-14 平板式换热器的流体流向
1—热流体出 2—冷流体进 3—热流体进 4—冷流体出

采用不同厚度的垫片，可以调节相邻两薄板之间的距离，即流体通道的大小。金属薄板上的大量凹凸波纹，不仅加强了金属薄板的机械强度，还提高了流体的湍流程度，增加了传热面积，强化了传热效果。通过增减金属薄板的数目，可调节换热器的传热面积，且便于清洗、检修。

平板换热器的主要优点是传热系数大，结构紧凑，操作灵活，广泛应用于快速的升、降温操作。缺点是耐温、耐压性较差，易渗漏，处理量小。

3. 螺旋板式换热器

螺旋板式换热器的结构如图 4-15 所示，由两张薄钢板平行卷成螺旋状，构成一对互相同心的螺旋形流道。换热器的中心设有隔板，将两个螺旋形通道隔开。两螺旋板之间焊有定距柱，以维持流道间距，同时也可增加螺旋板的刚度。在螺旋板两侧焊有盖板和流体的出入接管。冷、热流体分别在两个螺旋形通道内流动，通过螺旋板进行换热。

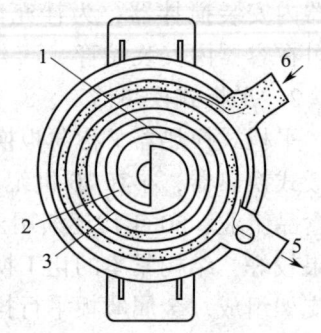

图 4-15 螺旋板式换热器
1—冷流体出 2，3—金属板
4—热流体入 5—热流体出
6—冷流体入

螺旋板式换热器的结构紧凑，单位体积的传热面积大。由于冷热流体逆向沿螺旋形通道做圆周流动，不仅温度差大，传热推动力强，而且湍流程度大，通道内不易结垢和堵塞。缺点是操作压力和温度不能太高，一般压力不超过 2MPa，温度不高于 300~400℃，维修困难，流体阻力较大。

三、特殊形式的换热器

1. 翅片式换热器

常见的有翅片管式换热器和板翅式换热器。

（1）翅片管式换热器 又称为管翅式换热器，即在换热管的内表面或外表面加装翅片。常见的翅片有纵向和横向两类，图 4-16 是工业上广泛使用的几种翅片形式。

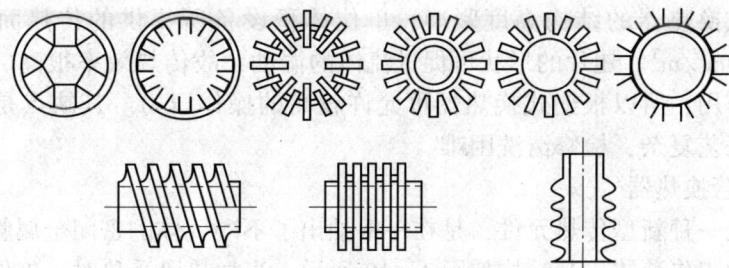

图4-16 常见的几种翅片管

管翅式换热器通常是用来加热空气或其他气体的。因为用饱和蒸汽加热空气时，气体的对流传热系数 α 值很小，而饱和蒸汽的 α 值很大，所以这一过程的传热热阻主要集中在气体一侧，要提高传热效率，就要设法降低气体一侧的热阻。当气体在管外流动时，管外增设的翅片，既可增加传热面积，又可以强化气体的湍动程度、提高气体的对流传热系数。

在生产中的干燥操作单元里，用于干燥物料的热空气多是用蒸汽通过管翅式换热器来加热空气而得到的。

管翅式换热器的另一个重要用途是空气冷却器（简称风冷），利用空气在翅管外流过时冷却或冷凝管内流过的流体。近年来用翅片管制成的风冷装置来代替水冷，得到了较为广泛的应用。

（2）板翅式换热器 这是一种传热效果好，结构更为紧凑的板式换热器。因加工技术的限制，仅限用于宇航、电子、原子能等领域内的散热冷却器，现已在各工业领域中获得较好的应用。

这种换热器的基本结构是由平隔板和翅片构成的板束，如图4-17所示，在两块平行薄金属板（平隔板）间，夹入波纹状或其他形状的翅片，两侧密封，即组成为一个单元体。将若干个单元体以不同的叠积适当排列，用钎焊固定，可制成逆流或错流的板翅式换热器组装件，或称为板束。再将带有集流进出口的集流箱焊接到板束上，就成为板翅式换热器。图4-18是常用的几种翅片形式。

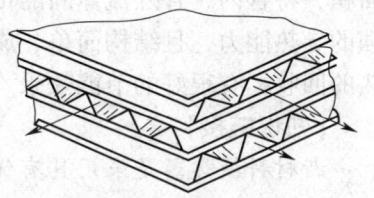

图4-17 板翅式换热器的板束

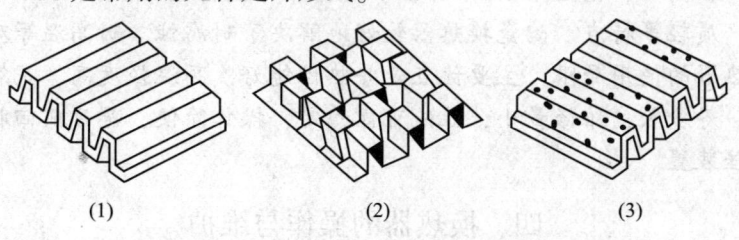

(1)   (2)   (3)

图4-18 板翅式换器的翅片类型

(1) 光直型 (2) 锯齿型 (3) 多孔型

板翅式换热器的结构高度紧凑，单位体积设备所提供的传热面积可达到 $2500\sim4370m^2/m^3$。翅片的形状可促进流体的湍动，故传热效率很高。翅片对隔板有支撑作用，所以板翅式换热器可允许较高的操作压力。其缺点是流体通道小，制造工艺复杂，检修清洗困难。

2. 热管换热器

热管是一种新型传热元件，是在一根抽出了不凝气体的密闭金属管内充以一定量的某种工作液体，其结构如图4-19所示。当加热段受热时，工作液体遇热沸腾，产生的蒸汽流至冷却段冷凝，释放潜热凝结为液体，回至加热段再次被加热、沸腾。如此过程反复循环，热量则由加热段传至冷却段。冷凝液的回流可以通过不同方法来实现，如毛细管作用或重力等。常用的方法是将具有毛细管结构的吸液芯装在管子的内壁上，利用毛细管的作用使冷凝液由冷端回流至热端。热管的工作液体可以是氨、水、丙酮、汞等。采用不同的工作液体，有不同的工作温度范围。

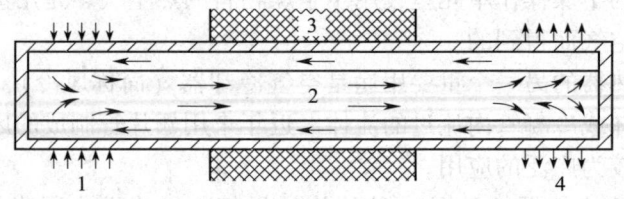

图4-19 热管
1—加热 2—蒸汽 3—绝热 4—冷却

热管充分利用了液体沸腾和冷凝传热系数大的特点，通过管外翅片增大传热面积，将管内、管外流体间的传热转变为隔热层两侧管外的传热，使热管具有很强的导热能力，且结构简单、成本低廉。目前，热管已经广泛应用于工业气体废热的回收，有很好的节能效果。

[知识链接]

新材料换热器是采用具有优良性能指标的新材料所制成的换热器。这类新材料包括石墨和陶瓷等，一般采用石墨填充改性聚丙烯塑料制成导热管，而壳体、管板、封头、法兰、接管等零件则选用纯聚丙烯塑料制成，具有耐腐蚀、耐高温、无毒、质轻等特点。陶瓷换热器较好地解决了耐腐蚀、耐高温等难题，打破了金属换热器的使用局限。主要优点是导热性能好，高温强度高，抗氧化、抗热震性能好，寿命长，维修量小，性能可靠稳定，操作简便，是目前回收高温烟气余热的最佳装置。

四、换热器的操作与维护

换热器的种类很多，操作方法大同小异，它们的共同点是利用两种物料间大量的接触面积进行热交换，以完成冷却、冷凝、加热和蒸发等化工过程。而换热器的操作条件、换热介质的性质、腐蚀速度和运行周期决定了换热器维护管理的内容。现以广泛使用的列管式换热器为例，讨论其维护管理方法。

1. 启动

① 首先利用壳体上附设的接管，将换热器内的气体和冷凝液（如果流体为蒸汽时）彻底排净，以免产生水击作用，然后全部打开排气阀。

② 先通入低温流体，当液体充满换热器时，关闭放气阀。

③ 缓缓通入高温流体，以免由于温差大，流体急速通入而产生热冲击。

④ 温度上升至正常操作温度期间，对外部的连接螺栓应重新紧固，以防垫片密封不严而泄漏。

2. 停车

① 首先切断高温流体，待装置停车前再切断冷流体。在石油化工生产中需要先切断低温流体时，可采用旁路或其他方法同时停止高温流体供给。如果较早地切断冷流体，则有可能因热膨胀而使设备遭到破坏。

② 换热器停车后，必须将换热器内残留的流体彻底排出，以防冻结、腐蚀和水锤作用。

③ 排放完液体后，可吹入空气，使残留液体全部排净。

3. 运行和维护

（1）对于采用法兰连接的密封处，因螺栓随温度上升而伸长，紧固部位发生松动，因此，在操作中应重新紧固螺栓。

（2）对于高温、高压和危险有毒流体，对其泄漏要严格控制，应注意以下几点。

① 从设计角度出发，尽量减少法兰连接，少使用密封垫片；

② 从安装角度出发，紧固操作要方便；

③ 采用自紧式结构螺栓，这样在升温升压时不需要重新紧固。

（3）换热器操作一段时间后，性能会降低，应注意以下几个问题。

① 传热表面上结污严重，传热效果显著下降；

② 污垢将使管内径变小，流速相应增大，压力损失增加；

③ 产生管子胀口泄漏及腐蚀；

④ 操作条件不符合设计要求，而使材料产生疲劳破坏。

（4）为使换热器长期连续运行，必须定期进行检查与清洗。

4. 检查和清洗

换热器的检查和清洗分两个阶段进行。

（1）操作运行中的检查和清洗　操作运行中检查和清洗是一种积极的维护方法，它既能早期发现异常并采取相应的措施，又可保持管束表面清洁，保证传热效果和防止腐蚀。

① 定期检查流量、压力和温度等操作记录
　　a. 如果发现压力损失增加，说明管束内外有结垢和堵塞现象发生；
　　b. 如果换热温度达不到设计工艺参数要求，说明管内外壁产生污垢，传热系数下降，传热速率恶化；
　　c. 通过低温流体出口取样，分析其颜色、相对密度、黏度来检查管束的破坏、泄漏情况，如果冷却水的出口黏度高，可能是因管壁结垢、腐蚀速度加快和管束胀口泄漏所致。

② 定期检查壳体内外表面的腐蚀和磨损情况：通常采用超声波测厚仪或其他非破坏性测厚仪器，从外部测定估计会产生腐蚀、减薄的壳体部位。

③ 清洗：操作中清洗一般是指管内侧的清洗，对于易结垢的流体，可定期暂时地增加流量或进行逆流操作，以除去管内壁的污垢；也可根据流体种类注入适宜的化学药品，将污垢溶解去除。

(2) 停车时的检查和清洗

① 检查换热器管内外表面的结垢情况、有无异物堵塞和污染的程度。

② 测定壁厚，检查管壁减薄和腐蚀情况。

③ 检查焊接部位的腐蚀和裂纹情况：焊接部位较母材更易腐蚀，应仔细检查。

管子与管板焊接处的非贯穿性裂纹可用着色法检查。对发生破坏前正在减薄的黑色及有色金属管壁和点蚀情况的检查，国外采用涡流（电磁）测试技术。检查的部位有侧面入口管的管子表面、换热管管端入口部位、折流板和换热管接触部位和流体拐弯部位。

管束内部检查，可利用管内检查器或利用光照进行肉眼检查。对管束装配部位的松动情况，可使用试验环进行泄漏试验检查，根据漏水情况可检查出管子穿孔、破裂及管子与管板接头泄漏的位置。如果发现泄漏，应再进行胀管或焊接装配。

④ 清洗：换热器解体后，可根据换热器形状、污垢种类和现有设备情况，选用下述清洗方法。

　　a. 水力清洗：利用高压泵［输出压力（100～200）×10^2 kPa］喷出高压水以除去换热器管外侧污垢。

　　b. 化学清洗：采用化学药液、油品在换热器内部循环，将污垢溶解除去。此方法是可采用 CIP 清洗的方式（见模块九相关内容）。常用的是酸洗法，即用含有缓蚀剂的盐酸溶液作为酸洗溶液。

　　c. 机械清洗：该法主要用于管子内部的清洗，在一根圆棒或管子的前端装上与管子内径相同的刷子、钻头、刀具，插入到管子，一边旋转一边向前（或向下）推进以除去污垢。此法不仅适用于直管也可用于弯管，对于不锈钢管则可用尼龙刷代替钢丝刷。

列管换热器及板式换热器的常见故障和处理方法见表4-4、表4-5。

表4-4　　　　　　　列管换热器的常见故障及其处理方法

故障	产生原因	处理方法
传热效率下降	① 列管结垢 ② 壳体内不凝气体或冷凝液增多 ③ 列管、管路或阀门堵塞	① 清洗管子 ② 排放不凝气和冷凝液 ③ 检查清理
振动	① 壳程介质流动过程 ② 管路振动 ③ 管束与折流板的结构不合理 ④ 机座刚度不够	① 调节流量 ② 加固管路 ③ 改进设计 ④ 加固机座
管板与壳体连接处开裂	① 焊接质量不好 ② 外壳歪斜，连接管线拉力或推力过大 ③ 腐蚀严重，外壳壁厚减薄	① 清除补焊 ② 重新调整找正 ③ 鉴定后修补
管束胀口渗漏	① 管子被折流板磨破 ② 壳体和管束温差过大 ③ 管口腐蚀或胀（焊）接质量差	① 堵管或接管 ② 补胀或焊接 ③ 换管或被胀（焊）

表4-5　　　　　　　板式换热器的常见故障及其处理方法

故障	产生原因	处理方法
密封处渗漏	胶垫未放正或扭曲 螺栓紧固力不均匀或紧固不够 胶垫老化或有损伤	重新组装 重新均衡紧固螺栓 更换新垫
内部介质渗漏	板片有裂缝 进出口胶垫不严密 侧面压板腐蚀	检查更新 检查修理 补焊、加工
传热效率下降	板压结垢严重 过滤器或管路堵塞	解体清理 清理

五、换热过程的强化

换热器的性能对生产影响很大。一般来说，许多反应都需要有高效的传热速率，传热快，则生产效率就高，反之，则低。另外，传热是消耗能源的过程，传热效率的高低直接影响产品成本。所谓的强化换热，就是要用较小的换热面积或较小的换热设备来完成同样的换热任务，以提高经济性。由前述的传热分析可知，传热速率的三个主要影响因素是冷热流体的平均温差、传热面积和传热系数。改变其中任意一个，都会改变传热速率，对换热过程带来影响。

（1）增大传热平均温度差　对一定的换热器，传热平均温度差越大，越有利于传热。温度差主要取决于冷热流体的温度，其中目的流体温度由生产工艺决定，一般不能变动，而加热或冷却流体温度可视生产情况而有所不同。当流体无相变时，应尽可能采用逆流或接近于逆流的相对流向，以获得较大的平均温度差。

（2）增大换热器单位体积的传热面积　提高传热面积，可提高传热效率。但增大传热面积不能单靠增加换热器体积来实现，而是应合理提高设备单位体积的传热面积。这就需要从设备的结构特点来研究、设计和选型。如采用小直径管，用螺纹管、波纹管代替光滑管，采用翅片式换热器等都是增大传热面积的有效方法。但对于已在使用中的换热器，其型号、结构已经确定，则需要从其他方面来强化传热。

（3）增大传热系数　生产中提高换热效率最常用的方法是提高传热系数。传热系数的大小与冷、热两流体侧的传热热阻、管壁的导热热阻和污垢热阻有关。各项热阻所占的比例不同，应该设法减小其中的关键热阻。常用的方法有以下几种。

① 净化流体：尤其适用于冷却的循环水，可通过净化将循环水中各种污垢成分去除，减弱污垢热阻的生成。

② 增强流体的湍流：提高流体流速，可增强湍流程度，减小层流内层的厚度，增大对流传热系数。增强湍流还可将污垢冲刷带走，减少污垢的沉积。

③ 清洗设备：定期进行设备清洗，清除污垢，降低总热阻，能显著提高对流传热速率。

综上所述，换热过程的强化途径有多个方面。应该结合具体的生产状况做具体的分析，从设备结构、动力消耗、清洗和检修的难易等做全面考虑，再采取经济、全面的强化措施。

[技能要点]

传热是工业生产中普遍存在的现象和单元操作，学习中要紧密联系实际，从生活的实例中了解进而掌握传热的方式及其规律。一定要理解热传导和热对流的传热机理，理解换热过程中影响传热系数的各种因素，以及对设备结构和操作的影响。

引起传热的动力是温度差，传热的方式有多种，而工业上的换热则是多种传热方式的集合。换热器是实现工业换热的设备手段。学习换热设备时应注意设备的结构特点和各设备类型间的联系，理解传热机理在换热设备结构、操作上的体现。

换热器的性能对产品成本的影响很大，应理解强化换热与提高设备性能之间的关系，掌握换热操作与维护的基本方法。

[思考与练习]

1. 名词解释

传热，平均温度差，定态传热，热传导，热对流，热辐射，传热系数

2. 填空题

(1) 热量传递的起因是由于物体内或系统内两部分之间存在_____。热量总是自发地从_____向_____传递。

(2) 传热的基本方式有_____、_____、_____三种形式。

(3) 热对流一般有_____、_____两种形式。

3. 选择题

(1) 不需要传递介质的，可以在真空中进行的热传递方式是（　　）。

A 传导　　　　B 辐射　　　　C 对流　　　　D 以上都可以

(2) 属于对流传热的是（　　）。

A 太阳照亮地球　　　　　　B 红外线加热

C 金属棒传热　　　　　　　D 空调加热房间

(3) 板式换热器中，传热效率最低的换热器是（　　）。

A 板式换热器　　　　　　　B 翅片式换热器

C 夹套式换热器　　　　　　D 螺旋板式换热器

(4) 下列各类材料导热系数最小的是（　　）。

A 不锈钢管　　B 玻璃管　　C 塑料管　　D 水泥管

4. 简答题

(1) 试用传热学理论解释热水瓶的保温原理。

(2) 简述影响强制对流换热的各因素。

(3) U形管换热器有什么优缺点？

(4) 夹套式换热器有哪些局限性？

模块五　蒸　　发

学习目标

[学习要求] 掌握工业生产中常用蒸发设备的构造、性能、特点和操作原理，以及单效和多效蒸发的基本流程；熟悉蒸发过程中溶剂蒸发量、加热蒸汽消耗量以及蒸发器传热面积的计算；了解多效蒸发的经济性及不同流程的适用性以及应用场合。

[能力要求] 能理解传热过程的机理和工程应用，懂得夹套、薄板、管壳等典型换热器的结构特征、工作机理和基本的操作、维护技能。

项目一　蒸发概述

一、蒸发的目的与特点

1. 蒸发的概念与应用

早在数千年前，人们就已经应用蒸发来获取食盐，即将海水引入盐池，在阳光的照射下，海水中的水分受热汽化，得到白色的结晶盐粒。对于盐来说，溶于水中成为盐溶液；盐溶液中的水分汽化，盐浓度提高，最终结晶析出。这实质上是溶质（盐）的浓缩与结晶过程。浓缩的方法有很多，这里讨论溶液在沸腾状态下浓缩的单元操作过程，即蒸发操作。

工程上，采用加热方法，将含有不挥发性溶质（通常为固体）的稀溶液加热沸腾，使部分溶剂汽化为蒸气并迅速离开溶液，以得到浓溶液的操作称为蒸发。蒸发操作广泛应用于化工、轻工、食品、医药等领域，其主要目的有以下几个方面。

（1）制备浓溶液　直接作为化工产品或半成品。如化工生产中，电解法制得的烧碱（NaOH 溶液）的浓度只有 10%，如需要 42% 的浓碱液，则需要将稀碱液加热至沸腾，汽化除去溶剂水；又如果汁生产中，利用蒸发操作将果汁加热，使一部分水分汽化除去，得到浓缩的果汁产品。

（2）制备结晶产品　将蒸发与结晶两个过程联合操作，利用蒸发将溶液增浓至饱和状态，随后加以冷却，使固体结晶析出并分离，得到固体产品。如蔗糖的生产、食盐的精制，以及中药生产中酒精浸出液的蒸发等。

（3）溶剂纯化　利用溶液中溶质与溶剂挥发性的不同，将挥发性溶剂汽化冷凝，使之与不挥发性的杂质分离，制取纯溶剂。如海水淡化、注射用水的制备等。

2．蒸发的基本流程

图5-1为典型的蒸发流程示意图。蒸发器主要由加热室和分离室组成，下部是加热室，上部为分离室。加热室是由蛇管、列管或夹套等构成的换热器，有足够的加热面而使溶液受热。分离室又称为蒸发室，顶部通常设有气液分离用的除沫装置，是溶液与蒸汽分离的场所。加热室内，通入的加热蒸汽作为加热热源，释放出的热量，促使溶液升温沸腾，汽化出的溶剂在分离室中与溶液主体分离，以蒸汽的形式进入冷凝器，冷凝液由底部排出，不凝气体从顶部排出。蒸发器中的浓缩液由蒸发器底部排出。

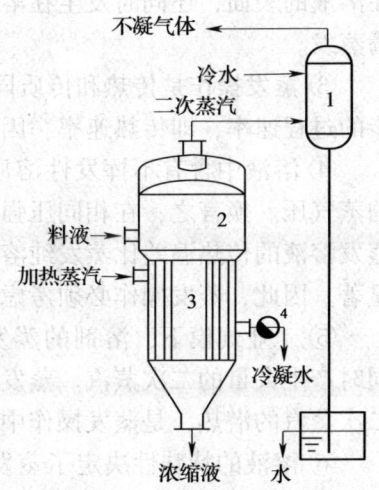

图5-1　单效蒸发流程示意图
1—冷凝器　2—分离室
3—加热室　4—疏水阀

蒸发操作常用的加热源是饱和水蒸气，也有熔盐、烟道气或电加热等。被蒸发除去的对象大多是水溶液，故蒸发时产生的蒸汽也是水蒸气。为了区别，将作为热源的饱和水蒸气称为加热蒸汽（如果来自锅炉，又称为生蒸汽），而蒸发产生的蒸汽称为二次蒸汽。

蒸发产生的二次蒸汽需要不断地移出分离室，否则会使蒸汽与沸腾溶液之间趋于平衡，使蒸发过程无法进行。可以将二次蒸汽直接冷凝，而不再利用其冷凝热，这样的操作称为单效蒸发；也可以将二次蒸汽作为加热热源引入到下一个蒸发器中，以利用其冷凝热，这种蒸发操作称为多效蒸发。

3．蒸发的特点

蒸发过程只是从溶液中分离出部分溶剂，而溶质仍留在溶液中，因此，蒸发操作是使溶液中的挥发性溶剂与不挥发性溶质分离的过程。由于溶剂的汽化速率取决于传热速率，故蒸发操作属于传热过程，须供给溶剂汽化所需要的热量，蒸发的量和速率直接取决于供给的热量和速率，蒸发设备即为传热设备。如图5-1中的加热室即为一侧是蒸汽冷凝，另一侧为溶液沸腾的间壁式列管换热器。此种蒸发过程也是间壁两侧恒温的传热过程。应用蒸发操作，需认识蒸发的以下特点。

① 蒸发的目的是为了使溶剂汽化，被蒸发溶液应由挥发性溶剂与不挥发性溶质组成。这一点与后面蒸馏操作中的溶液不同。整个蒸发过程中溶质数量不变，这是蒸发物料衡算的依据。

② 溶剂的汽化可分别在低于沸点和沸点时同时进行。在低于沸点时进行的

溶剂汽化称为自然蒸发，如海水晒盐，溶剂的汽化只能在溶液的表面进行，速率慢，效率低；在沸点温度下进行的溶剂汽化称为沸腾蒸发，溶剂的汽化不仅发生在溶液的表面，还同时发生在溶液的内部各处，速率高。工业上普遍应用的是沸腾蒸发。

③ 蒸发操作是传热和传质同时进行的过程，蒸发速率决定于过程中较慢一步的过程速率，即传热速率，因此工程上通常将蒸发归类为传热过程。

④ 溶液中含有不挥发性溶质，故其蒸气压低于相同温度下溶剂（如纯水）的蒸气压。换言之，在相同压强下，溶液的沸点高于纯水的沸点。相同条件下，蒸发溶液的传热温差比蒸发纯溶剂的传热温差小。溶液温度越高，这种现象就越显著。因此，蒸发操作必须考虑溶液沸点升高的问题。

⑤ 工业规模下，溶剂的蒸发量往往是很大的，需要耗用大量的加热蒸汽，同时产生大量的二次蒸汽。蒸发操作的节能比一般传热过程更加突出。如何利用二次蒸汽的潜热，是蒸发操作中需要考虑的关键问题。

⑥ 溶液的特殊性决定了蒸发器的特殊结构。例如，沸腾时，由于液沫夹带而可能造成物料的损失；某些溶液在蒸发时，所含的溶质容易在加热表面析出而形成污垢，影响传热效果，当溶质为热敏性物质时，还有可能因此而分解变质。因此蒸发器在结构上与一般的加热器不同，在设计上应设法防止或减少垢层的生成，并使加热面易于清洗。有些物料具有热敏性，有些则具有较大的黏度或较强的腐蚀性等，应根据物料的这些特点，选择适宜的蒸发器。

二、蒸发操作的分类

按照不同的分类方法，可将蒸发操作分成下列类型。

1. 间歇蒸发和连续蒸发

这是按照操作过程是否连续来区分的。间歇蒸发指分批进料或出料的蒸发操作，在整个操作过程中，蒸发器内溶液的浓度和沸点都随着时间而改变，所以这是非稳态的操作过程，适用于小规模、多品种的场合。连续蒸发则为稳态操作，适用于大规模的生产过程。

2. 单效蒸发和多效蒸发

这是按照二次蒸汽的利用情况来区分的。若产生的二次蒸汽不加利用，直接经冷凝器冷凝后排出，这种操作称为单效蒸发。若把二次蒸汽引至另一个蒸发器内作为加热蒸汽，并把若干个蒸发器串联组合使用，这种操作称为多效蒸发，串联的蒸发器个数也称为效数。在多效蒸发中，二次蒸汽的潜热能得到较为充分的利用，提高了加热蒸汽的利用率，但设备的投资费用也大。利用多效蒸发，是减少加热蒸汽消耗量、节约热能的主要途径。

3. 常压蒸发、加压蒸发和减压蒸发

按操作压力的不同，蒸发可分为常压蒸发、加压蒸发和减压蒸发。常压蒸发可采用敞口设备，二次蒸汽直接排放在大气中，适用于临时性或小批量生产。加压蒸发在密闭的设备内进行，可提高二次蒸汽的温度，从而提高其利用价值，但要求加热蒸汽的压力相对较高。在多效蒸发中，前面的几效通常采用加压操作。

减压蒸发也称为真空蒸发，是指在低于大气压条件下的蒸发操作，溶剂从蒸发面上汽化后进入负压状态。采用减压蒸发有很多优点。

① 在压力相同的情况下，减压蒸发时溶液沸点低，可增大加热蒸汽与沸腾液体之间的温度差，当传热量一定时，蒸发器的传热面积可以相应地减小。

② 可利用低压蒸汽或废热气体作为加热源。

③ 由于可降低溶剂的蒸发温度，适用于不耐高温的溶液蒸发。如应用于果汁的浓缩，有利于保存其中的营养成分和色、香、味。

④ 由于操作温度低，设备的热损失也相应减小。

但是，减压蒸发也有一定缺点，主要是由于溶液沸点降低，黏度增大，易导致传热系数下降，同时需要配置减压装置，包括真空泵、缓冲罐、气液分离器等，增加了设备费用和操作成本。

项目二 蒸发设备

完成蒸发操作过程的设备称为蒸发设备，包括蒸发器和辅助设备。蒸发器是蒸发操作的主体设备，主要由加热室和分离室这两个基本部分组成。加热室有多种结构形式，导致溶液在加热室中也有不同的流动情况，因此，蒸发器也有多种形式，可分为自然循环型蒸发器、强制循环型蒸发器、膜式蒸发器等。下面，重点介绍一些工业上常用的蒸发器。

一、循环蒸发器

这类蒸发器的特点是溶液在蒸发器中循环流动，可以提高传热效果。依据引起循环运动的原因不同，可分为自然循环型和强制循环型。前者由于溶液受热程度不同产生密度差而引起，后者是采用机械方法（如泵）迫使溶液沿一定方向流动。

1. 中央循环管式蒸发器

这种蒸发器又称为标准蒸发器，其典型结构如图 5-2 所示。上方为分离室，下方为加热室。加热室其实就是列管换热器，即在上下两块多孔的管板之间焊接若干根管径 25~75mm、长 1~2m 的垂直金属管，组成列管束，称为沸腾管；管束的中央有一根直径较大的管，称为中央循环管，此管的截面积为其余加热管束总截面积的 40%~100%。列管与蒸发器外壳之间的空隙（壳程）通入加热蒸汽，管束内通入料液。

工作时，料液进入加热室，在管束内受热沸腾，产生的蒸汽向上流入分离室内，成为二次蒸汽排出。由于中央循环管与沸腾管内的溶液受热情况不同，产生密度差异，中央循环管内的液体温度较低、密度更大，再加上二次蒸汽上升时的抽吸作用，使得溶液从沸腾管上升、从中央循环管下降，构成自然对流的循环过程。

中央循环管式蒸发器的结构简单紧凑、操作方便可靠、投资费用较少，但清理和检修麻烦，溶液循环速度不高。一般适用于结垢不严重、有少量结晶析出、黏度适中、腐蚀性较少的溶液蒸发。

2. 悬筐式蒸发器

悬筐式蒸发器与中央循环式蒸发器的工作原理相同，结构有所差异，可认为是将中央循环式蒸发器的加热室做成悬挂在蒸发器壳体内的筐体，如图 5-3 所示。工作时，加热蒸汽进入加热室的壳程，溶液从管程流过，并在外壳内壁与悬筐外壁之间的环隙中循环。环隙截面积一般为加热管总面积的 100% ~ 150%。这种蒸发器的优点是溶液循环速度比中央循环管式要大；加热室被循环液流所包围，热损失较小；加热室可以方便地取出、清洗，也可用备用的加热室替换，从而缩短生产时间。缺点是结构复杂，单位传热面的金属消耗量较多。适用于容易结晶的溶液蒸发，这时可增设析盐器，以利于析出的晶体与溶液分离。

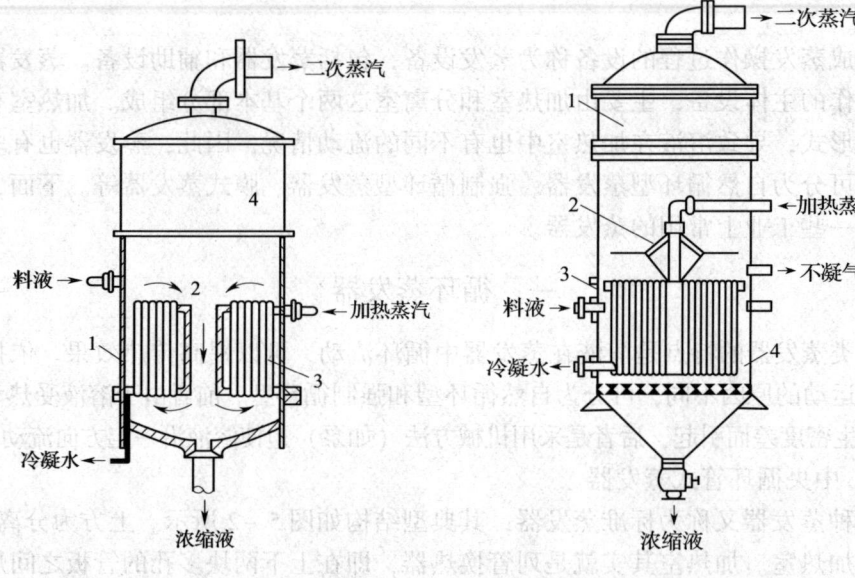

图 5-2　中央循环管式蒸发器
1—外壳　2—加热室
3—中央循环管　4—分离室

图 5-3　悬筐式蒸发器
1—分离室　2—支架
3—加热室　4—环隙

3. 外加热式蒸发器

这种蒸发器的结构如图 5-4 所示，其特点：将管束较长（管长与直径之比 =50~100）的加热室与分离室分开，使得整个设备高度得到降低；另外，液体下降管（称循环）没有受到蒸汽加热，增大了循环管内与加热管内溶液的密度差，加快了溶液的循环速度，同时也便于检修和更换。

4. 列文式蒸发器

和前述三种蒸发器相同，列文式蒸发器也属于自然循环型，且是比较先进的一种，借鉴了外加热式蒸发器的优点，但又有所改进。列文式蒸发器的结构如图5-5所示，其加热室结构与外加热式的相同，但在加热室的上方，增设了一段沸腾室，使得加热室内的溶液所受的压力增大，溶液在加热室内不至沸腾状态。当溶液循环上升至沸腾室时，因所受压力降低而开始沸腾，这样就将溶液的沸腾移到了加热室外进行，从而减少了溶液在加热管壁上因沸腾浓缩而析出结晶或结垢的机会。因此，列文蒸发器又称为管外沸腾式蒸发器。

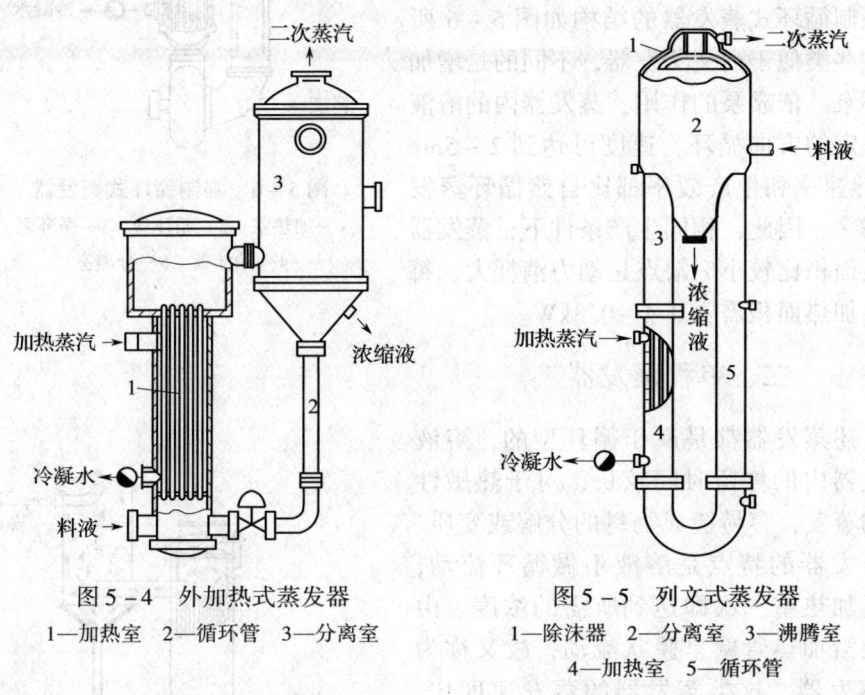

图5-4　外加热式蒸发器
1—加热室　2—循环管　3—分离室

图5-5　列文式蒸发器
1—除沫器　2—分离室　3—沸腾室
4—加热室　5—循环管

[课堂互动]

讨论　在生产能力方面，中央循环管式蒸发器与外加热式循环蒸发器有什么不同？

为了减少循环阻力和提高循环速度，列文蒸发器的循环管截面积大于加热管束总截面积，加热管和循环管都相当长（通常可达7~8m），且循环管不受热，这使得两个管段中溶液的温度差较高、密度差较大，循环推动力比一般自然循环蒸发器要大得多，循环速度可达到2~3m/s，传热系数高，动力消耗少，尤其适用于有结晶析出的溶液，在一些大型生产企业中应用广泛。缺点是设备庞大，需要压力较高的加热蒸汽等。

5. 强制循环式蒸发器

在一般的自然循环蒸发器中，溶液的循环速度都不是很高，一般都小于1m/s。而稀溶液的浓缩过程是一个渐次提高浓度的过程，从稀溶液到浓溶液，往往需要反复地蒸发才能实现。所以，生产中常需要将黏度较大、浓度较低的溶液进行浓缩。进行这样的浓缩过程时，就必须加大溶液的循环速度，以提高传热系数。强制循环蒸发器就是适应这一类蒸发操作的设备。

强制循环式蒸发器的结构如图5-6所示，有些类似于列文蒸发器，不同的是增加了循环泵。依靠泵的作用，蒸发器内的溶液按照一定的方向循环，速度可达到2~5m/s，传热速率和生产效率都比自然循环蒸发器大得多。因此，相同生产条件下，蒸发器的传热面积比较小。缺点是动力消耗大，每平方米加热面积需要0.4~0.8kW。

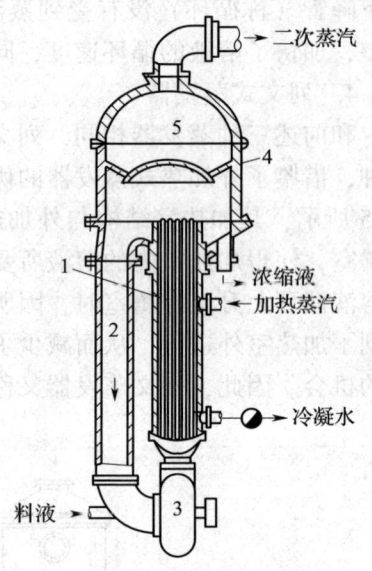

图5-6 强制循环式蒸发器
1—加热室　2—循环管　3—循环泵
4—除沫器　5—分离室

二、单程蒸发器

上述蒸发器都是属于循环型的，溶液在蒸发器内的停留时间较长，对于热敏性物料的蒸发，容易造成物料的分解或变质。单程蒸发器的特点是溶液不做循环流动，只通过加热室一次即达到所需的浓度。由于溶液沿加热管壁呈膜状流动，故又称为膜式蒸发器。这类蒸发器的蒸发速度快、溶液受热时间短，离开加热管后即可及时冷却，受热时间大为缩短，特别适合处理热敏性物料。根据料液在蒸发器内的流动方向和成膜的原因，单程蒸发器又可分为升膜、降膜式以及回转式薄膜等形式。

1. 升膜式蒸发器

升膜式蒸发器如图5-7所示。这种蒸发器的加热器管束可长达3~10m。工作时，溶液由加热器底部进入，受热后迅速

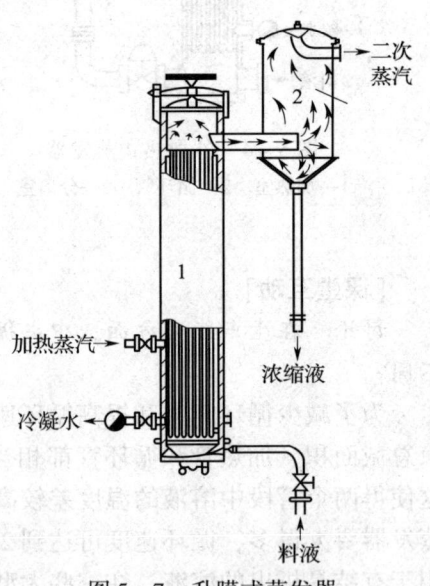

图5-7 升膜式蒸发器
1—加热室　2—分离室

沸腾汽化，管内液体被上升的蒸汽所带动，沿管壁成膜状流动上升，在上升过程中，溶剂逐渐被汽化，溶液被浓缩；气液混合物进入分离室，经气液分离后，二次蒸汽和浓缩液分别排出蒸发器。

此种蒸发器需要精心地设计和操作，即加热管内上升的二次蒸汽应具有较高的速度，从而获得较高的传热系数，使溶液一次通过加热即达预定的浓缩要求。在常压下，管上端出口速度以保持 20～50m/s 为宜，减压操作时，速度可达到 100～160m/s。

升膜式蒸发器一般适用于蒸发量大（较稀的溶液）、热敏性及易起泡溶液的蒸发，不适用于高黏度、易结晶、易结垢的溶液。

2. 降膜式蒸发器

降膜式蒸发器如图 5-8 所示。料液由加热室顶部加入，经液体分布器后均匀分布在加热管的内壁上，在重力作用下呈膜状下降，在底部得到浓缩液。二次蒸汽与浓缩液并流而下，液膜的下降还可以借助二次蒸汽的作用进一步加热，因而可蒸发黏度较大的溶液。这种蒸发器适用于黏度大的物料，不适用于易结晶和易结垢的物料。

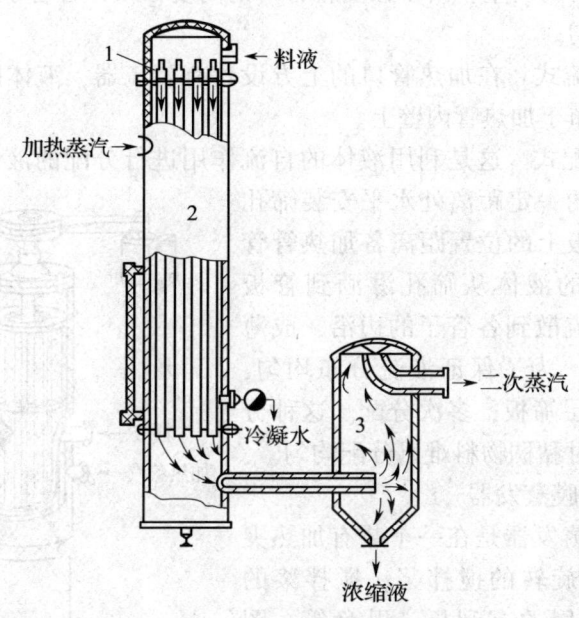

图 5-8 降膜式蒸发器
1—液体分布器 2—加热室 3—分离室

使降膜蒸发器高效操作的关键问题是能使料液均匀地分布于各加热管，不使之产生偏流。液体分布器的作用就是使每根加热管上都能形成均匀的下降液膜，同时防止蒸汽从上方溢出。液体分布器的作用原理主要是利用导流管

(板)、筛板、喷嘴或旋液喷头等使料液均匀分布。通常采用的液体分布器如图 5-9 所示。

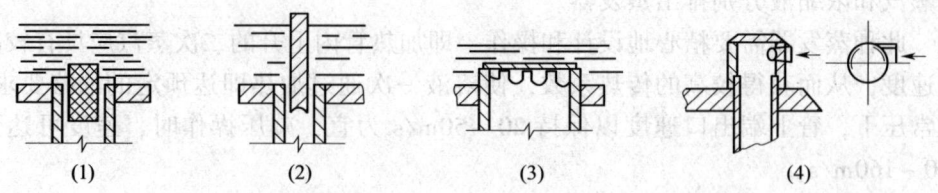

图 5-9 液体分布器
(1) 螺旋沟槽式　(2) 导流式　(3) 齿缝溢流式　(4) 切线旋流式

(1) 螺旋沟槽式　导流棒上带有 2～3 条螺旋沟槽，四周有一个环形支架，可将液体下降管口盖蔽，料液沿螺旋沟槽均匀布于加热管内壁上。

(2) 导流式　导流棒的下端呈八字形，底部的宽边与管壁构成环形间距，液体从间距流入，均匀分布于加热管内壁上。

(3) 齿缝溢流式　加热管上方管口的周边切成锯齿形，高于管口的液体沿齿缝溢流入加热管的内壁，由于加热管管口的高度一致，各管子间或管子各风向的溢流量比较均匀。

(4) 切线旋流式　在加热管口的上方设置有旋流器，液体以切线方向进入而形成旋流，分布于加热管内壁上。

(5) 筛板分配式　这是利用液体的自流作用进行分配的液流分布形式。在加热管管板上方的一定距离处水平安装筛孔板，筛孔正对管板上的位置距离各加热管管口相等，筛板上的液体从筛孔淋洒到管板上，沿管板均匀流散到各管子的边沿，成薄膜状沿管壁流下。为了保证液流分布均匀，可采用二层或三层筛板，多次分配。这种分配设备简单，但对黏稠物料难以分配均匀。

3. 回转式薄膜蒸发器

回转式薄膜蒸发器是在一个装有加热夹套的壳体内装有旋转的搅拌桨，搅拌桨的形式有很多，常用的有刮板、甩盘等。图 5-10 所示的是刮板式蒸发器，即通过旋转的刮板使料液形成液膜，由刮板、蒸发室、转动轴、轴承、轴封、夹套加热室、物料分配盘等部分构成。工作时，料液从进料管进入随轴旋转的分配盘中，在离心力的

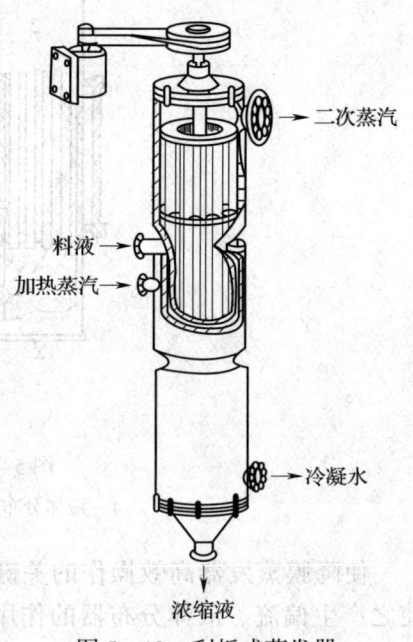

图 5-10 刮板式蒸发器

作用下,通过盘壁小孔被抛向器壁,受重力作用贴器壁向下流动,同时被旋转的刮板刮成薄膜,薄膜溶液在夹套的加热下沸腾汽化;汽化的二次蒸汽从加热管的上端无夹套部分被旋转的刮板分去液沫后,由上部排出;浓缩液由蒸发器底部放出。

刮板式蒸发器的特点是借外力强制料液呈膜状流动,可适应高黏度,易结晶、结垢浓溶液的蒸发,特别适合热敏性物料的蒸发。缺点是结构复杂,设备成本高,加热面小,需一定的功耗。

4. 离心式薄膜蒸发器

这种蒸发器的结构如图5-11所示,是一种具有旋转空心碟片的蒸发器,蒸发时料液在碟片上形成0.1~1mm厚的薄膜,在离心力的作用下,物料迅速从碟片的小端流向外侧,整个加热蒸发的过程仅需1~2s。新型离心式薄膜蒸发器是在真空状态下操作的,蒸发器内腔的空间足够大,真空度较一般的蒸发器高,可大大降低物料的沸点,在较低的温度下进行蒸发操作。因此,这种蒸发器具有蒸发强度高、物料受热时间短、蒸发温度低、操作弹性大、清洁高效节能等特点。

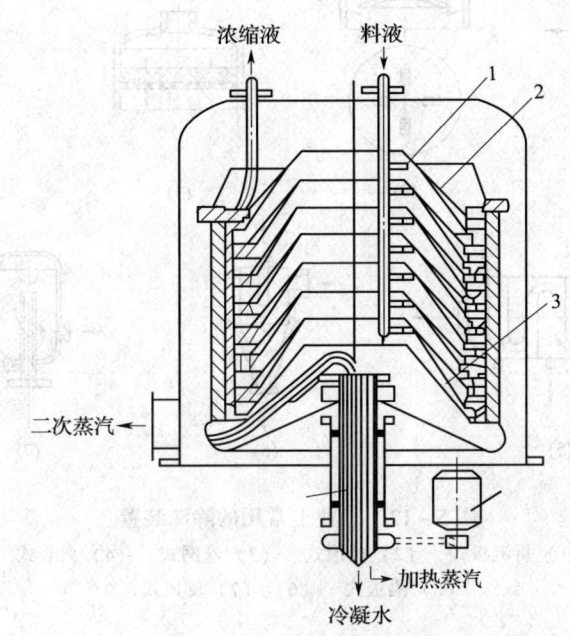

图5-11 离心式薄膜蒸发器
1—锥形盘 2—转鼓 3—冷凝水排出管

[知识链接]

旋转蒸发器主要用于生物制药、化工等行业的浓缩、结晶、干燥、分离及溶剂回收。其原理为在真空条件下,恒温加热,使旋转瓶恒速旋转,物料在瓶壁上形成大面积薄膜，高效蒸发。溶剂蒸汽经高效玻璃冷凝器冷却，回收于收集瓶中，大大提高了蒸发效率，特别适用于对高温容易分解变性的生物制品的浓缩提纯。

三、蒸发器的辅助装置

蒸发器的辅助装置主要有除沫器、冷凝器、蒸汽喷射器和真空装置等。

1. 除沫器

蒸发操作中产生的二次蒸汽，在分离室与液体分离后，仍夹带有一定的液沫或液滴。为了防止液体产品的损失或冷凝液被污染，在蒸发器顶部蒸汽出口处需要设置除沫器。除沫器的种类很多，如图 5-12 所示，其中（1）~（4）直接装在蒸发器分离室的顶部，（5）~（7）则需要安装在蒸发器的外部。其工作原理都是利用液体惯性作用和离心作用，达到汽液的分离。

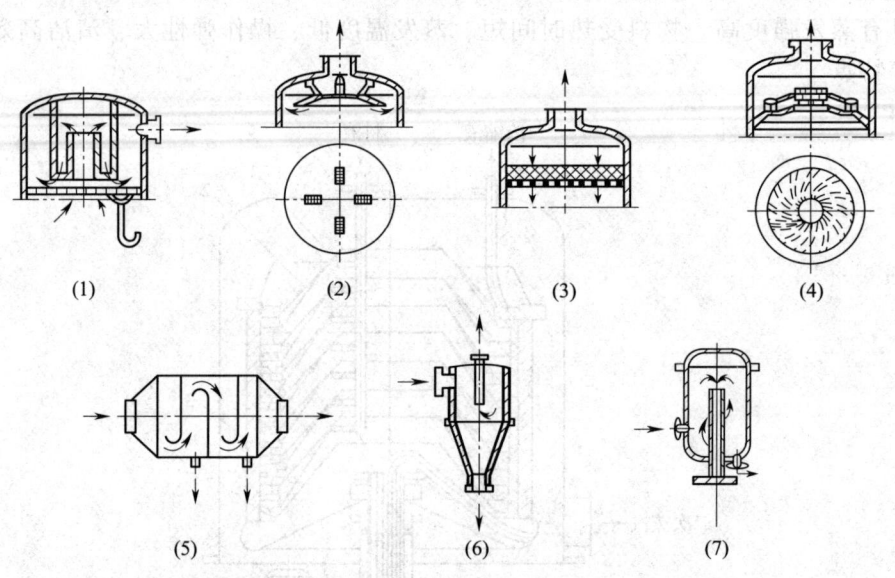

图 5-12　工业上常用的除沫装置
（1）折流板式　（2）球形式　（3）丝网式　（4）离心式
（5）隔板式　（6）、（7）旋风式

2. 冷凝器与真空装置

冷凝器的作用是将二次蒸汽冷凝，与不凝气体分离，以减轻真空系统的负荷。冷凝的方式可以是直接冷凝和间接冷凝。当二次蒸汽需要回收时，应采用间接冷凝方式，可采用的间壁式换热器有列管式、板式、螺旋板式和淋水管式等；否则，可采用直接冷凝方式，又称为混合式冷凝，可用高位逆流混合冷凝器直接冷凝。

四、蒸发器的选型

生产中,通常依据以下因素选择不同的蒸发器。

(1) 料液的性质 包括成分组成、黏滞性、热敏性、发泡性、腐蚀性,是否含有固体、悬浮物,是否易结晶、结垢等。

① 物料的黏度:料液的原有黏度大或蒸发过程中黏度不断增大,使物料流速降低,传热系数减少,生产能力下降,这种物料宜选强制循环型、刮板式或降膜式蒸发器。

② 热敏性:对热敏性强的物料,浓缩时要求受热时间短、温度低,否则易引起分解或变质;一般宜选液料在机器内停留时间短,真空度较高的薄膜蒸发器,如片式、离心式的蒸发设备。若允许料液在较低温下较长时间受热,或液料浓度较低、浓缩比不高时,可用盘管式真空蒸发器。

③ 结垢性:结垢是液料在浓缩过程中因黏度增大、悬浮的微粒积沉、局部焦化过热等因素所造成的。结垢后,增加热阻,降低传热系数,甚至使作业无法运行。故宜选刮板式或强制循环型蒸发器。

④ 结晶性:若浓缩过程中有晶体析出,易沉积于传热面上,影响传热效果,宜选带搅拌的或强制循环型蒸发器。刮板式蒸发器亦适用。

⑤ 发泡性:有些液料在浓缩时产生大量气泡,会污染附属装置,还造成液料的损失,故应考虑消除气泡。一般采用升膜式、强制循环式蒸发器,因其液料的流速大,具有破泡作用。此外标准式蒸发器装有较大的气液分离室,亦可使用。对发泡严重的物料,可采用加入适当消泡剂(黄油、植物油等)的方法。

⑥ 腐蚀性:液料的酸度高时,在蒸发中易对设备的金属部件产生腐蚀,宜用防腐蚀且导热性良好的蒸发器。

(2) 工艺要求 包括处理量、蒸发量、料液和浓缩液的浓度和温度、连续作业和间歇作业等。

蒸发器生产能力的大小取决于传热速率,一般传热面积小时,宜选用搅拌式浓缩锅、单效膜式等蒸发器。传热面积大时,为减少蒸汽耗量,宜选用多效、膜式、离心式等蒸发设备。

(3) 当地资源条件 包括热源、气候、水质、水量和原料供给情况等。

(4) 经济性和操作要求 包括厂房占地面积和高度、设备投资限额和传热效果、热能利用、操作和维修是否方便等。浓缩设备的热能消耗较大,节能是选型的重要因素。从提高热能的经济性考虑,宜选用蒸汽喷射器或多效蒸发器。

项目三 蒸发操作与蒸发流程

一、单效蒸发

单效蒸发常见于生产规模不大的场合，所产生的二次蒸汽也不再利用，设备组成比较简单，仅包括单个蒸发器和附属设备。在生产任务和操作条件确定后，通常还需要完成水分的蒸发量、加热蒸汽消耗量和蒸发器传热面积等计算，计算的依据是物料衡算、热量衡算和传热速率等方程。图5-13描述了这种计算的原理。图中涉及三种液体和两种汽体，分别是进入蒸发器的原料液和加热蒸汽，离开蒸发器的二次蒸汽、冷凝水和完成液。即：一定温度（T_s）的加热蒸汽（流量 D、焓 H_s）在蒸发器中被原料液冷却为同温度的冷凝水（流量 D、温度 T_s、焓 h_s）；一定浓度（x_0）和温度（t_0）的原料液（流量 F_0、焓 h_0）被加热至沸点（t_1），生成饱和水蒸气（即二次蒸汽，流量 W、温度 T、焓 H）和减少了部分溶剂（水）的完成液（即浓缩液，流量 $F-W$、溶质浓度 x_1、温度 t_1、焓 h_1）。

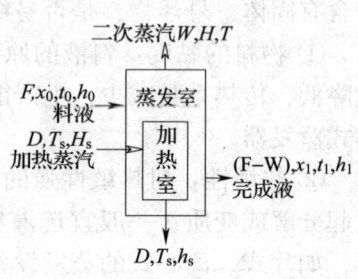

图5-13 单效蒸发器

1. 水分蒸发量 W

蒸发操作中，溶质是不挥发物质，其蒸发前后的质量不变，以其为基准进行物料衡算，可得水分的蒸发量，即：

$$W = F\left(1 - \frac{x_0}{x_1}\right) \tag{5-1}$$

式中　W——单位时间内从溶液中蒸发的溶剂（水分）量，kg/h
　　　F——原料液的流量，kg/h
　　　x_0——原料液中溶质的浓度
　　　x_1——浓缩液中溶质的浓度

2. 加热蒸汽消耗量 D

加热蒸汽的消耗量通过热量衡算确定。一般来说，加热蒸汽为饱和蒸汽，且冷凝后在饱和温度下排出，则加热蒸汽仅放出潜热用于蒸发。如果料液在低于沸点温度下进料，则可以推导得出以下结论。

对蒸发器作热量衡算，当加热蒸汽在饱和温度下排出时，经推导可得出：

$$D = \frac{Fc_{p0}(t_1 - t_0) + Wr' + Q_损}{r} \tag{5-2}$$

式中　D——加热蒸汽消耗量，kg/h
　　　t_0——原料液的温度，℃

t_1——原料液的沸点，℃

c_{p0}——原料液的比热容，kJ/（kg·℃）

r——加热蒸汽的汽化潜热，kJ/kg

r'——二次蒸汽的汽化潜热，kJ/kg

$Q_损$——蒸发器的热损失，kJ/h

如果料液在沸点下进料，则 $t_1 = t_0$，假设蒸发器的热损失忽略不计，则式（5-2）可简化为：

$$D = \frac{Wr'}{r} \tag{5-3}$$

或

$$\frac{D}{W} = \frac{r}{r'} \tag{5-4}$$

式中　D/W——蒸发1kg水时的蒸汽消耗量，称为单位蒸汽消耗量，表示蒸汽利用的经济程度。

3. 蒸发器传热面积 A

由传热速率方程，可得出：

$$A = \frac{Q}{K\Delta t_{均}} \tag{5-5}$$

式中　A——换热器的传热面积，m^2

Q——蒸发器的热负荷，W

$\Delta t_{均}$——传热平均温度差，K 或 ℃

K——换热器的总传热系数，W/（m^2·℃）

根据热量衡算，蒸发器的热负荷 $Q = Dr$。蒸发过程为加热蒸汽冷凝和溶液沸腾之间的恒温传热，$\Delta t_{均} = T - t_1$；K 值受溶液性质、蒸发器的结构及操作条件等诸多因素影响，目前主要是通过实验测定或选用经验数值。

4. 溶液的沸点和传热温差损失

（1）溶液的沸点　溶液中溶质是不挥发的，在相同条件下溶液的蒸气压比溶剂的蒸气压要低，因而相同压力下溶液的沸点总是比相同压力下水的沸点（即二次蒸汽的温度 T'）高。例如，常压下 20% NaOH 水溶液的沸点 t_1 为 108.5℃，而饱和水蒸气的温度 T' 为 100℃，溶液沸点升高 8.5℃。

沸点升高对蒸发操作的传热推动力温度差不利。例如，用120℃的饱和水蒸气分别加热 20% NaOH 水溶液和纯水，并使之沸腾，有效温度差分别为：

20% NaOH 水溶液　　　$\Delta t = T - t_1 = 120 - 108.5 = 11.5℃$

纯水　　　　　　　　$\Delta t_T = T - T' = 120 - 100 = 20℃$

由于溶液沸点的升高，致使蒸发溶液的传热温度差较蒸发纯水的传热温度差下降了8.5℃，下降的温度称为温差损失，用 Δ 表示如下：

$$\Delta = \Delta t_T - \Delta t = (T - T') - (T - t_1) = t_1 - T' \qquad (5-6)$$

即温差损失在数值上与相同条件下的沸点升高值相同。因此，在蒸发计算中，首先设法确定 Δ 的值，进而求得溶液的沸点（$t_1 = T' + \Delta$）和实际传热温度差（$\Delta t = \Delta t_T - \Delta$）。实际上还有其他因素致使的温差损失，下面分别加以分析。

(2) 传热温差损失 蒸发操作时，产生温差损失的原因可能有以下几个方面。

① 因溶液沸点升高引起的温差损失 Δ'：Δ' 值主要和溶液的种类、温度及蒸发压力有关，其值由实验测定。在一般手册中，可以查得常压下某些溶液在不同浓度时的沸点升高数据。

② 因液柱静压力引起的温差损失 Δ''：某些蒸发器在工作时，器内溶液需要维持一定的液位，因而蒸发器的加热管内溶液压力大于液面的压力，管内溶液的沸点高于液面溶液的沸点，两者之差即为因溶液静压力引起的温差损失 Δ''。

③ 由于管路流动阻力引起的温差损失 Δ'''：二次蒸汽由蒸发器流到冷凝器的过程中，因有流动阻力使其压力降低，蒸汽的饱和温度 T' 也相应降低，由此引起的温差损失即为 Δ'''。Δ''' 值的大小与二次蒸汽在管道中的流速、物性及管道尺寸等有关。根据经验，一般取 Δ''' 值为 $0.5 \sim 1.5 ℃$。

由以上分析可得，总温差损失为：

$$\Delta = \Delta' + \Delta'' + \Delta''' \qquad (5-7)$$

二、多效蒸发

1. 多效蒸发的操作原理

由前述可知，在单效蒸发器中，每蒸发 1kg 的水蒸气需要消耗 1kg 多的生蒸汽。在工程上，水分的蒸发量很大，需要消耗大量的生蒸汽。提高生蒸汽利用率的有效措施有两个：一是利用二次蒸汽的潜热；二是利用冷凝水的显热（如预热原料液）。

利用二次蒸汽潜热最普通的方法是多效蒸发，即将前一效蒸发器所产生的二次蒸汽作为后一效蒸发器的加热蒸汽，后一效蒸发器的加热过程成为前一效蒸发器二次蒸汽的冷凝过程。多效蒸发大大提高了生蒸汽的利用率，减少了生蒸汽的消耗用量。

由于二次蒸汽的压力和温度低于生蒸汽的压力和温度，所以，如果将二次蒸汽作为加热蒸汽，则该蒸发器的操作压力和溶液沸点都应该低于前一个蒸发器。抽真空可以降低蒸发器的操作压力和溶液的沸点，即：在第一效蒸发器中通入生蒸汽，产生的二次蒸汽引入第二效蒸发器，第二效蒸发器的二次蒸汽再引入第三效蒸发器，以此类推，末效蒸发器的二次蒸汽通入冷凝器冷凝，冷凝器后接真空装置对系统抽真空。从第一效到最末效，蒸发器的操作压力和溶液沸点依次降低，且仅第一效蒸发器需要消耗生蒸汽。

2. 多效蒸发的流程

多效蒸发中常依据物料和二次蒸汽的流向而分成不同的流程。以三效为例，常用的有以下几种。

（1）并流加料三效蒸发流程　料液与蒸汽的流向相同，如图 5-14 所示。

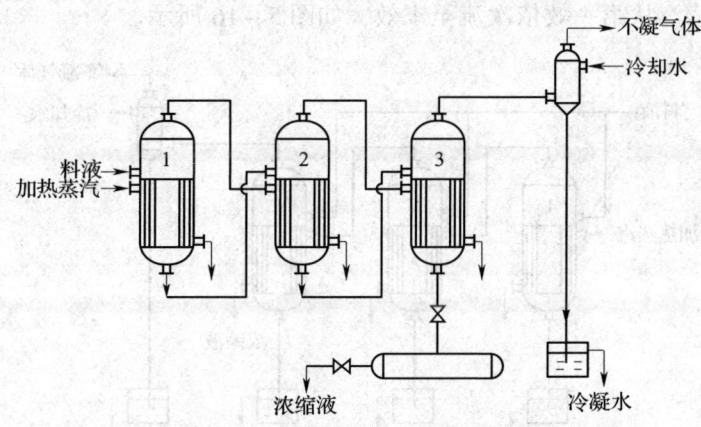

图 5-14　并流加料三效蒸发流程

料液和蒸汽都是由第一效依次流至末效。这种流程的特点：利用各效间的压力差，前一效到后一效可自动加料，各效间可省去输送泵；前效的操作压力和温度高于后效，料液从前效进入后效时因过热而自蒸发，在各效间不必设置预热器；辅助设备少，流程紧凑，热量损失少。但溶液黏度会随效数增加而增大，降低了传热系数，往往需要更多的传热面积。黏度随浓度增加致使很快的料液不适宜采用此法。

（2）逆流加料三效蒸发流程　料液与蒸汽的流向相反，如图 5-15 所示。

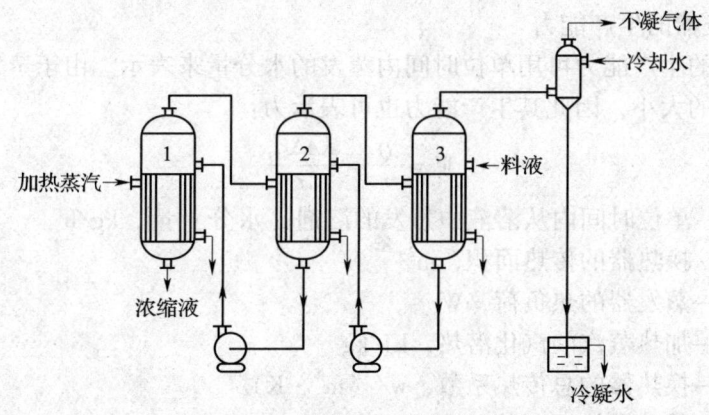

图 5-15　逆流加料三效蒸发流程

料液从末效加入，用泵送入前一效，加热蒸汽从第一效加入，依次至末效。这种流程的特点：蒸发温度随溶液浓度的增大而增高，各效的黏度相差很小，传热系数大致相同；浓缩液排出温度较高，可以在减压下进一步闪蒸增浓。缺点是辅助设备多，各效间必须设置输液泵；各效均在低于沸点温度下进料，须设置预热器（否则二次蒸汽量减少），使能量消耗增大。该方法适合于处理黏度随温度和浓度变化较大的料液蒸发，不适用于热敏性料液。

（3）平流加料三效蒸发流程　料液同时加入到各效，浓缩液同时从各效中引出，加热蒸汽从第一效依次流至末效，如图5–16所示。

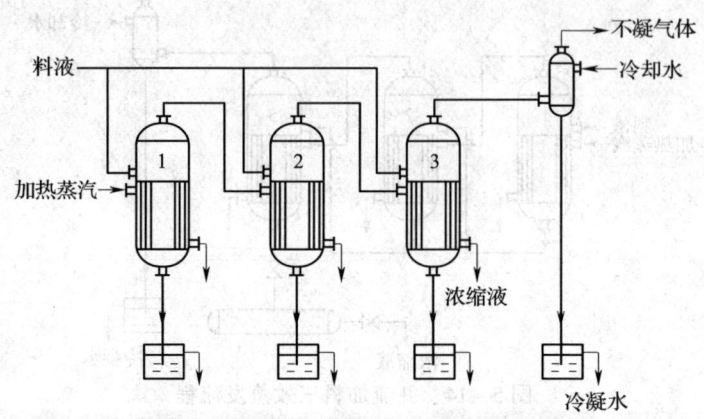

图5–16　平流加料三效蒸发流程

此法用于蒸发过程中有结晶析出的场合，还可以用于同时浓缩两种以上不同的料液，除此之外一般很少使用。

以上介绍的是几种基本的多效蒸发流程。在实际生产中，往往根据具体情况，将以上基本流程加以变形或组合使用。

三、蒸发器的生产能力与生产强度

1. 蒸发器的生产能力

蒸发器的生产能力可用单位时间内蒸发的水分量来表示。由于蒸发水分量取决于传热量的大小，因此其生产能力也可表示为：

$$W = \frac{Q}{r} = \frac{KA\Delta t_{均}}{r} \tag{5-8}$$

式中　W——单位时间内从溶液中蒸发的溶剂（水分）量，kg/h

A——换热器的传热面积，m^2

Q——蒸发器的热负荷，W

r——加热蒸汽的汽化潜热，kJ/kg

K——换热器的总传热系数，$W/(m^2·K)$

$\Delta t_{均}$——传热平均温度差，K

多效蒸发可以节省生蒸汽的用量，但这是以降低生产强度作为代价而取得的，并非多效蒸发器的生产能力是单效蒸发器的若干倍，在相同的操作条件下，多效蒸发器的生产能力并不比同样传热面积的单效蒸发器的生产能力大。

2. 蒸发器的生产强度

蒸发器在单位时间内单位传热面积上所蒸发的水量,称为蒸发器的生产强度 U,简称蒸发强度。

$$U = \frac{W}{A} \tag{5-9}$$

式中 U——蒸发器的生产强度,kg/(m²·h)

在三效蒸发器中,蒸发器的生产强度为:

$$U_{总} = \frac{W_{总}}{A_{总}} = \frac{W_1 + W_2 + W_3}{A_1 + A_2 + A_3} = \frac{\frac{Q_1}{r_1} + \frac{Q_2}{r_2} + \frac{Q_3}{r_3}}{A_1 + A_2 + A_3} \tag{5-10}$$

提高蒸发器的生产强度,主要途径是提高总传热系数和传热温度差。合理设计蒸发器结构、建立良好的溶液循环流动、及时排除加热室中的不凝性气体、经常清除污垢等均可提高传热系数;采用真空蒸发、选用高温热源,如高温导热油、熔盐或用电加热等方法可提高传热温度差。

3. 多效蒸发的经济性与效数限制

(1) 加热蒸汽的经济性 蒸发操作需要消耗大量的热能,是操作费用的主要组成。多效蒸发的目的就是通过利用二次蒸汽,来提高加热蒸汽的经济性,降低能耗。效数越多,加热蒸汽的利用程度越高,即蒸发同样多的水分量,消耗的加热蒸汽量就越少,但设备费用也相应增加。

(2) 多效蒸发效数的限制 如前所述,效数增多,加热蒸汽经济性则会提高,但设备的生产强度会降低。因此,必须合理选择效数,以便设备费和操作费之和最少(见表5-1)。

表5-1　　　　　　　　　　单位蒸汽消耗量概况

效数	单效	双效	三效	四效	五效
D/W	1.1	0.57	0.4	0.3	0.27

由于每一效蒸发都有温差损失,所以随着效数的增加,温差损失会随之增大,有效传热温差会随之减小。当效数增加到一定程度时,甚至会出现有效温度差小于或等于零的情况,此时蒸发操作无法进行。为保证一定的传热推动力,多效蒸发的效数必须有一定的限制。工程上通常以三效为多。

[能力拓展]

多效蒸发装置的效数取决于溶液的性质和温差损失的大小等多方面因素。必须确保各效都有一定的传热温度差,通常要求每效的温度差不低于5~7℃。一般来说,若溶液的沸点升高大,则易采用较少的效数;若溶液的沸点升高小,则可采用较多的效数。例如,NaOH水溶液的蒸发,一般采用2~3效;糖水溶液的蒸发,用4~6效;而海水淡化的蒸发装置,则可达20~30效。

4. 提高加热蒸汽经济性的其他措施

除多效蒸发外，工业上还可以采用以下措施。

（1）二次蒸汽的部分利用　将二次蒸汽引出一部分作为其他加热设备的热源。这样可以使得操作系统消耗的总能量下降，提高二次蒸汽的经济性；同时还减少了进入冷凝器的二次蒸汽量，从而减小了冷凝器的热负荷。

（2）冷凝水显热的利用　蒸发器加热室排出的大量冷凝水，因温度较高而含有较多的热量，可以将其用作原料液预热，或加热其他物料；也可以用减压闪蒸的方法，使之产生部分蒸汽，再利用其潜热。有时，也视生产需要，将其作为其他工艺用水。

项目四　蒸发操作与控制

一、蒸发运行操作

1. 间歇式真空浓缩设备的操作要点

（1）准备工作　使用设备前，应首先了解设备的结构、管路阀门和仪表的操作规程；电机应装地线，传动部分应装保护罩。在吸入液料前，先将浓缩锅充分洗涤，并送入蒸汽，保持 15~30min 进行预热并杀菌；然后放出冷凝水，关闭所有阀门，向冷凝器中注入冷却水，同时启动真空装置，使真空度达到规定的要求。

（2）开始运行　以盘管式蒸发器为例，当准备工作完成后，即可吸入液料，当液面浸过各层加热盘管后，顺次开启各排管的蒸汽阀门，通入蒸汽。开始时必须保持盘管中蒸汽压力不要过高，防止料液中空气突然形成泡沫，造成液料损失；当料液处于稳定的沸腾状态时，再逐渐增加蒸汽量，达到一定蒸汽压时再调节进料阀门，使料液面保持在刚好能将最上层加热盘管完全浸没的高度。随着浓缩的进行，浓度和黏度逐渐增高，使蒸发速度减慢，这时需适当提高真空度，保持所规定的液料温度。

（3）停止运行　当料液达到浓缩要求时，即可关闭蒸汽阀，解除真空，卸出浓缩成品；然后向浓缩锅内通水，进行清洗。

（4）常见的故障及产生原因

① 真空度过低：原因是接管、阀门漏泄或冷却水不足、水温过高或真空装置内部有故障。

② 沸腾突然停止：原因是平衡槽抽空、液料中进入空气或真空系统的工作中断。

2. 连续式真空浓缩设备的操作要点

（1）试车　首先全面检查设备安装的正确性、安全性和密封度，组织试车人员进行设备的学习和安全教育,设备内做彻底清洗;然后按照如下步骤逐步进行:部件试运转→水试车→物料试车。

部件试运转的目的主要是检查各泵的运转是否正常;冷却水泵必须在给水后,方可启动,并应保持规定的水压。

在水试车过程中,要调节管路上的节流装置,使各真空部件的真空度和温度达到要求数据。

物料试车的投料前,首先检查物料是否合乎要求;用碱、酸、水洗涤液将设备清洗干净。开始的投料量应比要求投料量大10%以上,然后按出料浓度,逐渐调整。

(2) 开车前的准备　打开蒸汽总供汽阀,检查锅炉供汽压力是否达到要求。用氯水或热水对蒸发器和管道进行消毒,然后打开平衡槽进水阀,把水放满。

(3) 开车　首先打开冷却水泵的给水阀,调水压至规定的要求;然后依次开动平衡槽出料阀、进料泵、出料泵和真空装置,以水代物运行;当二效分离器真空度达到82.7kPa时,打开杀菌器和热压泵的蒸汽阀,调节热压泵的蒸汽压力约为490kPa;当杀菌温度和各效蒸发温度达到要求时,再用物料把水置换,同时关闭出料阀,使物料浓缩后先回入平衡槽,进行大循环,并调节进料量和各工艺参数;当物料达浓度要求时,关闭回流阀,打开出料阀,然后连续进料运行。

(4) 停车和清洗　当一个班次结束或一批原料处理完毕时,先关闭蒸汽阀,破坏真空度;然后关闭进、出料泵、冷却水阀和真空装置,抽出设备的浓缩液;最后进行一次清洗,清洗一般按照如下顺序进行:

水洗→2% NaOH 溶液洗→水洗→2% 硝酸溶液洗→水洗

各步骤的清洗时间均有一定要求。

(5) 常见故障与产生原因

① 真空度低、蒸发温度高:原因是螺旋接头松弛,垫圈等密封件损坏;或冷却水不足,排水温度过高;或热压泵的工作蒸汽高;或真空系统有故障。

② 蒸发管、杀菌管结垢:原因是原料乳酸高;或进料量少;或中途停车断料;或物料分配孔堵塞;或加热温度高;或清洗不彻底。

③ 出料不连续或不出料:原因是泵盖、泵的进料管路漏气。

④ 出料浓度低:原因是进料量大;或热压泵工作蒸汽压力低,或物料泵的密封件损坏;或蒸发管内结垢。

3. 真空浓缩设备的检修要点

为了保养好设备,保证正常安全运转,停车后就必须立即进行清洗,及时盖封,避免尘土污染。浓缩设备上密封处的衬胶、垫圈等容易老化及脱落,使阀门漏泄,仪表失灵等,故必须经常检修,及时更换。有关设备的其他易损零件,亦应备件,以备更换。检修后,应进行压力、真空度等测试。

二、蒸发过程的强化

蒸发的最终目标是将溶液中大量的水分蒸发出来，使溶液得到浓缩，而要提高蒸发器在单位时间内蒸出的水分，通常从以下几个方面着手。

1. 合理选择蒸发器

如前所述，蒸发器的选择应充分考虑料液的性质。例如，对于热敏性的食品物料，应尽量降低溶液在蒸发器中的沸点，缩短料液在蒸发器中的滞留时间，可选用膜式蒸发器；对于10%左右稀碱液的浓缩，由于其腐蚀性、黏度、结晶和结垢的影响，可在10%~30%和30%~40%两个浓度段下分别采用自然循环蒸发器和强制循环蒸发器。

2. 提高蒸汽压力

提高蒸发器的生产能力、提高加热蒸汽的压力和降低冷凝器中二次蒸汽的压力，有助于提高传热温度差。事实上，由于受到锅炉的限制，通常加热蒸汽的压力被控制在300~500kPa，而冷凝器中二次蒸汽的绝对压力控制在10~20kPa。如果压力再降低，势必会增大真空泵的负荷，增加真空泵的功耗，且随着真空度的提高，溶液黏度增大，使传热系数下降，反而影响蒸发器的传热量。

3. 提高传热系数

提高蒸发器蒸发能力的主要途径是提高传热系数K。通常情况下，管壁热阻很小，可忽略不计，加热蒸汽冷凝膜系数一般很大，若在蒸汽中含有少量不凝气体时，则加热蒸汽冷凝膜系数下降。据测试，蒸汽中含1%不凝气体，传热总系数下降60%，所以操作中应密切注意和及时排除不凝气体。

蒸发操作中，管内壁出现结垢现象是不可避免的，尤其当处理易结晶和腐蚀性物料时，传热总系数变小，使传热量下降。在这些蒸发操作中，一方面应定期停车清洗、除垢；另一方面可改进蒸发器的结构，如把蒸发器的加热管加工光滑些，使污垢不易生成，或者生成也容易清洗，可提高溶液循环速度，降低污垢生成速度。

对于不易结晶、不易结垢的物料蒸发，影响传热总系数K的主要因素是管内溶液沸腾的传热膜系数。在此类蒸发操作中，应提高溶液循环速度和湍动程度，从而提高蒸发器的蒸发能力。

也可以通过改进蒸发器的结构来提高传热系数。比如，改进加热管表面形状，是目前新型高效蒸发器的主要研发思路。如采用板式换热器，可提高传热效率、缩短液体停留时间，且体积小、易拆卸和清洗，同时加热面积还可根据需要而增减；又如采用表面多孔加热管、双面纵槽加热管，可显著提高沸腾溶液侧的传热系数。

4. 改进蒸发器内液体的流动状况

这方面的工作主要有：一是设法提高蒸发器的循环速度；二是在蒸发器管内

装入多种形式的湍流原件。前者的重要性在于它不仅能提高沸腾传热系数,同时还能降低单程汽化率,从而减轻加热壁面的结垢现象。后者则是使液体增加湍动,以提高传热系数。也有其他方法,如向蒸发器内通入适量不凝性气体,增加湍动,以提高传热系数,其缺点是增加了真空泵的吸气量。

5. 改进溶液的性质

近年来,有不少通过改进溶液性质来改善蒸发效果的研究报道。例如,加入适量表面活性剂,消除或减少泡沫,以提高传热系数;或者加入适量阻垢剂,来减少结垢,以提高传热效率和生产能力;在醋酸蒸发溶液的表面,喷入少量水,可提高生产能力、减少加热管的腐蚀;以及用磁场处理水溶液,可提高蒸发效率等。

6. 优化设计和操作

许多研究者从节省投资、降低能耗等方面着眼,对蒸发器装置优化设计进行深入研究,分别考虑蒸汽压力、冷凝真空度、有效传热温差、冷凝水闪蒸、热损失以及浓缩热等综合因素的影响,建立了多效蒸发系统优化设计的数学模型。应该指出,在装置中采用先进的计算机测控技术,是使装置在优化条件下进行操作的重要措施。

以上可以看出,近年来蒸发过程的强化,不仅涉及化学工程流体力学、传热方面的研究与技术支持,同时还涉及物理化学、计算机优化和测控技术、新型设备和材料等方面的综合知识与技术。这种不同单元操作、不同专业和学科之间的渗透和耦合,已经成为过程和设备结合创新的新思路。

[技能要点]

本模块介绍了工业生产中常用蒸发设备的构造、性能、特点以及操作原理。在学习蒸发器的结构和工作原理时,只要将加热室的工作方式理解透彻就很容易明白其他问题。蒸发器的加热可分为反复循环和只加热一次两种方式。前者称为循环蒸发器,后者称为单程蒸发器。一般来说,包括生物工程在内的大多数工业领域里,蒸发器的加热源都是水蒸气。因此,在学习蒸发器时,一定要明白加热蒸汽的流动过程,首先把握住能量流动方向,然后进一步明确原料液的流向,从而掌握各种蒸发器的结构、工作原理和操作规程。

另外,蒸发工艺段消耗能源较多,因而还要树立降低能耗成本的观念,要将换热器的强化传热与优化蒸发工艺结合起来学习,以利于掌握降低能耗的方法。

[思考与练习]

1. 名词解释

蒸发,多效蒸发,蒸发强度,温差损失、循环蒸发器,膜式蒸发器

2. 填空题

(1) 蒸发属于传热壁面一侧为_____、另一侧为_____的恒温差传热过程。

（2）蒸发设备的生产强度反映了蒸发过程_____费用的大小。
（3）与单效蒸发相比，多效蒸发的单位蒸汽消耗量_____、生产强度_____。
（4）提高蒸发生产强度的途径有_____和_____。
（5）写出三种循环型蒸发器的名称：_____、_____和_____。

3. 选择题
（1）蒸发操作中，从溶液中汽化出来的蒸汽，常称为（　　）。
A 生蒸汽　　　B 二次蒸汽　　　C 额外蒸汽　　　D 不凝蒸汽
（2）在蒸发操作中，若使溶液在（　　）下沸腾蒸发，可降低溶液沸点而增大蒸发器的有效温度差。
A 减压　　　B 常压　　　C 加压　　　D 恒压
（3）提高蒸发器生产强度的主要途径是增大（　　）。
A 加热蒸汽压力　　　　　　B 传热温度差
C 传热系数　　　　　　　　D 传热面积
（4）蒸发热敏性而不易于结晶的溶液时，宜采用（　　）蒸发器。
A 列文式　　　B 膜式　　　C 外加热式　　　D 标准式
（5）多效蒸发中，蒸汽消耗量的减少是用增加（　　）换取的。
A 加热蒸汽压力　　　　　　B 水分蒸发量
C 传热系数　　　　　　　　D 传热面积
（6）（　　）加料的多效蒸发流程的缺点是料液黏度沿流动方向逐效增大，致使后效的传热系数降低。
A 并流　　　B 逆流　　　C 平流　　　D 湍流
（7）对热敏性及易生泡沫的稀溶液的蒸发，宜采用（　　）蒸发器。
A 中央循环管式　　　　　　B 外加热式
C 升膜式　　　　　　　　　D 列文式

4. 简答题
（1）什么是真空蒸发？真空蒸发有哪些优点？单效真空蒸发装置由哪些设备构成？
（2）维持蒸发正常操作的必要条件是什么？请简述蒸发过程中温差损失的原因。
（3）多效蒸发流程有哪些？各有什么特点？

模块六 制 冷

学习目标

[学习要求] 了解制冷过程的基本原理和理想冷冻循环,懂得蒸发温度和冷凝温度的确定原则,理解制冷系数、制冷能力和标准制冷能力等概念;熟悉实际氨冷冻循环过程,多级压缩制冷工艺和压缩蒸气制冷机的设备流程。

[能力要求] 了解典型制冷设备的工作原理,熟悉多级制冷设备的工作流程与操作。

项目一 冷 冻 原 理

制冷又称为冷冻,是将物料的温度降低到比水或周围空气的温度还要低的操作。从本质上说,制冷也是热量的传递过程。前述的换热过程,指的是热量从高温处向低温处传递,而制冷则是相反的换热过程。从较低温度物体转移的热量习惯上称为冷量。

一、制冷的应用

在制药过程中,如疫苗、血清、某些抗生素制剂等需要在冷冻干燥或低温下保存,某些细胞工程操作也需要在0℃以下进行。所以,在许多的生物技术公司、研发部门和制药厂中都设有冷冻房,就像锅炉房供应蒸汽一样,集中供应。

按照一般的操作习惯,制冷范围在 -100℃以内的为一般冷冻;低于 -100℃的为深度冷冻。这里只讨论一般冷冻。

二、制冷的基本原理

最早的人工制冷方法是用某些冰盐混合物作冷冻剂,这些混合物在熔化时能吸取能量,产生低温环境。例如,23% NaCl 和冰的混合物可达 -21℃,30% $CaCl_2$ 和冰的混合物可达 -55℃。

[课堂互动]

想一想 为什么家中冰箱的背面或者侧面温度会高一些?这些热量是怎么产生的?

现代工业里,常利用一些在常压下具有低沸点的液体作为制冷剂,如液氨、液态乙烷等,当制冷剂在低温下气化时,可以从环境中吸收热量,使环境降温。液氨在 40.9kPa 下蒸发时,温度可降至 -50℃;液态乙烷在 53kPa 下蒸发时,温度可降低至-100℃。用人工方法,通过制冷剂产生低温环境,使被冷冻物料达到低温状态,同时将低温环境中的热量传给外部,这样的操作称为制冷操作。

前面讲过,热量传递时,温度总是自发地从高温流向低温,温度差是传热的动力。当两种不同温度的流体同时流经换热器时,在没有外界影响的情况下,热流体会将热量传递给冷流体,热流体被降温,冷流体被加热。也就是说,热量不能自动地由低温向高温处传递。制冷操作必须有外部提供能量,在外部能量推动下通过冷冻循环实现。

1. 理想冷冻循环

理想冷冻循环描述了在理想状态下,能量在低温与高温环境的热量传递之间和内部热量移出与外部功的介入之间相互转换的关系。

任一物质都具有沸点(或冷凝温度)随压力而变化的特性(如表6-1)。利用物质的这一特性,可以使其在低压下蒸发而吸取热量,达到制冷的目的。蒸发后的气态物质如果再进行压缩,提高压力,冷凝温度也相应提高,当其冷凝温度高于冷水的温度后,在高压下用冷水进行冷凝,可使其重新变成液态物质,再减压蒸发,继续吸热。由于低压气体不能自动变成高压气体,必须有外力的作用,即消耗功,才能实现这种循环制冷的过程。

表6-1　　　　　　　　　氨沸点与压力的关系

压力/kPa	101.3	429.4	1166.54
沸点/℃	-33.4	0	30

将这样的过程用适当设备连接起来,使传递热量的介质——制冷剂(如氨)可以循环使用,即构成如图6-1所示的冷冻循环。这些设备主要有压缩机、冷凝器、膨胀机和蒸发器。其作用介绍如下。

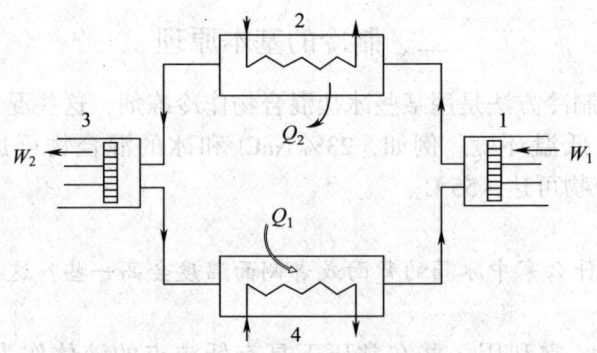

图6-1　理想冷冻循环

1—压缩机　2—冷凝器　3—膨胀机　4—蒸发器

① 将低压制冷剂在压缩机中绝热压缩到高压后，送入冷凝器。

② 在冷凝器中对高压制冷剂进行等温冷凝、液化，起冷凝作用的冷却物质一般用水。

③ 在膨胀机中将液化后的高压制冷剂进行减压、绝热膨胀后，送入蒸发器。

④ 在蒸发器中使液体制冷剂等温吸热而蒸发，回到原来进入压缩机时的状态，重复新的循环。通过在蒸发器内的蒸发，制冷剂从被冷却环境中吸取热量。

上述绝热压缩、等温冷凝、绝热膨胀和等温蒸发过程都是可逆的，制冷剂依次经过这四个过程，构成一次完整的循环，这样的循环又称作逆卡诺循环。逆卡诺循环与卡诺循环是相互对应的。两者的本质区别是能量在热量和外力做功之间的传递方向不同。后者描述了蒸汽机的工作原理。

理想的冷冻循环可以下式来描述：

$$Q_1 + W_1 = Q_2 + W_2 \tag{6-1}$$

$$W = W_1 - W_2 = Q_2 - Q_1 \tag{6-2}$$

式中　Q_1——制冷剂从被冷却环境中吸取的热量，kJ/kg

　　　Q_2——制冷剂向外部环境放出的热量，kJ/kg

　　　W_1——制冷剂从压缩机得到的功（外部施加的功），kJ/kg

　　　W_2——制冷剂对膨胀机所做的功，kJ/kg

则 W 表示每一次循环的净功，即消耗的外功。

2．制冷系数

制冷剂从被冷却环境中所移出的热量与所消耗的外功之比，称为制冷系数，以 ε 表示。

$$\varepsilon = Q_1/W = Q_1/(Q_2 - Q_1) \tag{6-3}$$

制冷系数是衡量冷冻循环的制冷效果的重要指标。其值越高，外功被利用的程度就越大。

理想冷冻循环中，未考虑外功的损耗和热量损失等因素，制冷系数为最大，以 $\varepsilon_大$ 表示。

$$\varepsilon_大 = Q_1/(Q_2 - Q_1) = T_1/(T_2 - T_1) \tag{6-4}$$

式中　T_1——蒸发温度，制冷剂在蒸发器中的蒸发温度，即被冷却环境的温度，℃

　　　T_2——冷凝温度，制冷剂在冷凝器中的冷凝温度，即向外部环境释放热量的温度，等同于外部环境中吸热冷却物质（如水或空气）的温度，℃

可见，理想冷冻循环中制冷系数的大小，仅仅取决于循环过程中的蒸发温度 T_1 和冷凝温度 T_2，这是冷冻循环中两个十分重要的工艺参数。如果仅从制冷系数来考虑，T_1 越高、T_2 越低，制冷系数就越大，在同样制冷量的情况下，所消耗的功就越小，操作成本也越低。但实际上，两个温度的选择还受其他一些因素的限制。

(1) 蒸发温度 T_1　其高低取决于生产工艺的要求，蒸发温度必须低于被冷却环境所需要达到的最低温度，这样才能在制冷剂与被冷却环境之间存在一定的温度差，以维持传热的需要。

T_1 高时，温度差小，传热面积大，但冷却系数大；T_1 低时，温度差大，传热面积小，但制冷系数小，设备消耗功率大。一般来说，选取的 T_1 比被冷却环境所要求达到的温度应低 4～5℃。

T_1 越低，相应的制冷剂饱和蒸气压 p_1 也越低，则压缩比 p_2/p_1 就越大，功率消耗增大，制冷系数减小，因此不能过分降低制冷剂的蒸发温度，以求得经济上的合理性。

(2) 冷凝温度 T_2　其高低取决于冷却水的温度，使制冷剂与冷却水在冷凝器中存在一个温度差，以保证热量的传递。通常取 T_2 高于冷凝器冷却水进口温度 8～9℃。T_2 确定以后，制冷剂的饱和蒸气压 p_2 也就确定了。

下面，通过例题来理解理想冷冻循环在实际生产中的应用。

【例 6-1】　有一个理想冷冻循环装置，1kg 制冷剂从被冷却环境中吸取 38.3kW 的热量，制冷剂在吸热时的温度保持在 -15℃，放热于冷却水时的温度为 25℃。问：该制冷装置的制冷系数是多少？需要外界做多大的机械功？能放出多少热量？如果制冷剂的吸热温度由 -15℃ 降低到 -20℃，而其他条件不变，需要增加多少机械功？

解　制冷系数　　$T_1 = 273 - 15 = 258K，T_2 = 273 + 25 = 298K$

$$\varepsilon = T_1 / (T_2 - T_1) = 6.45$$

所需外功　　　　$Q_1 = 38.3kW，W = Q_1/\varepsilon = 5.94kW$

放出热量　由式 (6-3) 得　　$Q_2 = Q_1(1 + \varepsilon)/\varepsilon = 44.2kW$

降至 -20℃ 时增加的机械功　$T_1' = 273 - 20 = 253K，T_2 = 298K$

$$\varepsilon' = T_1' / (T_2 - T_1') = 5.62$$

总吸取的热量不变，　　$Q_1 = \varepsilon W = \varepsilon' W'$

$$W' = (\varepsilon/\varepsilon') W = 1.15W$$

即增加了 15% 的机械功。

项目二　制　冷　载　体

一、制　冷　剂

1. 制冷剂应具备的条件

在制冷过程中，制冷剂是热量传递的介质，是必不可少的。制冷剂的种类较多，工业上常用的有氨、氟利昂、氯甲烷、二氧化硫、二氧化碳、乙烷和乙烯等。其中，应用最广的是氨。

对于往复式压缩蒸气制冷机而言，一般要求制冷剂应尽可能具备以下条件。

① 制冷剂在常压下的沸点要低，这是最基本的要求。

② 蒸发温度下气化的相变热应尽可能大，蒸气的比体积应尽可能小。这样可以在一定的制冷能力下降低制冷剂的循环量，缩小制冷设备体积和节省动力消耗。

③ 蒸发温度下的蒸发压力应接近或略高于大气压力，因为防止漏液比防止漏气更容易一些。

④ 在冷凝温度时的冷凝压力不应太高，以降低压缩比和功率消耗，否则冷凝压力过高对冷凝器和管路的耐压要求也随之提高。

⑤ 无腐蚀性和毒性，不易燃易爆，使用安全，在操作条件下化学性质稳定，并且价廉易得。

对于离心式压缩机而言，由于离心式压缩机在正常工作时需要大量的气体循环，与制冷剂比体积大小的关系不大，所以可以选用比体积较大的制冷剂。

2. 几种制冷剂的比较

制冷剂的种类较多，常用的有氨、氟利昂等。

氨是应用最广泛的制冷剂。从操作压力、气化相变热和单位质量制冷能力来说，氨比其他制冷剂优越。在冷凝器中，当冷凝温度较高时（如夏季），压力也不超过 1.6MPa。在蒸发器中，当蒸发温度低到 -33℃ 时，压力也不低于 101.3kPa，这时空气不会渗入。氨的其他优点是容易获得，压缩机汽缸尺寸较小，漏气时容易发现。其缺点是有强烈的特异刺激性气味，遇热及明火时可燃烧，对铜有较强的腐蚀性。氨主要应用于蒸发温度在 -50~5℃ 范围的大、中型制冷机上。

氟利昂也曾是应用十分广泛的制冷剂，包括 F-11、F-12、F-13 等系列产品。氟利昂能破坏地球大气的臭氧层，严重威胁人类的健康和生态环境。已有 188 个国家签约《蒙特利尔议定书》，逐步完全禁止使用氟利昂。我国已经于 2010 年 1 月 1 日起，全面禁用氟利昂产品。

[知识链接]

氟利昂是一类烷烃氟氯衍生物的总称，包括氟氯代甲烷和氟氯代乙烷等，曾作为制冷剂、发泡剂和清洗剂等被广泛使用。氟利昂可在强烈紫外线的照射下同臭氧发生连锁反应，破坏臭氧层。资料显示，2003 年臭氧空洞面积已达 2500 万平方千米。臭氧层被损耗后，地球表面的紫外线强度增加，会给人类健康和生态环境带来多方面的危害。

二氧化硫和氯甲烷的冷凝压力比氨低，各是 650kPa 和 900kPa，但它们的蒸发温度只能分别达到 -10℃ 和 -23.5℃。

二氧化碳的优点是无毒、密度大，所需的压缩机汽缸尺寸小。缺点是冷凝压力很高，一般是 6~8MPa，蒸发压力不能低于 530kPa，否则二氧化碳将固态化。

常用制冷剂的主要物理性质可参阅有关手册。

二、冷冻盐水

在多数医药、化工生产中，不是用制冷剂直接吸收被冷却环境的热量，而是通过盐水作为载冷体来吸取热量，称为间接冷却。载冷体在制冷剂和被冷却环境之间循环，从被冷却环境中吸取热量，传给制冷剂，达到降温目的。常用的载冷体是氯化钠、氯化钙等盐水，称为冷冻盐水。

当全厂有较多制冷设备时，可以设置大型制冷车间，把冷冻盐水分送给各制冷设备使用，安全性也较好一些。使用冷冻盐水时，制冷剂的蒸发温度较低，设备的制冷能力和制冷系数都比较低，动力消耗大，操作中容易发生各设备间冷却水混入和冷冻盐水泄漏的现象。

由于盐水在一定浓度下会冻结，其冻结温度和溶质的种类、浓度有关，所以选用冷冻盐水时，应选择合适的种类和浓度。在制冷温度一定时，必须严格控制、随时调整冷冻盐水的浓度，使其冻结温度低于所要达到的制冷温度。一般来说，冷冻盐水的冻结温度应低于最低制冷温度 10~13℃。否则，工作时会发生冷冻盐水冻结现象，在蒸发器蛇管外析出冰层，严重影响设备的操作。例如，氯化钙盐水的最低冻结温度是 -55℃（相应浓度为 29.9%），而实际使用时的温度不宜低于 -45℃；氯化钠盐水的最低冻结温度是 -21℃（相应浓度为 22.4%），而实际使用时的温度不宜低于 -12℃。

常用冷冻盐水的物理性质可参阅有关手册。

盐水对金属有较大的腐蚀性，通常在盐水中加入少量的缓蚀剂，如重铬酸钠或铬酸钠，可在较大程度上减轻盐水的腐蚀性。但铬酸盐和重铬酸盐具有毒性，使用时应特别注意。另一方面，盐水碱性过强也不适宜。实验证明，pH 值为 8.5 的弱碱性盐水对金属的腐蚀性最小。将冷冻盐水循环系统密闭，也可减少空气中氧的腐蚀性。

[课堂互动]

想一想 冬天里北方城市下雪后，为什么常常在马路上撒盐？

项目三 制冷设备

制冷操作所用的设备称为制冷设备，这是一类将制冷机与使用冷量的设备结合在一起的集成装置，其目的是为了有效地使用冷量来制冷、冷藏食品、药品或其他物品，提供较低温度的工作环境（如空调）等。制冷工艺不同，使用的设备也不尽相同。

根据工作原理，现有的制冷工艺可分为以下几种类型。

① 压缩制冷：依靠压缩机的作用提高制冷剂的压力以实现制冷循环，依所使用制冷剂的不同，又可分为蒸气压缩式制冷机（以液压蒸发制冷为基础，制冷剂要发生周期性的气－液相变）和气体压缩式制冷机（以高压气体膨胀制冷为基础，制冷剂始终处于气体状态）两种。

② 吸收制冷：这是一种热化学压缩器，依靠吸收器－发生器组的作用完成制冷循环，又可分为氨水吸收式、溴化锂吸收式和吸收扩散式3种。

③ 蒸气喷射制冷：也称为喷射式压缩，依靠蒸气喷射器的作用完成制冷循环。

④ 半导体制冷：利用半导体的热－电效应制取冷量。

其中，压缩蒸气制冷机的应用最为普遍。

一、制冷设备的工作原理

压缩蒸气制冷设备主要包括有压缩机、冷凝器、膨胀阀（也称节流阀）和蒸发器。按照冷冻循环的顺序，依次用管道连接成一个整体。下面以氨制冷剂为例，简述压缩蒸气制冷设备的工作原理。

当系统工作时，蒸发器内的制冷剂吸收室内空气的热量而蒸发成为压力和温度均较低的蒸气，被压缩机吸入并压缩后，制冷剂的压力和温度均升高，然后排入冷凝器；制冷剂蒸气在冷凝器内通过放热给室外空气而冷凝成为压力较高的液体；制冷剂液体通过膨胀阀的节流，压力和温度均降低，再进入蒸发器蒸发。如此周而复始地循环工作，从而达到制冷的目的。

按照理想冷冻循环的原理，氨制冷剂在外部机械功的作用下，在液态和蒸气之间循环转换，将热量由被冷却环境不断移出至外部，整个过程包括两个绝热过程和两个等温过程（图6－2）。

① 第一个绝热过程：呈干饱和蒸气状态（p_1、T_1）的氨蒸气进入压缩机，经过压缩机的压缩，压力和温度同时升高，成为过热高压蒸气（p_2、T_2）；

② 第一个等温过程：过热高压氨蒸气通过冷凝器，压力不变，温度下降，成为过冷高压液体（p_2、T_2）；

③ 第二个绝热过程：过冷高压液态氨在通过膨胀阀时，因压力和温度的下降（p_1、T_1）而部分气化，成为气液混合物；

④ 第二个等温过程：气液混合状态的氨经过蒸发器，从被冷却环境中吸取热量，全部变成干饱和蒸气（p_1、T_1），再进入压缩机，开始新的循环。

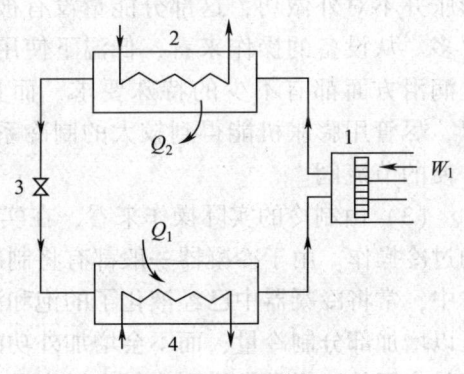

图6－2 氨冷冻循环
1—压缩机 2—冷凝器 3—膨胀阀 4—蒸发器

事实上，实际的氨冷冻循环与理想冷冻循环是有区别的，这种区别主要体现在三个方面。

（1）实际氨冷冻循环是采用干法操作，而在理想冷冻循环中是采用湿法操作。在理想冷冻循环中，进入压缩机的蒸气状态为湿蒸气，压缩终了时为刚刚达到饱和点的蒸气，仍然为湿蒸气状态，这称为湿法操作。理论上，湿法操作没有能量的损失，是最有效的操作。但实际上，由于湿蒸气中的液体会由于缸壁摩擦受热而蒸发，降低汽缸的容积效率，使制冷机的制冷能力下降；此外，蒸气的湿度不好掌握，容易出现液击现象，甚至会酿成事故。

在实际氨冷冻循环中，压缩机吸进的制冷剂蒸气是干饱和蒸气或者稍过热的蒸气，这种操作称为干法操作。为保证干法操作，在蒸发器与压缩机之间设置有气液分离器，以除去由蒸发器中带出的液滴。干法操作避免了因吸入湿蒸气而产生的液击现象，但同时也降低了汽缸容积效率，增加了制冷量和机械功的消耗，所以干法操作中压缩机的做功 W_e 大于理想冷冻循环中的 W_1，其制冷系数 ε 小于理想冷冻循环的制冷系数 $\varepsilon_{大}$。

[能力拓展]

液击现象是指制冷剂液体（或润滑油）被压缩机吸入，造成压缩机出现故障并损坏的现象。当正常工作的压缩机出现异常冲击（敲击或撞击）声、并伴随强烈的摇摆振动时，说明液击正在进行中。液击最容易损坏压缩机的气阀。轻微短时的液击可能问题不大，但经常长时间和较重的液击，会使压缩机的气阀变形、破裂、甚至破碎而直接损坏压缩机。系统制冷剂或润滑油过多，膨胀阀（或调节阀）的调节度（开启度）过大，蒸发器的热负荷（传热）不稳定，大型开启式压缩机的吸气阀开启过快（或卸载容量过快），系统设计安装不合理等，都有可能会产生压缩机的液击。

（2）实际氨冷冻循环使用膨胀阀来实现节流膨胀，而在理想冷冻循环中使用的是膨胀机。高压液态制冷剂在节流阀中因绝热膨胀而降温，但这里的气体膨胀并不对外做功，这部分能量没有被利用，所以实际消耗的功比用膨胀机时要多。从设备的操作来看，低温下使用膨胀机，无论在机械结构、操作控制或是润滑方面都有不少的特殊要求，而且这种膨胀功很小，利用价值不大。所以，尽管用膨胀机能得到较大的制冷系数，但在实际中仍采用结构简单、操作方便的节流阀。

（3）由制冷的实际操作来看，在实际压缩制冷机的操作中，均采用冷凝液的过冷操作。由于冷凝器一般都有将制冷剂冷凝后再继续冷却的潜力，故实际操作中，常将冷凝器中已经液化了的饱和液体经进一步冷却后，再节流膨胀。这样可以增加部分制冷量，而不会增加外功的消耗。称为过冷操作。过冷操作在工艺上是合理的，但常常受到冷却水温度及冷凝器传热面积的限制。过冷操作能使制冷机的效率略有提升，但仍然小于理想冷冻循环的制冷系数。

二、单级压缩制冷机

1. 制冷机的组成

压缩机是制冷设备中的主要设备,又称为冷冻机,用于压缩和输送制冷剂蒸气。日常应用于制冰、空调、食品冷藏所用的多为单级压缩制冷。从结构和工作原理上说,用于制冷的压缩机与空气压缩机类似,但由于使用条件和压缩工作介质的不同,又不同于一般的空气压缩机,也分为往复式、螺杆式、离心式等几种不同形式。其中,以往复式和离心式的应用最广。

实际上,一个完整的单级压缩制冷设备的组成包括蒸发器、单级压缩机、油分离器、冷凝器、贮氨器、氨液分离器、膨胀阀及其他附属设备等(图6-3)。氨制冷剂在系统内相继经过压缩、冷凝、膨胀、蒸发四个过程,完成单级冷冻循环,达到制冷目的。其中,蒸发器起输送冷量的作用,液态氨制冷剂蒸发后吸收被冷却物体的热量实现制冷;压缩机是系统的心脏,起着吸入、压缩、输送制冷剂蒸气的作用;油分离器用于沉降分离压缩后的制冷剂蒸气中的油;冷凝器将压缩机排出的高温制冷剂蒸气冷凝成为饱和液体;

图6-3 单级制冷机

贮氨器用来贮存冷凝器里冷凝的制冷剂氨液,调节氨制冷剂在冷凝器和蒸发器之间的供需关系;氨液分离器是氨制冷剂供应系统中的重要附属设备,防止液击现象的发生;膨胀阀对制冷剂起膨胀、降压的作用,同时控制和调节流入蒸发器中氨制冷剂液体的流量,并将系统分为高压侧和低压侧两个部分。

2. 制冷机的性能指标

制冷机的主要性能指标有制冷能力、工作温度、压缩机功率或耗热量、制冷系数和热力系数等。

(1) 制冷能力 又称为制冷量,指制冷机单位时间内从被冷却环境移出的热量,用符号 Q_1 表示,单位为 W 或 kW。对一定大小和转速的往复压缩机而言,其制冷能力可用下式计算:

$$Q_1 = \lambda_1 q_v V_1 \tag{6-5}$$

式中 λ_1——压缩机的送气系数

q_v——单位体积制冷能力,kJ/m^3

V_1——压缩机的理论送气能力,即活塞扫过的容积,m^3/s

在冷冻循环过程中,制冷剂交替在液态与气态之间变化,其比体积随操作条件而变化,因此,单位体积的制冷能力对确定压缩机汽缸的主要尺寸有着决定意义。对于同一制冷机，若操作温度发生变化，则制冷能力也随之改变。当蒸发温度 T_1 降低时，相应的压力 p_1 也降低，使密度减小，比体积增大，q_v 减小，同时压缩比 p_2/p_1 增大，送气系数 λ_1 减小，制冷能力降低；当冷凝温度 T_2 升高时，相应的压力 p_2 也增大，压缩比 p_2/p_1 增大，送气系数 λ_1 减小，制冷能力降低。所以，为了确切说明制冷机的制冷能力，就必须指明其操作条件。

（2）标准制冷能力　指按照国际人工制冷会议的规定，在压缩机吸入干饱和蒸气的条件下，制冷机在标准操作温度条件下的制冷能力，用符号 Q_s 表示。所谓的标准操作温度是指：蒸发温度 $T_1 = -15℃$，冷凝温度 $T_2 = +30℃$，过冷温度 $T_3 = +25℃$。任何制冷机的铭盘上所标明的制冷能力都是标准制冷能力。

制冷机的实际操作温度是根据工艺要求决定的，并不与标准操作温度相同，必须将生产条件下的制冷能力换算成标准制冷能力，才能进行制冷设备的选型与比对。例如，要核算一台现有的制冷机是否符合生产需要，先要将铭盘上标明的标准制冷能力换算成操作温度下的制冷能力，然后再进行比较。依据汽缸体积不变的前提，标准制冷能力 Q_s 和实际制冷能力 Q_1 之间的换算关系可以用下式表述：

$$Q_s = Q_1(\lambda_s q v_s)/(\lambda_1 q v_1) \qquad (6-6)$$

式中各项符号的意义与前述相同，下标 1 表示实际的操作状况，下标 s 表示标准操作温度时的数值。

（3）其他性能指标　除制冷能力外，评价制冷机的性能指标还有压缩机的功率、工作温度和制冷系数。不同的压缩机，工作温度的含义有所不同。对蒸气压缩式制冷机来说，工作温度分别指蒸发温度和冷凝温度。制冷系数指消耗单位功所能得到的冷量，是衡量压缩式制冷机的经济性指标。

三、压缩蒸气制冷机组

在压缩蒸气制冷机的实际操作中，当蒸发温度很低或者冷凝温度很高时，压缩比 p_2/p_1 就变得很大，使制冷能力降低。如果使用单机压缩，就会引起一些不良后果，如送气系数降低，甚至为零；单机压缩的终温升高，可能会导致制冷剂蒸气的分解（氨在 120℃ 以上会分解）；大大增加功率的消耗。

因此，当所需的冷凝温度和蒸发温度之差较大、需要很大压缩比，或者生产工艺要求不同级别的低温时，就需要采用多级压缩。由于冷凝温度 T_2 由冷却水温度所决定，变化不大，而蒸发温度 T_1 则是随着工艺条件的改变而有较大的变化，所以通常是根据 T_1 来决定是否需要用多级压缩。例如，在氨制冷机中，当 $T_1 < -30℃$ 时应采用两级压缩；当 $T_1 < -45℃$ 时应采用三级压缩。

1. 两级压缩蒸气制冷机组

两级冷冻循环是在单级冷冻循环的基础上发展起来的。一般蒸发温度在 $-50 \sim -25℃$ 时，多采用两级压缩机进行制冷。两级压缩冷冻循环由蒸发器、双级压缩机、油分离器、冷凝器、中间冷却器、贮氨器、氨液分离器、节流阀及其他附属设备等组成，相互间通过管道联接成一个封闭系统。

与单级压缩冷冻工作流程不同的是，在两级压缩冷冻循环中增加了中间冷却器，压缩机也分为高压和低压两个，流程是：蒸发器的制冷剂蒸气→低压压缩机→中间冷却器→高压压缩机→冷凝器。其中，中间冷却器利用少量液态制冷介质在中间压力下气化吸热，使低压压缩机排出的过热蒸气得到冷却，降低高压压缩机的吸气温度，同时还使高压液态制冷剂得到冷却。

按照制冷剂在中间冷却器的换热方式的不同，两级压缩冷冻可分为中间完全冷却和中间不完全冷却两种方式。前者是将低压压缩机出来的过热蒸气冷却到饱和蒸气状态，后者则没有冷却到饱和蒸气状态。最常用的是中间完全冷却方式（图6-4）。

两级冷冻循环的压缩过程分两个阶段进行：来自蒸发器的制冷剂（蒸气状态）先进入低压压缩机，压缩到中间压力（过热蒸气状态）后，经过中间冷却（干饱和蒸气状态），再进入高压级压缩机，被压缩到冷凝压力（过热蒸气状态），然后进入冷凝器中，冷凝成液态制冷剂；此后，液态制冷剂被分成两路，

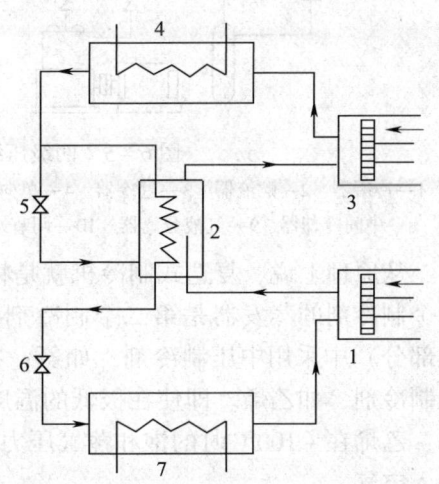

图6-4 两级压缩制冷装置流程
1—低压压缩机 2—中间冷凝器 3—高压压缩机
4—冷凝器 5，6—膨胀阀 7—蒸发器

少部分经膨胀阀降压后进入中间冷却器，大部分进入中间冷却器的盘管内过冷，成为过冷液体，经膨胀阀后进入蒸发器。

图6-5描述了两级压缩氨制冷机的实际系统组成。在实际应用中，增设了气液分离器。分离器的作用是气液分离，使少部分的制冷剂蒸气以干饱和状态进入高压压缩机，而大部分的制冷剂液体进入蒸发器蒸发，从被冷却环境中吸取热量，实现制冷。

2. 复迭式制冷机组

如上所述，采用两级或多级压缩可以获得较低的蒸发温度，但是当制冷剂的蒸发温度降低时，蒸发压力也随之降低，导致蒸气的比体积增大，对压缩机汽缸尺寸的要求也增大。此外，制冷剂工作时的最低温度还受制冷剂凝固点的限制。实际上，在往复式压缩机中，由于存在阻力，气体的压力不能低于10～15kPa。在15kPa下，氨的蒸发温度是-65℃。但是在这样低的压力下操作，空气很容易漏入。因此，在生产上常采用复迭式制冷机（又称为串级式制冷机）。

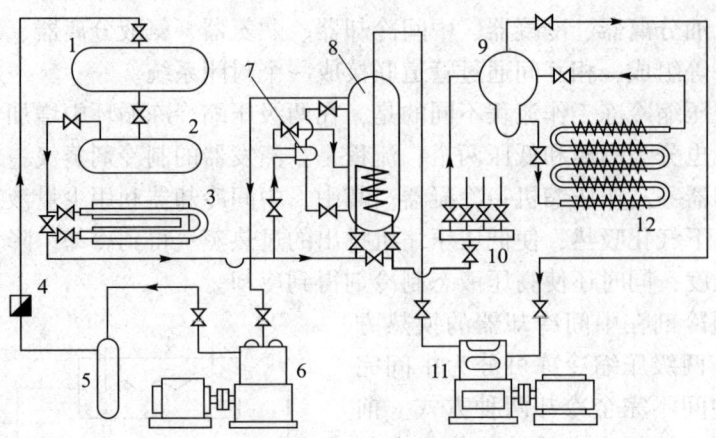

图6-5 两级压缩氨制冷机的实际系统

1—冷凝器 2—贮液器 3—过冷器 4—单向阀 5—油分离器 6—高压压缩机 7—浮子调节阀 8—中间冷却器 9—气液分离器 10—调节站 11—低压压缩机 12—室内冷却排管（蒸发器）

从原理上说，复迭式制冷机就是将两种不同制冷剂的制冷机组合在一起。第一个制冷剂的蒸发器是第二个制冷剂的分冷凝器。通常在第一个制冷系统（高温部分）中采用中压制冷剂，如氨；在第二个制冷系统（低温部分）中采用高压制冷剂，如乙烯。即使在极低的温度下，高压制冷剂的饱和蒸气压仍较高，例如，乙烯在-100℃时的饱和蒸气压力为126kPa。在此条件下，蒸发器内不至于漏入空气。

图6-6是复迭式制冷机的流程图。高温部分的制冷剂为氨，蒸发温度-30℃，冷凝温度25℃；低温部分的制冷剂是氟利昂-13，其蒸发温度-80℃，冷凝温度-25℃。

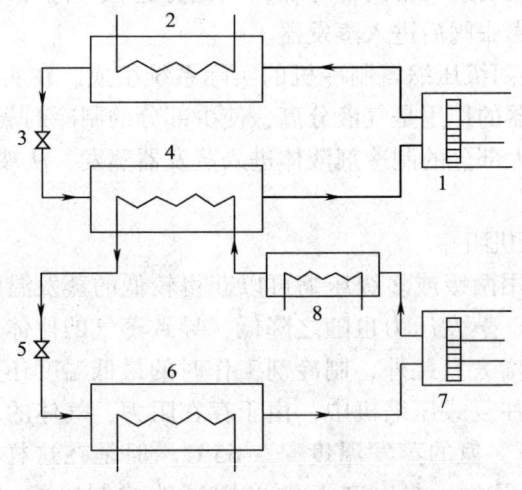

图6-6 复迭式制冷机流程

1，7—压缩机 2，8—冷凝器 3，5—膨胀阀 4，6—蒸发器

复迭式制冷机的每一个过程都在比较有利的压力和温度下工作，各压缩机的送气系数都比较大。因此，复迭式制冷机比多级压缩蒸气制冷机更有效果。其缺点和多级压缩蒸气制冷机一样，结构复杂，操作繁琐，一般是应用在深度制冷操作中。

四、压缩蒸气制冷机的组成设备

压缩蒸气制冷机有很多型号，已形成配套的标准化、系列化产品，其主要设备组成包括压缩机、冷凝器、蒸发器和节流阀，以及油分离器、气液分离器等辅助设备（图6-7）。

（1）压缩机 又称为制冷机或者冰机，多采用往复式压缩机，主要是卧式双动压缩机、直立单动多缸通流式压缩机，以及汽缸互成角度排列的压缩机。这一类压缩机的汽缸容积有限，对于可替代氟利昂的、比体积较大的新型制冷剂来说，已经不能满足要求。目前在制冷能力500~1000kW以上的场合，离心式压缩机应用越来越多。

图6-7 活塞或螺杆式压缩制冷机组

由于成套的制冷装置都配有一定规格的压缩机，所以确定了制冷装置就确定了压缩机的型号，而制冷装置是用制冷能力来衡量的。选型时，应注意实际制冷能力与标准制冷能力之间的换算。

（2）冷凝器 以水为介质的冷凝器常用卧式管壳或立式管壳两类形式。卧式管壳冷凝器又称为卧式冷凝器，冷却水在管内自下而上呈多程流动，流速多在0.5~1.2m/s，制冷剂蒸气在管外冷凝，一般用在中小型制冷装置中；立式管壳冷凝器也称为立式冷凝器，冷却水自顶部进入分配槽，沿管内壁呈水膜状流下，或是用分水器将水均匀地洒在管内壁上，制冷剂蒸气在管间冷凝，大中型制冷装置多采用这种形式。

（3）蒸发器与膨胀阀 事实上，制冷操作中的蒸发器就是换热器，模块四所述的蛇管式、管壳式换热器在这里均适用。蛇管换热器的构造简单、操作安全，多用于小型制冷机中；大中型制冷机多采用直立或立式管壳蒸发器。膨胀阀（也称为节流阀）的作用是使来自冷凝器的液态制冷剂发生节流效应，膨胀减压以达到降温的目的，因为液体制冷剂减压后，蒸发温度降低，能在蒸发器中低温汽化。此外，膨胀阀还有调节制冷剂循环量的作用，在操作中要严格准确控制。

除以上讨论的几大部分外，还有其他较重要的附属设备，介绍如下。

① 贮液罐：贮存制冷剂液体，并起调节和稳定制冷剂循环量的作用。

② 气液分离器：分离从蒸发器送出的制冷剂蒸气中的液体，避免液体进入压缩机。

③ 不凝气体分离器：分离冷凝器中不能冷凝的气体。

④ 润滑油分离器及收集器。

[知识链接]

空气源热水器是应用空气源热泵技术开发而成的新一代热水器。由热力学第二定律可知，热量总是从高温向低温传递。通过逆卡诺循环，可以将热量通过制冷剂由低温处转移至高温处，实现制冷。如果把日常的空气环境看作是低温，而把日常生活所需要的热水看作是高温，则应用逆卡诺循环的原理，同样可以用制冷剂将空气中较低的热量收集起来，传递至贮水箱中释放出来，制备热水。这种消耗一定的机械能，将空气中低温热能泵送到高温位来供应热量需求的设备称为"空气源热泵"。空气源热泵的工作温度可以是 $-10 \sim 40$℃。空气源热水器就是使用这一技术，利用制冷剂将空气中的热量吸收并释放到水中，将水加热，同时把失去大量能量的低温空气释放到厨房或其他需要制冷的地方，用于厨房或其他的制冷需要。空气在失去能量降低温度的同时，大量的水蒸气被冷凝，因而释放的冷气湿度大大降低，相当于具有除湿效果。空气源热水器可以集节能中央热水、厨房（卫生间）制冷、局部除湿功能于一体，大大提高性价比，并能有效节约能源，其运行成本只有电热水器的1/4（图6-8）。

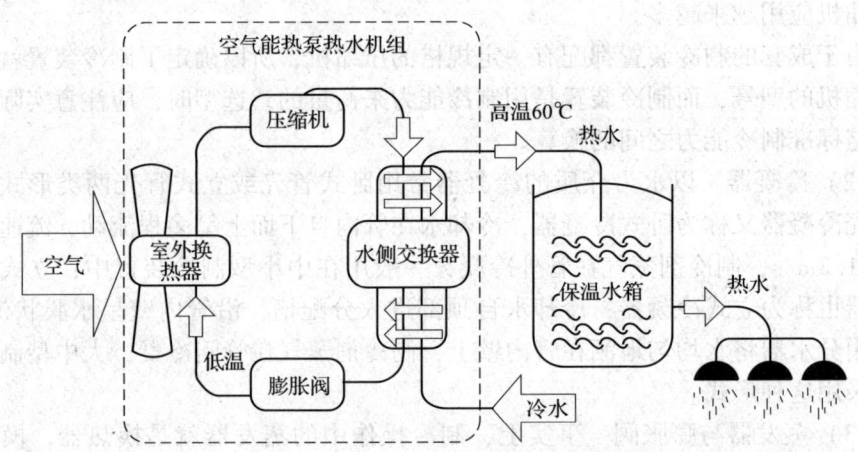

图6-8 空气源热水器的工作原理

[技能要点]

制冷操作就是利用常压下具有低沸点的液体作为制冷剂，通过外力做功使其在高压液态与低压气态之间循环转换，不断从低温环境中吸取热量使被冷冻物料达到低温状态的一种操作技术。制冷操作必须由外部提供能量，通过冷冻循环实现。理想的冷冻循环包括绝热压缩、等温冷凝、绝热膨胀和等温蒸发四个可逆过程，而实际应用中还受到多方面因素的影响。

完成制冷操作的设备是压缩蒸气制冷机，主要包括压缩机、冷凝器、膨胀阀与蒸发器。制冷剂是制冷操作中热量传递的载体，主要有氨、氟利昂、冷冻盐水等。制冷机的冷冻效果用标准制冷能力来衡量，为提高制冷效果，常使用多级压缩方式，常用的有两级压缩制冷和复迭式制冷。

[思考与练习]

1. 名词解释

制冷剂，蒸发温度，冷凝温度，制冷系数，制冷能力，标准制冷能力，干法操作，过冷操作，复迭式制冷

2. 填空题

(1) 制冷系数的大小仅取决于制冷机的_____和_____。单从制冷系数来考虑，制冷剂蒸发温度 T_1_____，冷凝温度 T_2_____，则制冷系数就越大。

(2) 在同样制冷量的情况下，制冷系数越小，所消耗的功率_____，操作费用也_____。

(3) 对于往复式压缩蒸气制冷，制冷剂的沸点应_____，而蒸发温度下气化的相变热应_____，冷凝温度下的压力应_____，这样才会有利于制冷操作的经济有效性。

3. 选择题

(1) 在实际氨冷冻循环中，蒸发后的制冷剂进入压缩机时，采用的是_____操作。

A 干法　　　　B 湿法　　　　C 两级式　　　　D 复迭式

(2) 制冷操作蒸发温度的高低应取决于_____，而冷凝温度则取决于_____。

A 生产工艺　　B 冷却水温度　　C 制冷系数　　D 传热面积

(3) 氨制冷机组产品目录上标明的制冷能力指的是_____。

A 压缩机的实际制冷能力　　　B 压缩机的标准制冷能力
C 蒸发器的标准吸热能力　　　D 冷凝器的实际冷却能力

4. 简答题

(1) 进行制冷操作为什么一定要消耗外功？

(2) 压缩蒸气制冷机组中有哪些主要设备？分别起何种作用？

(3) 操作条件对制冷机的制冷能力有什么影响？

(4) 应如何防止或减少制冷盐水对设备的腐蚀？

模块七 空气净化与调节

学习目标

[学习要求] 掌握生物工业生产的卫生要求和空气净化的流程方法；熟悉过滤除菌、空气增减湿的原理；了解空气调节设备、静电除尘设备的工作原理及设备的构成等。

[能力要求] 熟练应用空气净化调节的方法，学会空调机组的操作与维护技术。

项目一 概　　述

生物工业生产大多与食品、药品等领域密切相关，其反应过程也大多是微生物发酵、动植物细胞培养、生物酶促反应及生化分离提取等，这些反应过程都需要有洁净的工作环境，对空气的质量要求很高，尤其是药品、食品的生产过程，从原材料、生产过程、设备到人员操作都有着明确的质量规范。这就要求对进入生产环境的空气进行净化，并有一定温度、湿度和压力的调节处理。

一、空气的组成

空气是由多种气体组成的混合物，其恒定的组成成分有氮、氧、氩、氖、氦等惰性气体。空气中的不确定含量组成部分在不同地区是不同的，常见的有二氧化碳、水蒸气、氢、臭氧、甲烷、二氧化硫等多种物质。空气中还存在各种污染物和微生物。空气净化的目的就是除去空气中的尘埃和微生物。

1. 空气中的颗粒

人们生活的空气中，其实浮游着大量颗粒物质，而且地表上的各种物体、自然现象无时无刻不在产生着各种尘埃颗粒。检测发现，每 $1m^3$ 的空气中会含有 $(5 \times 10^4) \sim (3 \times 10^5)$ 个尘埃粒子。

按照颗粒的机械性质，空气中的颗粒可分为刚性颗粒和非刚性颗粒。无机物颗粒属于刚性颗粒，变形系数很小。细胞是非刚性颗粒，其形状容易随外部空间条件的改变而改变。因此，这两类颗粒的力学性质不同，所以在生产实践中，应采用不同的分离方法。

如果按形状划分，可分为球形颗粒和非球形颗粒。一般来说，空气中的尘埃颗粒多是非球形颗粒，形状多种多样。

空气中的颗粒直径大小不同，呈连续分布状态，共同组成空气中的颗粒群。按直径大小，空气中的颗粒可分为自然降尘和飘尘。自然降尘指粒径大于 $10\mu m$ 小于 $100\mu m$，在空气中经重力作用能沉降到地面上的灰尘，其来源以风沙扬尘为主。$10\mu m$ 以下的浮游状颗粒物，称为飘尘。去除飘尘的难度大于去除自然降尘的难度。

2. 空气中的微生物

空气中的微生物来自于多个渠道。室外空气比较干燥，无营养物质，且受紫外线照射，不是适宜微生物生长的场所，所以，室外空气中的大部分微生物只有短暂的存活时间。但是，部分微生物对外界环境的抵抗能力较强，如八叠球菌、细球菌、枯草芽孢杆菌以及霉菌、酵母菌的孢子等，它们在大气中停留时间较长，是造成大气污染的主要种类。

室内空气的组成不同于室外空气，在通风不良、人员拥挤的环境下，室内空气中的微生物数量较多，其中一部分来自于人体的致病性微生物，如结核杆菌、白喉杆菌、溶血链球菌、金黄葡萄球菌、脑膜炎球菌、流行性病毒等；另一部分来自于阴湿物体表面散发出的尘埃，尘埃中含有许多具有活性的微生物，如细菌、真菌、尘螨等。

空气中的细菌个体直径一般为 $0.5\sim5\mu m$，多数为 $5\mu m$，少数的病菌为 $0.03\sim0.5\mu m$。细菌常以群体存在，并大量附着在空气中的尘埃颗粒上，形成生物颗粒。空气中的微生物个数一般在 $1000\sim3000$ 个/m^3。有尘埃的存在，就可能有微生物的存在。除去了尘埃，也就除掉了生物颗粒。因此，采用空气净化技术，即能除去尘埃又能去掉微生物。

3. 空气中的液体

不含水分的空气称为绝干空气。实际上，空气中不仅含有水分，而且还含有各种油滴。空气中的水分构成了空气的湿度。不同地区的空气湿度不一样。油滴的组成非常复杂，可分为植物油和矿物油两大类。人类生活的空气中要有一定的水分，但水分和油滴都是空气的污染源，常作为微生物载体而污染空气。

[知识链接]

真菌和酵母菌是重要的气喘过敏源。室内常见的真菌有霉菌、曲霉菌、交链孢霉菌、支孢霉菌和念珠菌等，其中交链孢霉菌和支胞霉菌已被确认是诱发哮喘的过敏原。青霉菌、曲霉菌可在室内的草垫类物品、家具以及食品等的表面生长繁殖；交链孢霉菌常呈尘土状挂在室内的墙壁上，其孢子可在空气中飞散；支孢霉菌可在浴室、厕所的墙、瓷砖接缝处等形成黑色斑点，增殖后的孢子可飞散到室内各处；从空调和加湿器中常常能检出支孢霉菌。天气阴暗、潮湿、闷热、室内通风不良等均是有助于真菌生长繁殖的条件。

二、生物工业生产对空气的卫生质量要求

不同的生物产品制备过程需要不同的生物反应，对空气环境的要求尽管有所区别，但都有一个共同的特点，即洁净无菌和一定的温度、湿度。以微生物的发酵过程为例，不同的菌种具有不同的生长能力，反应过程中生长速度的快慢、产物的性质、发酵周期的长短、培养物的营养成分和 pH 值的差异，都对所用无菌空气的洁净程度有不同的要求。例如，酵母培养过程对空气的要求就不如氨基酸发酵、液体曲、抗生素发酵那么严格。

1. 空气的性质

（1）空气湿度　空气湿度是空气中含水蒸气量的表示方法，可分为绝对湿度和相对湿度。

① 湿空气绝对湿度 H：湿空气中单位体积绝干空气所含水蒸气的量，称为绝对湿度，实际上就是水汽密度，单位 kg/m^3。某一温度下，如果空气中水蒸气的含量达到最大值，此时的绝对湿度称为饱和空气的绝对湿度。

$$H = \frac{湿空气中水蒸气质量}{湿空气中绝干空气质量} \tag{7-1}$$

② 湿空气的相对湿度 RH：在一定总压下，湿空气中水蒸气分压 p_w 与同温度下饱和水蒸气压 p_V 之间的比值称为相对湿度。

$$RH = \frac{p_w}{p_V} \tag{7-2}$$

相对湿度表明湿空气的不饱和程度，反映湿空气吸收水汽的能力。

（2）干球温度　用普通温度计测得的湿空气的温度称为干球温度，用 t 表示，单位为℃或 K。干球温度为湿空气的真实温度。

（3）湿球温度　如图 7-1 所示，用水润湿的纱布包裹温度计的感温球，湿纱布的一端浸在水中，使之始终保持湿润，这样就构成一湿球温度计。将它置于一定温度和湿度的流动空气中，达到稳态时所测得的温度称为空气的湿球温度，以 t_w 表示。

空气的湿度、干球温度、湿球温度三者之间的关系为：

$$H = H_d - \frac{1.09}{r_t}(t - t_w) \tag{7-3}$$

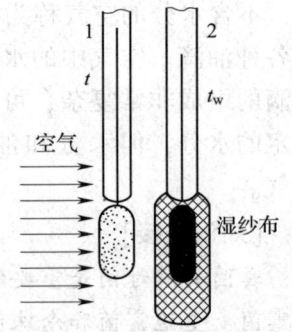

图 7-1　干、湿球温度计
1—干球温度计　2—湿球温度计

式中　H_d——湿球温度 t_w 下空气的饱和湿度
　　　r_t——湿球温度 t_w 时水的汽化潜热，kJ/kg

2. 洁净区的洁净等级

为确保药品生产的质量安全，国家发布了《药品生产质量管理规范》，简称 GMP，重点是防止药品被污染的问题。1984 年颁发了药品生产企业《洁净厂房

设计规范（GBJ 73—1984）》，对医药工业洁净厂房的空气洁净等级标准做了明确规定（表7-1）。

表7-1　　　　　　　　　　　空气洁净等级的划分

空气洁净等级	含尘浓度		含菌浓度	
	尘粒粒径/μm	尘粒数量/（个/m³）	沉降菌（φ9cm碟，0.5h）/个	浮游菌/（个/m³）
100级	≥0.5 ≥5	≤3500 0	≤1	≤5
10000级	≥0.5 ≥5	≤350000 ≤2000	≤3	≤100
100000级	≥0.5 ≥5	≤3500000 ≤20000	≤10	≤500
大于1000000级（相当于300000级）	≥0.5 ≥5	≤3500000 ≤20000		

目前，日益严峻的食品安全问题使得对相关的产品生产的监管与生产环境的要求越来越高，参照药品生产的GMP管理模式已经成为行业发展的趋势。例如，食品生产企业为了保证达到GMP所规定的卫生要求而施行的SSOP（卫生标准操作程序），就是指导食品生产加工过程中如何实施清洗、消毒和卫生保持的作业指导文件。即便是用于非食品、药品的生物化工产品的生产，也同样由于生物反应而对空气环境有严格的洁净要求。

3. 洁净区的主要参数

（1）湿度和温度　人体在保持环境统一的同时，还与外环境中温度、湿度、气压、风向和风速等综合因素保持平衡。人的皮肤有临界点温度，高于临界点温度就感到热，低于则感到凉。当温度在25℃、相对湿度50%时，人体处于正常的热平衡状态，感觉很舒适。为了保证洁净区内温度和相对湿度与生产工艺要求相适应，同时满足作业人员对工作环境的要求，不同洁净度区域的温度和相对湿度应控制在适宜的温度范围内。不同车间相关指标如表7-2所示。

表7-2　　　　　　　　　　　洁净车间的温度和湿度

序号	空气洁净度	适宜温度	相对湿度
01	100级	18~24℃	45%~60%
02	10000级	18~24℃	45%~60%
03	100000级	18~26℃	45%~65%
04	300000级	18~26℃	45%~65%

（2）压差　这里指的是洁净区环境内的空气压强与洁净区外空气压强之间的差值。洁净区包括生产车间、厂房、无菌室等需要洁净空气的环境区域。如果

内部空气压强大于外部空气压强，则称之为正压差，反之则称为负压差。

由于通常情况下气流都是从高压区域向低压区域流动，为了保证产品生产时环境空气的洁净度不被干扰、污染，洁净区内一般都保持正压状态。但在有些生物制品、生物技术的操作区域，为了防止基因、病毒、致病菌流入洁净区外造成生物污染，往往要求洁净区内保持一定的负压差。

洁净区内外的压差值应大小适当。压差值过小，压差很容易被破坏，洁净区的洁净度就会受到影响；压差值过大，则会使净化空调系统的新风量增大，空调负荷增加，同时使中效、高效过滤器的使用寿命缩短。另外，当压差值高于50Pa时，房门的开关就会受到影响。

洁净区室内外的正压差值受室外风速的影响，室内正压值要高于室外风速产生的风压。当室外风速大于3m/s时，产生的风压接近5Pa，若洁净室内正压值为5Pa时，室外的空气污染就有可能渗漏入室内。据气象资料统计，我国大多数地区冬夏两季的平均风速大于3m/s。因此规定洁净区与非洁净区的室内最小正压差值应大于5Pa，而洁净区与户外环境的最小压差为10Pa。

（3）新风量 在《工业企业设计卫生标准》（TJ36）中规定："每名工人所占容积小于 $20m^2$ 的车间，应保证每人每小时不少于 $30m^3$ 的新鲜空气量。"在《采暖通风与空气调节设计规范》（GBJ19）中规定："空气调节系统的新风量应符合下列规定：生产厂房应按补偿排风、保持室内正压或保证每人不小于 $30m^3/h$ 新风量的最大值确定"。因此，送至洁净区的新风应占总风量的75%，回风占总风量的25%。

项目二 空气净化设备

空气净化的目的是除去空气中的尘埃、微生物等微粒，或杀灭空气中的微生物。除去方法有静电吸附、介质过滤。灭菌方法有辐射杀菌、热杀菌、化学药物杀菌。

（1）热杀菌 这是利用空气压缩机排气时气体的高温来杀灭气流中的微生物。例如，在进行微生物的有氧发酵时，通入发酵罐的无菌空气一般是用压缩机产生的，可提高压缩机的排气压力，利用空气压缩时放出的热量进行保温灭菌。

（2）辐射杀菌 理论上，α-射线、X-射线、β-射线、γ-射线、紫外线、超声波等都能破坏蛋白质等生物活性物质，从而起到杀菌的作用。但实际上，应用较广的通常都是紫外线，波长在253.7~265nm时的杀菌效力最强，常用于洁净区、医院手术室等空气对流不大的环境下的消毒杀菌，一般还要结合甲醛蒸气或苯酚喷雾等，以保证无菌室的高度无菌。

（3）静电吸附 此法利用静电引力吸附带电粒子而达到除尘灭菌的目的。悬浮于空气中的微生物，大多数带有不同的电荷，没有带电荷的微粒进入高压静电场时都会被电离成带电微粒。对于一些直径小的微粒，所带的电荷很小，当产生的引力等于或小于气流对微粒布朗扩散运动的动量时,微粒不能被吸附而沉降,因此静电除尘对很小的微粒,除尘效率较低。

(4) 过滤除菌法　利用多孔材料截留混合体系中固体颗粒的过程称为过滤,所使用的多孔材料称为过滤介质。过滤除菌是使空气通过经高温灭菌的过滤介质层,将空气中的微生物等颗粒阻截在介质层中,而达到除尘除菌的目的。是目前生物工业生产中最常用、适用的空气除菌方法,也是本模块介绍的重点。

(5) 化学药物杀菌　大多数化学药剂在低浓度下具有抑菌作用,高浓度下则起杀菌作用。常用的有5%石炭酸、75%乙醇和乙二醇等。该方法有很大的局限性,比如化学灭菌剂必须有挥发性,以便清除灭菌后材料上残余的药物。

一、空气过滤除菌法

1. 空气净化的级别

按照过滤去除颗粒的大小、多少,可以将空气的过滤净化分成几个级别。

(1) 初效过滤　能过滤空气中自然降尘的颗粒,如 $5\mu m$ 以上尘埃粒子,一般是用于空气净化的初级过滤。这一级别的过滤器称为初效过滤器,常使用棉花、粗中孔的泡沫塑料、涤纶无纺布等过滤介质。无纺布具有容量大、阻力小、滤材均匀、不易老化等优点,且便于清洗,成本低廉,近年来的应用越来越多,有替代泡沫塑料的趋势。

(2) 中效过滤　能过滤去除 $1\sim 10\mu m$ 的颗粒,相应级别的过滤器称为中效过滤器,使用的过滤介质有细孔泡沫塑料、超细合成纤维或玻璃纤维、优质无纺布等。中效过滤可去除空气中的飘尘和油滴,也能对高效过滤器起保护作用,延长高效过滤器的使用寿命。

(3) 亚高效过滤　能过滤去除 $0.5\sim 5\mu m$ 的颗粒,相应级别的过滤器称为亚高效过滤器,多使用玻璃纤维滤纸、过氯乙烯纤维滤布、聚丙烯纤维滤布等作为过滤介质,在额定风量下,对不小于 $0.5\mu m$ 颗粒的去除率能达到95%~99.9%,可作为空气净化的末端过滤装置。

(4) 高效过滤　能过滤去除直径为 $0.1\sim 1\mu m$ 的颗粒,相应级别的过滤器称为高效过滤器,常用的过滤介质有超细玻璃纤维、超细石棉纤维等。高效过滤可以完全滤除细菌等微细颗粒,多设置于洁净厂房、局部净化设备的最后一级,一般安装在通风系统的末端,作为洁净区的进风口使用。

[课堂互动]

想一想　为什么高效过滤器通常都是作为最后一级的过滤器?是否可以将高效过滤器作为空气除菌的唯一过滤器?

2. 空气过滤介质

过滤介质是过滤除菌的关键,它的好坏不仅影响到介质的消耗量、过滤过程动力消耗、操作劳动强度、维护管理等,还决定设备的结构、尺寸及运转过程的可靠性。过滤对介质应具有吸附性强、阻力小、空气流量大、化学惰性、能耐干热等特点。常用的过滤介质有棉花、活性炭、玻璃纤维、超细纤维纸、化学纤维等。

（1）棉花　这是传统的过滤介质，其质量随品种和种植条件不同差别较大，最好选用纤维细长疏松的新鲜产品。常用的是未脱脂棉，纤维长 2~3cm，直径 16~21μm，装填时分层均匀铺砌、压紧，装填密度以 150~200kg/m^3 为好。如果压不紧或是装填不均匀，会造成空气走短路，甚至介质翻动而丧失过滤效果。

（2）玻璃纤维　玻璃纤维常用于散装充填，直径为 8~19μm 不等。一般来说，纤维直径越小，过滤效果越好；但纤维越小，强度越低，很容易断碎而造成堵塞，增大阻力。硅硼玻璃纤维可制成较细直径（0.3~0.5μm）的高强度纤维，其 2~3mm 厚的过滤器可除去 0.01μm 的微粒，所以可除去噬菌体和所有的微生物。

（3）活性炭　活性炭有非常大的比表面积，主要通过表面吸附作用而吸附截留微生物。常用的颗粒状活性炭为小圆柱体，大小为 ϕ3 mm×（10~15）mm。活性炭粒子的间隙大，对空气的阻力小，仅为棉花的 1/12，但过滤效率比棉花低得多。颗粒活性炭常与纤维介质分层堆放成过滤床层。例如，将其夹在两层棉花介质中间使用，用量为总过滤层的 1/3~1/2，可降低过滤层的阻力。

（4）超细玻璃纤维纸　超细玻璃纤维是利用质量较好的无碱玻璃制成的直径很小的纤维（1~1.5μm）。由于直径小不易装填，多采用造纸的方法做成厚约 0.25~1mm 的纤维纸，形成的网格孔隙为 0.5~5μm，为棉花的 1/15~1/10，有较高的过滤效率。

超细玻璃纤维的除菌效率高、阻力小，但强度不太大，尤其受湿以后，强度大大下降。因此常用酚醛树脂、甲基丙烯酸树脂、密胺树脂、含氢硅油等增韧剂或疏水剂处理，以提高防湿能力。

（5）石棉滤板　这是采用 20% 小而直的石棉纤维和 8% 纸浆纤维混合制成的，纤维较粗，直径大，纤维间隙大，虽然过滤板较厚（3~5mm），但过滤效率低。特点是湿润后的强度大，受潮时也不易穿孔或折断，能耐受蒸汽反复杀菌，使用寿命长。

（6）烧结材料　包括烧结金属、烧结陶瓷等。制造时将这些材料微粒加压成型，在熔点温度下粘结固定，粉末表面熔融粘结时所保持的粒子间隙，构成微孔通道，具有过滤作用，过滤性能与粉末大小和烧结情况有关。例如，锰钛合金金属粉末烧结板，厚约 4mm，强度高，不须经常更换，使用寿命长，能耐受高温反复杀菌，不受湿度影响，不易损坏，使用方便；聚乙烯醇过滤板可经受 120℃、30min 的杀菌而不变形，加工方便、微孔多、间隙中等、过滤效率高，属于高气流速度型，对流速十分敏感。

（7）新型过滤介质　新型过滤介质的微孔直径只有 0.1~0.22μm，小于细菌直径，故菌体粒子不能通过，称为绝对过滤，也称微孔膜过滤器。可分为两大类：一类是能除去大部分微生物但不能除去噬菌体，可耐蒸汽杀菌的聚偏氟乙烯和聚四氟乙烯膜材料,如 0.22μm 的膜式过滤器;另一类是可除去小至 0.01μm 的微粒,能除去噬菌体,可耐 121℃ 反复加热杀菌,其过滤介质是直径 0.5μm 超细玻璃纤维或膨化聚四氟乙烯。

为延长微孔膜过滤器的使用寿命,使用时应配置与膜过滤器相匹配的空气预过滤器和蒸汽过滤器,除去管道内的铁锈、污垢和微粒对微孔膜的污染。对无菌程度要求高的发酵系统,需装设阻力小的绝对空气过滤器。

3. 空气过滤机理

空气的过滤机理与通常的过滤原理有所区别。由于空气中气体引力较小,且微粒很小,往往小于过滤介质的空隙,微粒在随气流通过滤层时,滤层纤维所形成的网格阻碍气流前进,使气流无数次改变运动速度和运动方向而绕过纤维前进,这些改变引起微粒对滤层纤维产生惯性冲击、拦截、重力沉降、布朗扩散、静电吸引等作用,从而把微粒滞留在纤维表面。

(1) 惯性冲击滞留作用 这是空气过滤除菌的重要作用。当气流以一定速度垂直流经纤维层时,纤维的阻挡使气流改变方向,而微粒却因惯性冲到纤维表面,因摩擦粘附,微粒滞留在纤维表面。空气流速下降,惯性冲击滞留效率也随之下降。滞留效率为零时的气流速度称为惯性冲击的临界速度。临界速度与纤维直径和微粒大小有关。

(2) 拦截滞留作用 当气流速度下降到临界速度以下时,微粒就不能因惯性冲击滞留在纤维上。但实践证明,随着气流速度的下降,滤层纤维对微粒的截留效率又有回升。这是因为气流在低速流经纤维层时,在纤维的周边形成的边界滞留区扩大,使得进入滞留区的微粒增多,逐渐靠近和接触纤维而被粘附滞留。这种现象只有在气流速度较低时才会发生。

(3) 布朗扩散作用 微小的颗粒在很慢气流中能产生一种不规则的直线热运动,称为布朗扩散。布朗扩散的运动距离很短,在较大气速或较大的纤维间隙中是不起作用的。但在很小的气流速度和较小的纤维间隙中却能使微粒靠近纤维而被粘附。这种作用与微粒和纤维直径有关,与气流速度成反比。在气流速度很小时,是介质过滤除菌的重要作用之一。

(4) 重力沉降作用 重力沉降是一个稳定的分离作用,当气流速度较慢时,重力沉降的作用较为明显。所以一般与拦截作用配合,在纤维的边界滞留区内,提高拦截效率。

(5) 静电吸附作用 干空气从非导体的物质表面流过时,由于摩擦作用,会产生诱导电荷,尤其是合成纤维,这种电荷的生成更为明显。悬浮在空气中的微粒,本身带有不同的电荷,在随气流经过介质表面时,受介质上异性电荷的吸引而沉降,即静电吸附。此外,表面吸附也归属于这个范畴,如活性炭大部分的过滤效能都是表面吸附的作用。

事实上,当空气流过过滤介质层时,上述几种机理同时在起作用。气流速度不同，起主要作用的机理也不相同。气流速度较大时，微粒的截留效率随空气流速增加而增加，惯性冲击起主要作用；当气流速度较小时，截留效率随气流速度增加而减小，布朗扩散起主要作用；当气流速度中等时，可能拦截滞留发挥着主导作用。如果空气流速很大，截留效率却下降，则是由于已被纤维捕集的微粒又被湍动的气流夹带返回气流中。

微粒的截留效率可用过滤效率来描述。过滤效率指过滤层滤除的微粒数与原空气所含微粒数的比值，即过滤前后空气中微粒浓度的比值，称为穿透率 η，是衡量过滤设备性能的指标。

$$\eta = (n_1 - n_2)/n_1 = 1 - n_2/n_1 \tag{7-4}$$

式中　n_1——过滤前空气中微粒含量，个/m^3

n_2——过滤后空气中微粒含量，个/m^3

实践证明，空气过滤器的过滤除菌效率主要与微粒的大小、过滤介质的种类和纤维直径、介质的填充密度、滤层厚度以及通过的气流速度等因素有关。

如果做出这样的假定：

① 流经过滤介质的每一纤维的空气流态并不因其他临近纤维的存在而受到影响；

② 空气中的微粒与纤维表面接触后即被吸附，不再被气流带走；

③ 过滤器的过滤效率与空气中微粒的浓度无关；

④ 空气中微粒在滤层中的递减均匀，即每一纤维薄层除去同样百分率的微粒数。

那么，可以得出：

$$\ln(n_1/n_2) = -KL \tag{7-5}$$

式中　L——过滤介质层厚度，m

K——过滤常数，1/m

式（7-5）称为空气过滤除菌的对数穿透定律，表示进入滤层的微粒浓度与穿透滤层的微粒浓度之比的对数是滤层厚度的函数。其常数 K 的值与多个因素有关，如纤维的种类、直径、填充密度，空气流速和空气中微粒的直径等。

二、空气过滤器

1. 深层纤维介质空气过滤器

这种过滤器的结构如图7-2所示，通常是立式圆筒形，内部充填过滤介质。空气从圆筒下部以切线方向通入，由下至上通过过滤介质，再从上部切线方向排出。过滤器上方装有安全阀、压力表。罐底装有排污管。纤维介质主要有棉花、玻璃纤维、超细玻璃纤维等，过滤器的尺寸主要是直径和有效滤层高度，其空截面的空气速度依操作工艺而定，原则上应使过滤器在较高过滤效率的气流速度区运行，一般取 0.1~0.3m/s。

过滤器有效过滤介质的高度，通常是基于实验数据，并依据对数穿透定律计算而定的。为避免过厚滤层导致棉花耗用多、安装困难、阻力损失大，常用活性炭作中间层。一般来说，上下棉花层厚度各为 1/4～1/3，中间活性炭层占 1/3～1/2。上下两端还要安装 30～40 目的金属丝网和织物。填充物安装顺序：孔板－铁丝网－麻布－棉花－麻布－活性炭－麻布－棉花－麻布－铁丝网－孔板。

安装过滤介质时要求紧密均匀、压紧一致。压紧装置有多种形式，可以用周边固定螺栓压紧，也可以用中央螺栓压紧，也可以利用顶盖的密封螺栓压紧。为防止棉花受潮下沉后松动，常在压紧装置上加装缓冲弹簧。

在充填介质区间的过滤器圆筒外部通常设有夹套，可加热过滤介质。当对过滤器进行加热杀菌时，一般是自上而下通入 0.2～0.4MPa 的蒸汽，维持 45min，然后用压缩空气吹干备用。

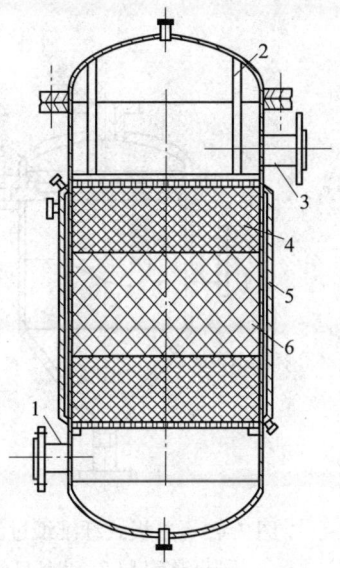

图 7－2　深层纤维介质空气过滤器
1—进气口　2—压紧架　3—出气口
4—纤维介质　5—换热夹套　6—活性炭

2. 平板式纤维纸过滤器

平板式纤维纸过滤器内充填着薄层过滤板或过滤纸，结构如图 7－3 所示，包括罐体、顶盖、滤层、夹层和缓冲层。空气从罐体中部进入，空气中的水雾沉于底部，由排污管排出；空气经缓冲层通过下孔板经薄层介质过滤后，从上孔板进入顶盖排气孔排出。缓冲层内可装填棉花、玻璃纤维或金属丝网等。顶盖法兰可压紧滤纸和密封周边。为了使气流均匀进入和通过过滤介质，上下孔板应先铺上 30～40 目的金属丝网和织物，使过滤介质受力均匀，加紧于中间，周边要加橡胶圈密封，切勿让空气走短路。

3. 管式过滤器

管式过滤器是将过滤介质卷装在孔管上（图 7－4），使得单位体积的过滤面积比平板式大得多，但卷装滤纸时要防止空气从纸缝走短路。这种过滤器的安装和检查比较困难。为了防止孔管密封的底部死角积水，封管底盖紧靠滤孔。

4. 折叠式低速过滤器

折叠式低速过滤器适用于一些要求过滤阻力很小而过滤效率比较高的场合，如洁净室、洁净工作台、自吸式发酵罐等。超细纤维纸的过滤特性是气流速度越低、过滤效率越高，可构造成过滤面积很大的过滤器，其滤框和过滤器的结构如图 7－5 所示。较长的滤纸折成瓦楞状，安装在楞条支撑的滤框内，滤纸的周边用环氧树脂与滤框粘结密封。滤框有木制和铝制两种，被螺栓固定压紧在过滤器

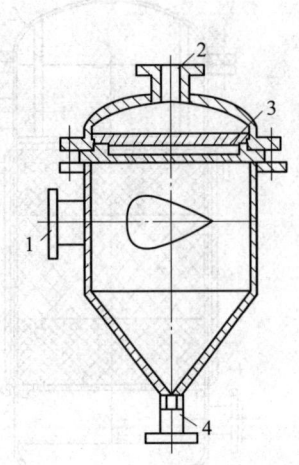
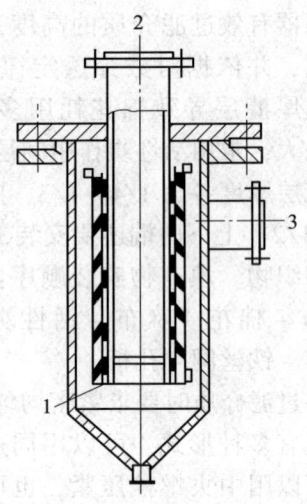

图7-3 平板式纤维纸过滤器
1—进气口 2—出气口
3—过滤介质 4—排污口

图7-4 管式过滤器
1—滤筒 2—出气口 3—进气口

内,全部用垫片密封。超细纤维易堵塞,为了提高过滤器的过滤效率和延长使用寿命,一般都在其前面加设粗滤器。

5. 粗过滤器

粗过滤器是指安装在空气压缩机前的过滤器,其主要作用：捕集较大的灰尘颗粒,防止压缩机受损,同时也可减轻总过滤器的负荷。粗过滤器一般要求过滤效率高,阻力小,否则会增加空气压缩机的吸入负荷和降低空气压缩机的排气量。常用的粗过滤器有袋式过滤器、填料式过滤器、油浴洗涤器和水雾除尘器等。

(1) 袋式过滤器 如图7-6所示,将过滤布袋紧套于焊接支架上,一般是

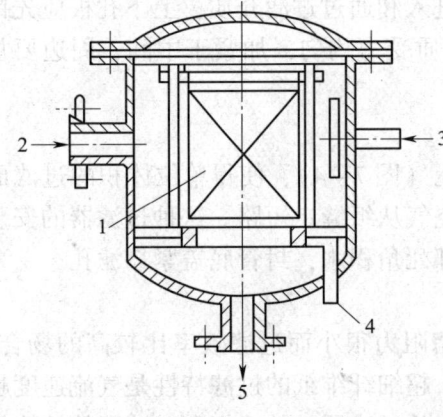
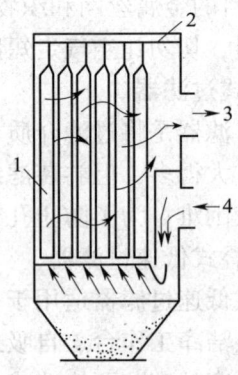

图7-5 折叠式低速过滤器
1—滤筒 2—进气口 3—清洗口
4—排污口 5—排气口

图7-6 机械振动袋式过滤器
1—滤袋 2—振动机构 3—出气口 4—进气口

布袋内连接排气口,含尘气体进入布袋时,颗粒物被截留在布袋外面。过滤器的过滤效率和阻力损失要视滤布的特性和过滤面积而定。滤布多采用合成纤维滤布,需定期清洗,以减少阻力损失和提高过滤效率。

(2) 填料式粗过滤器 这类过滤器的结构同填料塔,填料一般用油浸铁回丝、玻璃纤维或其他合成纤维等,过滤效果比袋式过滤器稍好,阻力损失也较小。但结构较复杂,占地面积较大,内部填料经常洗换才能保持一定的过滤作用,操作比较麻烦。

(3) 油浴洗涤装置 其结构如图7-7所示。空气进入装置后,在油箱内被油层洗涤,空气中的颗粒被油粘附,沉降于油箱底部而被除去。经过油浴的空气因带有油雾,需要经过百叶窗式的圆盘,分离较大粒油雾,再经过滤网分离小颗粒油雾后,由中心管吸入压缩机。这种洗涤器效果较好,对有分离不净的油雾带入压缩机液无影响,阻力也不大,但耗油量大。

(4) 水雾除尘装置 装置的结构如图7-8所示,空气从装置的底部进入,经上部喷下的水雾洗涤,将空气中的灰尘、微生物微粒粘附沉降,从器底排出。带有微细小雾的空气经上部过滤网过滤后排出,进入压缩机。经过这样的洗涤,可除去空气中的大部分微粒和小部分微小粒子。

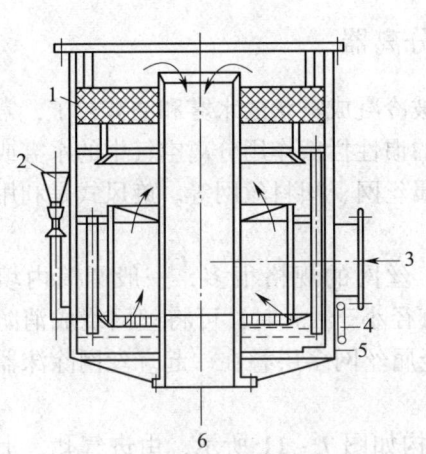 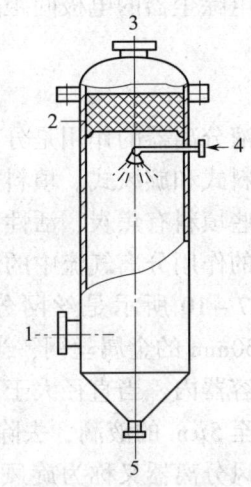

图7-7 油浴洗涤式过滤器
1—滤袋 2—加油斗 3—进气口
4—油镜 5—油层 6—排气口

图7-8 水雾除尘装置
1—进气口 2—过滤网 3—排气口
4—进高压水 5—排废水

三、静电除尘器

静电除尘器的工作原理是利用高压电场使含有微粒的空气发生电离,气流中的粉尘荷电在电场作用下向极性相反的电极移动并沉积于电极上,从而与气流分离。依据电极形状的不同，静电除尘器有板式和管式两种，也有按照气流的流动分为立式和卧式。带电微粒沉积于电极上，因此电极又称为集尘电极或集尘板（管）。集尘电极上还带有振动击打装置，周期性地敲打而使沉积其上的尘粒被抖落，这称之为清灰。按照清灰方式不同，静电除尘器又分为干式电除尘器（振打清灰）和湿式电除尘器（用水流冲洗集尘电极上的尘粒）。图7-9是管式静电除尘器的结构示意图。

静电除尘器的性能受粉尘性质、设备构造和气流速度等因素的影响。悬浮于空气中的微生物，大多数带有不同的电荷，没有带电荷的微粒进入高压静电场时都会被电离成带电微粒，但对于一些直径小的微粒，所带的电荷很小，当产生的引力等于或

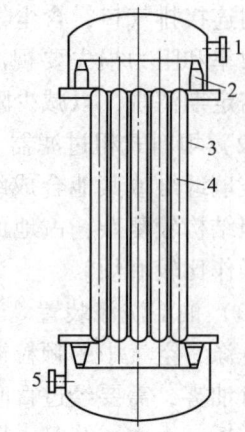

图7-9 管式静电除尘器
1—排气口 2—高压绝缘瓷瓶
3—钢管 4—电极 5—进气口

小于气流对微粒布朗扩散运动的动量时，微粒不能被吸附而沉降，因此静电除尘对微小颗粒的效率较低。

静电除尘器的电极间距小，电压高，设备较昂贵，一次性投资费用较大。

四、气液分离器

气液分离器的作用是分离去除空气中被冷凝成雾状的水雾和油雾粒子，常用的有填料式和旋风式。填料式即利用填料的惯性拦截作用分离空气中的水雾或油雾，这些填料有焦炭、活性炭、瓷环、金属丝网、塑料丝网等。旋风式是利用离心分离的作用分离气流中的液滴及颗粒物。

图7-10所示是丝网分离器的结构。丝网的规格很多，一般圆筒内填充100~150mm的金属丝网，当丝网分离器直径小于1m时，可将丝网绕成消防带状填入容器内，当直径大于1m时，常将金属丝网多层叠在一起。丝网除沫器可除去小至5μm的液滴，去除率能达到98%。

旋风分离器又称为旋风除尘器，其结构如图7-11所示，由进气孔、上圆筒、排气孔、倒锥体和集料管等组成。通常，进气口呈矩形安装在上圆筒的顶部，进气路线与上圆筒内壁相切。当气流以一定速度从切线方向进入上圆筒时，沿上圆筒的内壁形成旋转，呈螺旋状向下流动，称为外旋气流；当气流下旋进入倒锥体时，气流的旋转速度逐渐增大，气流中的液滴或颗粒贴器壁向下经集料管落入与其连接的料桶中，同时气流因负压转而向上，形成旋转向上的内旋气流，最终从顶部的排气管排出。排出的气流中，液滴及颗粒含量大大减少，实现了气流的分离净化。

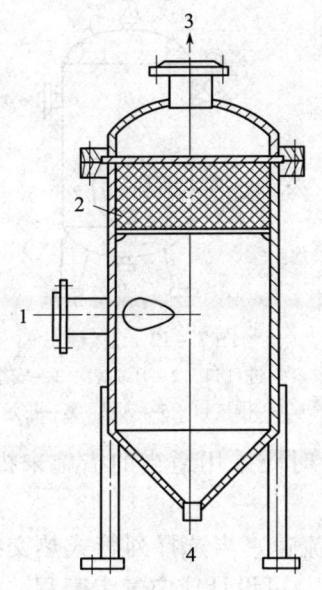
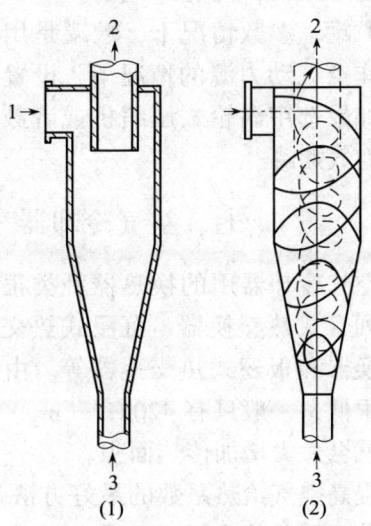

图 7-10 丝网分离器
1—进气口 2—金属丝网
3—排气口 4—排污口

图 7-11 旋风分离器
(1) 结构示意 (2) 工作原理
1—进气口 2—排气口 3—尘粒

旋风分离器内没有机械转动部件，其本身没有动力消耗，完全靠合理的结构设计来分离气流中的液滴或颗粒物，其结构尺寸与待处理气流的性质（流速、含尘量等）有关。合理的尺寸设计能够在倒锥体的底部形成合适的负压，既能使外旋气流转变为内旋气流，又能分离气流中的液滴或颗粒，使其沉降于集料管内。因此，集料管与料桶的连接处必须保持密封。

旋风分离器的结构简单、造价低廉、阻力小、性能稳定。广泛用于空气的净化、气力输送等工业领域。但旋风分离器并不能100%地分离气流中的液滴或颗粒，对10μm的粒子，旋风分离器的分离效率仅能达到60%~70%。

旋风分离器的结构与工作原理也可用于液体中固体物的分离，称为旋液分离器。

五、空气压缩设备

为了使空气能透过一定厚度的过滤介质，必须对空气施加一定的压力。压强差是空气过滤的推动力。常用的空气动力设备有鼓风机和压缩机。详见模块三相关内容。

六、空气贮罐

空气贮罐的作用是消除压缩机排出空气量的脉冲，维持稳定的空气压力，同时也可以利用重力沉降作用分离部分油雾。贮罐可以是立式的，也有卧式的。图7-12是常见的立式贮罐。多数情况下，贮罐是用在由往复式压缩机作空气动力源的情况下，设置在压缩机的后面。如果选用涡轮式压缩机或者鼓风机，通常不使用空气贮罐。

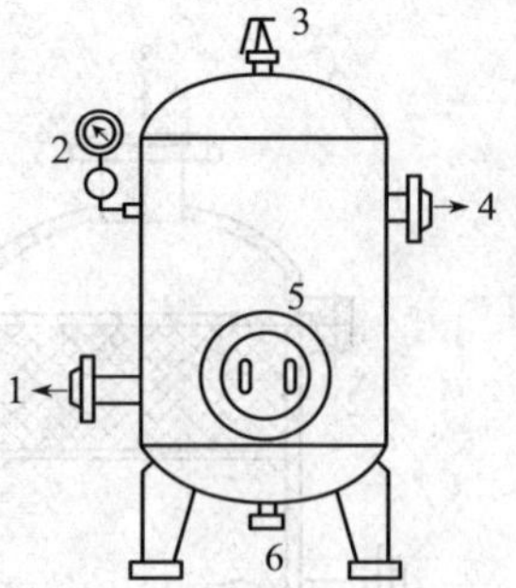

七、空气冷却器

空气冷却器用的换热器种类很多，常用的有立式列管式热交换器、沉浸式热交换器、喷淋式热交换器和板翅式热交换器等。由于空气的给热系数很低，一般只有420kJ/（m₂·h·℃），设计时应采用适当的措施来提高，否则就会大大增加传热面积。

图7-12 空气贮罐
1—进气口 2—压力表 3—安全阀
4—排气口 5—人孔 6—排污口

提高空气给热系数的最好方法是增加空气的流速。当选择列管式热交换器时，若水质条件许可（杂质少，不容易形成积垢），可设计成空气走壳程，采用多挡板的方式，增加壳程流动；若水质条件不允许，则可设计成空气走管程，采用多管程流动方式，提高空气流速。

项目三 空气介质过滤除菌流程

一、空气压缩冷却过滤流程

该流程如图7-13所示，这是比较简单的空气除菌流程，由压缩机、贮罐、空气冷却器和过滤器组成。只能适用于气候寒冷、相对湿度很低的地区。由于空气温度低，经压缩后的温度也不会升高很多，空气的湿含量小，能保证过滤设备的过滤除菌效率。

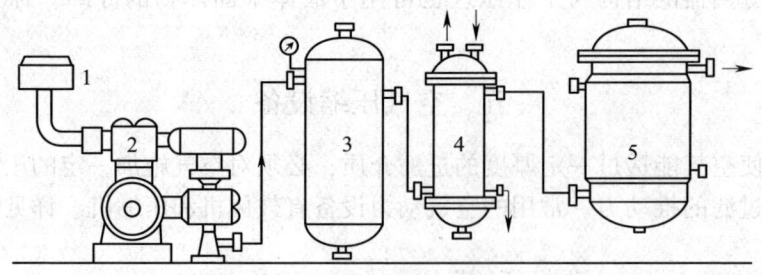

图7-13 空气压缩冷却过滤流程
1—粗过滤器 2—空压机 3—贮罐 4—冷却器 5—过滤器

二、两级冷却、分离、加热的空气除菌流程

如图 7-14 所示,这是一个比较完善的空气除菌流程。其特点:两次冷却、两次分离、适当加热。压缩空气经过第一级冷却后,大部分的水、油都已结成较大、浓度较高的雾粒,可用旋风分离器分离;第二级冷却使空气进一步析出较小的雾粒,可用丝网分离器分离。此时,空气的相对湿度还是 100%,再用加热器将空气的相对湿度降到 50%~60%。两次冷却、两次分离油水的主要优点是可节约冷却用水,油水分离比较完全,保证干过滤,减小了过滤器被污染的可能。

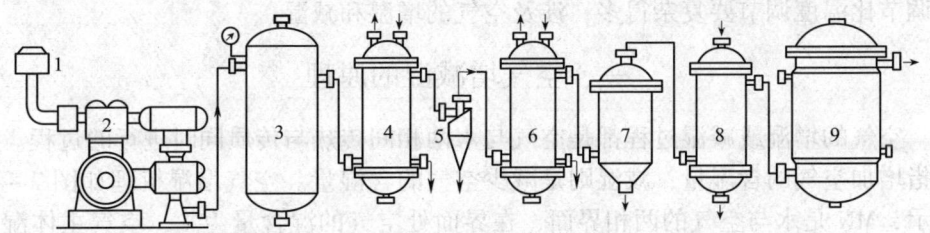

图 7-14 两级冷却、分离、加热空气除菌流程
1—粗过滤器 2—空压机 3—贮罐 4—一级冷却器 5—旋风分离器
6—二级冷却器 7—丝网分离器 8—加热器 9—过滤器

这种流程可适应各种气候条件,能充分地分离空气中含有的水分,使空气在较低的相对湿度下进入过滤器,以提高过滤效率。尤其适用于潮湿的地区,其他地区可根据当地的情况,对流程中的设备做适当的增减。

三、前置高效过滤除菌流程

这个流程是利用压缩机的抽吸作用,使空气先经过中、高效过滤后,进入空气压缩机,接着再经冷却、分离和主过滤器过滤后,空气的无菌程度更高。其流程如图 7-15 所示。经前置高效过滤器后,空气的无菌程度已达到 99.9%,这样就降低了主过滤器的负荷。前置高效过滤器的过滤介质多采用泡沫塑料(静电除菌)和超细纤维纸,串联使用。这种流程的特点:采用了高效率的前置过滤设备,使空气经过多次过滤,因而所得的空气无菌程度比较高。

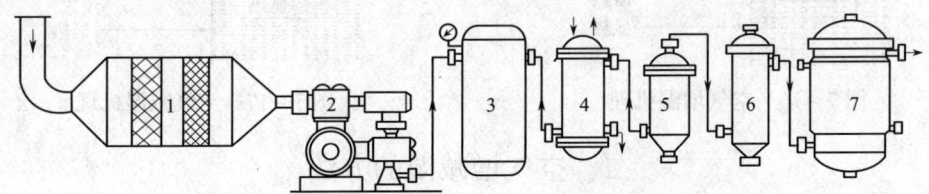

图 7-15 前置高效空气过滤除菌流程
1—高效过滤器 2—空压机 3—贮罐 4—冷却器
5—丝网分离器 6—加热器 7—过滤器

项目四　空气调节设备

生物工业生产对空气的要求，不仅具有一定的洁净度和压力，而且要求空气具有一定的温度和湿度，如通风固体曲的制备和麦芽的生产等，发酵车间、GMP厂房和包装车间均对室内空气的温度和湿度有较高要求。即空气在处理时，既要进行净化除菌操作，又要进行状态的调节。空气温度调节比较简单，只需要设置高效的加热或冷却设备，并保证换热面积，就可以控制适当的温度；而空气湿度的调节比温度调节要复杂得多，涉及空气的增湿和减湿。

一、空气增减湿的原理

空气的增湿或减湿过程都是空气与水两相间传热与传质同时进行的过程。增湿指增加空气的含湿量，减湿则是减少空气的含湿量。空气增湿机理如图7－16所示，MN是水与空气的两相界面，在界面处空气的湿含量为x_i，空气主体湿含量为x，界面处的温度为t_i，由于x_i大于x，故在湿含量差的作用下，空气不断增湿。与此同时也进行传热过程，由于空气的温度高于水的温度，借助对流给热，空气把热量传给水，放出显热而使自身温度降低，水吸收空气的显热而温度升高。由于水分汽化后又把潜热带到空气中，这部分热量的传递方向刚好与上述显热的传递方向相反，因此空气的增湿过程可近似看做等焓过程。另一部分显热则被水吸收，使水在空调中不断升温，所以空气调节中使用的水，应冷却后才能循环使用。

减湿过程与增湿相反，如图7－17所示。空气的湿含量x超过了界面处的空气湿含量x_i，水分扩散的方向与增湿相反，空气湿含量不断减少。空气中水分冷凝放出的潜热和空气降温的显热，通过对流传给水，使水温升高。

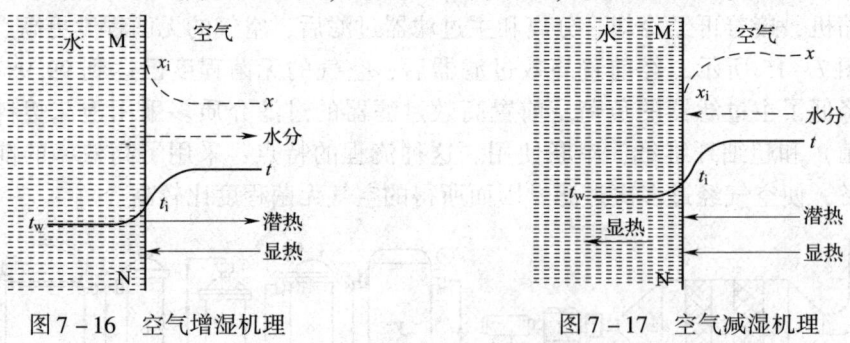

图7－16　空气增湿机理　　　　图7－17　空气减湿机理

二、空气增减湿的方法

1. 空气增湿的方法

（1）直接通入蒸汽　该方法常在空气初温较低时采用，按照计算将一定量的蒸汽直接加入空气中混合，使空气增湿。其结果是空气的湿含量提高了，温度也随之提高。实践表明，1kg 水蒸气足以使 100m³ 空气升温 10℃。这种方法难以使空气达到饱和，也不能使空气降温，故在空调中不能单独使用。

（2）喷水　水以雾状喷入不饱和的空气中，使其增湿。常用的方法是将大量的水喷洒于不饱和空气中，使部分水汽化后进入空气中，得到近乎饱和的湿空气，同时使空气降温。

（3）空气混合增湿　将待增湿的空气和高湿含量的空气混合而增湿。通过这种把两种不同状态的空气混合的方法，可以得到未饱和空气、饱和空气或过饱和空气。

这种利用两种不同状态的空气进行混合的过程，在各领域都有广泛的应用，如 GMP 药厂的回风、生物培养用风等。例如，在通风式发芽的空气调节时，将从麦层中出来的高含湿量空气的一部分循环，与补充的新鲜空气混合，再送入空调室内重新循环使用，循环的空气量可高达 80%~90%。采用循环通风法，即可降低空调的运转费用，又便于调节空气中的二氧化碳含量。

2. 空气减湿的方法

（1）喷淋低于该空气露点温度的冷水　要达到空气冷却减湿的目的，须向空气中喷洒温度比空气的露点还低的大量冷水，可使空气中水分冷凝析出，使空气减湿降温。减湿过程的潜热和显热流向都是由空气到水中，所以减湿空调设备常需要装设更多的喷嘴，以增加喷水量，强化传热和传质作用。

（2）使用热交换器把空气冷却至其露点温度以下　这样，原空气中的部分水汽可冷凝析出排掉，达到空气减湿目的。

（3）空气压缩冷却降温　将空气经压缩后，再冷却至初温，使其中水分部分凝集析出，使空气减湿。

（4）吸附除湿　用吸收或吸附方法，除掉空气中的水汽，使空气减湿。

（5）干燥空气降湿　向湿空气中通入干燥空气，使空气减湿。

三、空气调节设备

生物工程及制药行业中应用的空气调节设备，基本上都是大同小异的。空气动力一般采用鼓风机或压缩机，在风机的进风口处装设新鲜空气管道和循环风管道。风机排出的空气经过热交换器进行加热或冷却，使空气在进入喷淋室前，温度保持在一定数值上。经调温的空气再进行湿度的调节。湿度调节可用喷淋装置。空调室、空气加湿器等都是常用的增湿降温设备。

空调室是一类带有喷淋装置、可进行汽水混合的设施，常用的有立式和卧式两种。立式空调室如图 7-18 所示，在喷淋室的中间设有立式隔板，可

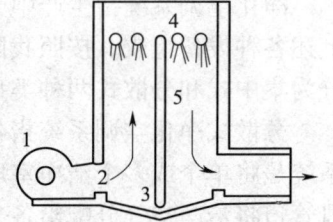

图 7-18　立式空调室
1—鼓风机　2—风道　3—泄水池
4—喷嘴　5—喷淋室

增加空气在喷淋室内的停留时间。喷淋时，汽水的运动方向分为两类：顺嘴和逆嘴。这种设备有结构紧凑、占地面积小的优点。缺点是生产能力小。

卧式空调室如图7-19所示，喷淋室装有若干排对喷的喷嘴，下方水池中设有溢流管和循环管。喷淋室的进口和出口均设有挡水板，既能保证空气均匀进入喷淋室，又可防止空气把喷淋水滴带出。喷淋水经冷却后可循环使用。

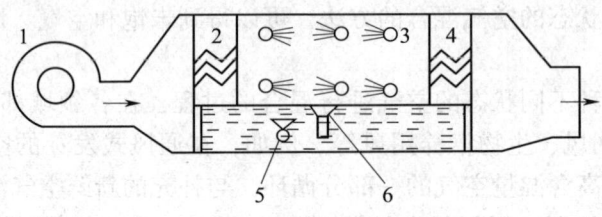

图7-19　卧式空调室
1—风机　2，4—挡水板　3—喷嘴　5—循环管　6—溢流口

空气加湿器也是经常使用的加湿设备。空气加湿器的种类很多，工业上常使用高压喷雾加湿器。这种加湿器由柱塞泵提供喷淋水的动力，经过滤器除去杂质、冷却器降低温度后经喷嘴喷出。通常，喷嘴安装在空气加湿容器的内壁上，其他部件则组装入机壳中，如图7-20所示。净化后的水经过增压后，由喷嘴高速喷出，形成细小的水雾，与空气流进行热交换，吸收空气中的热量后汽化，增加空气的湿度。

图7-20　空气加湿器
(1) 主机　(2) 喷嘴

项目五　净化空调系统

净化空调系统指生产中，为洁净区提供洁净空气的净化和调节设备系统，由上述各种设备组成。按照我国《洁净厂房设计规范》的要求，净化空调系统可分为集中式和分散式两种类型。

分散式净化空调系统指各个洁净室单独设置净化空调设备。集中式净化空调系统是将单个或多个洁净室所需的净化空调设备集中设置在同一间机房内，用通风管道将洁净空气分配给各个洁净室。集中式净化空调系统所采用的设备比较成熟，在管理和运行上也积累了较为丰富的经验，在食品、药品等生物工程领域中得到广泛应用。

一、净化空调的工艺流程

1. 工艺原则

按照 GMP 的要求，不同操作区域对洁净度的要求不同，因此空气净化达到的程度也不一样。通常，空气净化过程按照以下原则进行组合：

30 万级洁净度　　　　采用初效和中效二级过滤即可达到要求；
10 万级洁净度　　　　采用初效、中效和亚高效三级过滤系统；
100 级洁净度　　　　　采用初效、中效和高效三级过滤系统。

[课堂互动]

讨论　为什么要将高效过滤器安装在洁净区的入口处，而不是安装在空调箱中？

净化空调的一般流程是：新风经过初效空气过滤器过滤后与回风（循环风）混合，经过冷却、加热、加湿、除湿等一系列处理，再经过中效过滤器，最后经高效空气过滤器到达送风口，将一定洁净度的空气送入洁净区。

2. 中效空气净化工艺流程

30 万级和 10 万级洁净区的净化空调可采用以下工艺流程。

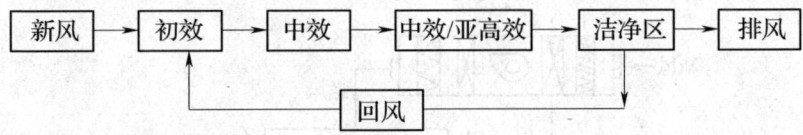

3. 高效空气净化工艺流程

1 万级和 100 级洁净区的净化空调系统可采用以下工艺流程。

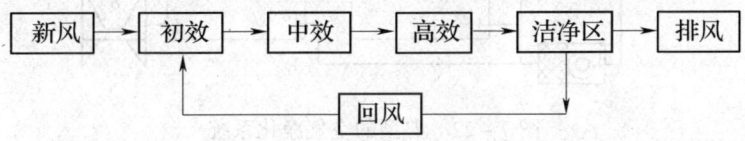

需要说明的是，在应用净化空调系统时，还常要考虑过滤器是否能达到标示的功能，否则可考虑增加一级过滤。如果在生产过程中不产生有害物质时，在保证新鲜空气量和保持洁净区正压的条件下，可尽量利用回风，以降低能源成本。

二、典型净化空调系统

1. 净化空调箱

净化空调箱又简称风柜。图 7-21 所示的是比较简单的风柜，由新回风混合、表冷挡水、蒸汽加热、风机、加湿、中效过滤和送风等功能段组成。依据洁净风量的大小和洁净风的要求，各个功能段可做相应的增减。

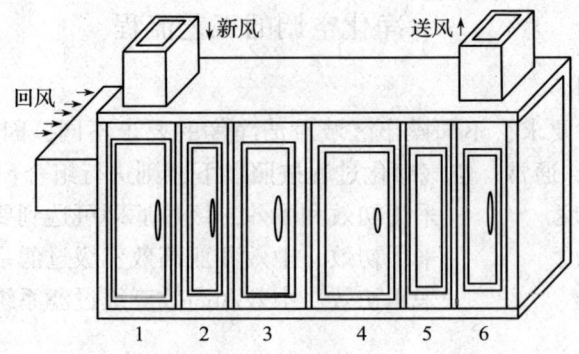

图7-21 净化空调箱
1—混合段 2—表冷段 3—加热段 4—风机段 5—加湿段 6—中效段

风柜具有密封性好、不漏风、占地面积小、成本低的优点，常用于中、小型洁净区的洁净风制备。

2. 净化空调系统

典型的净化空调包括空调箱、高效过滤器、新风管道、回风管道、排风机、洁净车间和排风除尘系统，如图7-22所示。

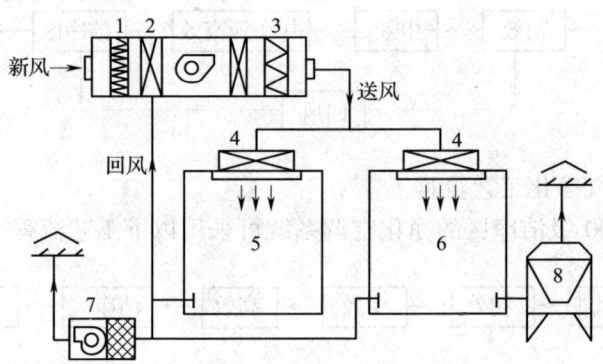

图7-22 典型的空气净化系统
1—初效段 2—混合段风道 3—中效段 4—高效过滤器 5—少尘车间
6—多尘车间 7—排风机 8—除尘器

在送风管道中设计有新风与回风管路。新风与回风在空调箱混合后，依次通过后续各工段。从中效过滤器出来的净化空气被输送到各洁净区的高效过滤器，经高效过滤后进入车间。从车间引出来的风可以再循环利用，称之为回风。并不是什么情况都可以用回风的，通常是将产生尘粒较少的洁净区排风作为回风再利用，往往按一定比例与新风混合，这样可以有效节约能源，降低生产成本；对于多尘车间的排风，则不能利用其回风，而是经除尘处理后排放，称为放空。

项目六　净化空调系统的操作与维护

不同的净化空调系统有不同的操作。这里，仅简略介绍常见的工业净化空调系统的一般性操作。

一、净化空调系统操作规程

1. 开机前准备

开机前，做好设备卫生和机房卫生，打开出风，关闭回风和新风。需要逐一检查的项目包括传动皮带松紧度、润滑油量、各种流体管和阀门连接密封性、温度计和压力表的指示准确度等，以及初效、中效等过滤器是否完好，确定框架连接处有无松动、空调器上所有门是否关闭和牢固等。

2. 开机运行

（1）挂上设备运行标志，合上配电柜电源，启动空调器风机，运行达到全速无异常后，慢慢开启回风，开启度为50%，再开启新风到确定的位置后锁定；观察电流，再慢慢开启回风，直至稳定在额定值即可。

（2）通入冷水降温　先开启低温水进口，启动水泵后再开启低温水出口，压力控制在0.1MPa。

（3）通入蒸汽升温　开启蒸汽疏水器的旁路，再慢慢开启蒸汽，压力控制在0.02MPa，待蒸汽管内凝结水排干净后，关闭旁路，再继续慢慢开启蒸汽至压力0.2MPa。

（4）空调系统调整正常后，再开启洁净区内的排气风机。

3. 停止运行

首先停止洁净区排风风机，关闭低温水（蒸汽）泵，关闭风机，关闭回风和新风，填写好记录，挂好设备停止标志和完好标志。

二、净化空调系统清洁规程

1. 清洁频次

一般来说，新风过滤网、回风过滤网需每个月清洗一次，初效过滤器每两个月清洁一次，中效过滤器每四个月清洁一次，亚高效过滤器和高效过滤器待检测不合格时应立即更换。

2. 清洁方法

初、中效过滤器用清水和洗涤剂反复挤压洗涤，再用清水漂洗至水不浑浊、无泡沫后，自然晾干或甩干后备用。亚高效过滤器和高效过滤器不需要清洁，直接更换。

三、净化空调系统的维护保养规程

1. 检查

每次运行过程中及运行完毕后，都应检查初、中效过滤器与框架的连接是否松动，是否被尘埃堵塞，风机与电机间的传动皮带是否松动或过紧，风机轴承润滑油是否加满，空调箱内的接水盘出水孔是否畅通，表冷器、加热器的管道接头和法兰是否有漏水、漏气等，如检查到上述情况，应及时对有故障的设备进行检修，使设备处于完好状态，满足生产需要。

2. 轴承维护

每年应定期检查风机和电机轴承1次，每3个月加润滑脂1次。

[技能要点]

本模块介绍了利用生物反应制备各种产品时，洁净区空气环境和洁净用风的调节与制备的单元操作机理与设备。学习本章时，要树立GMP观念，即生物反应和食品、药品的生产必须在除去了空气中的微生物和尘埃之后的洁净环境中进行。介质过滤除菌是工业生产中常用的空气净化方法。空气净化要分级进行，不同效级的过滤器，使用的过滤介质也各不相同。常用的过滤介质有棉花、活性炭、玻璃纤维、超细纤维纸、化学纤维等。

在多数生产情况中，空气的净化和调节是同时需要、同步完成的。空气的调节就是空气湿度的调节，通过增湿或减湿来使得洁净区内的空气保持合适的湿度。空气湿度的调节和温度的调节往往是紧密相关的，升温和降温都可以调节空气的湿度，学习时应注意相关条件的变化。

完整的洁净空气净化空调系统应该包括空气净化和空气调节两大部分，涉及空气温度、压强和湿度的变化，应从传热、传质的角度去理解净化过程中空气性质参数的变化，掌握净化空调系统中的主要设备和常见的工艺流程。

[思考与练习]

1. 名词解释

介质过滤除菌，绝对过滤，相对湿度，湿球温度

2. 填空题

（1）介质过滤除菌是通过纤维介质对微粒产生＿＿＿＿＿、＿＿＿＿＿、布朗扩散、重力沉降和静电引力等作用将微生物截留。

（2）空气的增湿或减湿是空气与水两相间＿＿＿＿＿与＿＿＿＿＿同时进行的过程。

（3）按照过滤去除颗粒的大小、多少，可以将空气的过滤净化分成由低到高的四个级别，依次是：＿＿＿＿＿、＿＿＿＿＿、＿＿＿＿＿和＿＿＿＿＿。

3. 选择题
(1) 空气中微生物的存在状态是（　　）。
A 附着在颗粒上　　B 自由漂浮　　C 生长旺盛　　D 都无法繁殖
(2) 以下常用作高效空气过滤器的过滤介质是（　　）
A 超细玻璃纤维　　B 金属丝网　　C 微小瓷环　　D 泡沫塑料
(3) 空气过滤净化流程中常用来分离气体中液滴和雾滴的设备是（　　）。
A 袋式过滤器　　B 静电除尘器　　C 旋风除尘器　　D 管式过滤器

4. 简答题
(1) 简述广东沿海地区的空气除菌流程及特点。
(2) 粗滤器的作用及要求是什么？
(3) 空气贮罐在过滤流程中起到的作用是什么？
(4) 静电除菌的原理是什么？
(5) 空气减湿方法有哪几种？

模块八　固体物料的输送及预处理

学习目标

[学习要求]　了解固体物料的输送、混合设备的结构特征、工作原理和使用范围；熟悉固体物料粉碎、筛分、混合、溶解、乳化的工艺原理和操作流程，掌握固体物料粉碎、筛选、混合及溶解、乳化设备的结构特征。

[能力要求]　熟悉固体物料的输送、粉碎、混合、溶解及乳化设备的操作方法，学会其日常操作与维护技术。

项目一　固体物料的输送

在生物工业生产中，固体物料常常要在各生产工序、车间之间输送传递。有垂直或倾斜向上的输送，有水平或小坡度的运送，也有垂直或倾斜向下的放送，这些都依赖不同的输送设备来实现。

生产中物料的输送方式主要有两种：一种是利用机械运动输送物料，称为机械输送，如带式输送机、斗式提升机和螺旋输送机；另一种是借助风力输送物料，称为气力输送。通常是根据地形、输送距离、输送高度、物料性状、输送量、输送要求以及操作的环境条件来选择合适的输送方式。

一、带式输送机

带式输送机是连续输送机中效率最高、使用最普遍的一种机型，可用来输送松散的干湿物料，如谷物颗粒、麸曲、麦芽等，及块状物品、成件制品等。物料的输送方向主要是水平或斜向上提升，其向上的倾角受物料和输送带的物理性质、两者间的摩擦以及物料的自然滑落程度所限制，一般不大于22°。按照结构不同，带式输送机可分为固定式、搬移式和运动式，工厂中常采用固定式（图8-1），其主要结构如下。

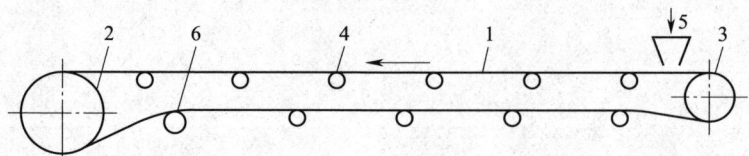

图8-1　带式输送机

1—输送带　2—主动轮　3—从动轮　4—托辊　5—加料斗　6—张紧装置

(1) 输送带 由一根封闭的环形输送带（通常为皮带）组成，绕在相距一定距离的2个鼓轮上。输送带既是承载构件，又是牵引构件，要求强度高、质量轻，相对柔软、耐磨。常用的有橡胶带、塑料带、钢带等几种。多层橡胶带最为普遍，由若干层帆布组成，各层之间用橡胶胶合，层数越多，带宽越大，承受拉力也越大。

(2) 托辊 有若干个，起支撑作用，分上托辊和下托辊两种，上托辊有直形和槽形，下托辊只有直形一种。主要起支撑作用，防止承载物料的输送带下垂。上托辊的数量比下托辊多一些。

(3) 鼓轮 铸造或焊接的鼓形空心轮，一个是主动轮，另一个是从动轮。主动轮与电机相连，带动输送带运行，常设置在卸料端；在从动轮附近设置加料斗，物料靠摩擦力被输送带输送到另一端或规定位置处，卸料。为增加主动轮和输送带间的摩擦力，鼓轮表面用橡胶、皮革或木条包裹。

(4) 传动装置和张紧装置 传动装置包括电动机和减速器，安装于主动轮一侧。张紧装置安装于从动轮一侧，可以调节输送带的松紧，给输送带一定的张力，防止其在鼓轮上打滑。

(5) 加料装置和卸料装置 加料装置有漏斗式与螺旋式两种，漏斗式加料器的上下口均为矩形，出口应不超过带宽的0.7倍。卸料时，物料可从输送带末端自由落下，不需要卸料装置；也可以在中途用挡板卸料，挡板与输送带纵向中心线的斜角通常取30°~45°。

带式输送机的优点是结构简单，工作可靠，输送能力大，动力消耗低，适应性广。不足之处是若改变运送方向时，需多台机联合使用。

二、斗式提升机

斗式提升机能以垂直或较大的倾斜角度将物料连续地由低处提升到高处，所输送的物料为粉末状、颗粒状和块状，如谷物颗粒、粉状物料、植物茎秆等。其结构如图8-2所示。

(1) 牵引带 常见的有橡胶带和钢质链条两种，后者具有较强的牵引力，适用于较大高度和较重物料的输送。

(2) 鼓轮 主动轮与减速器、电动机相连，常安装于提升机顶部，下部为从动轮，装有张紧装置，又称为张紧轮。

(3) 料斗 常用薄钢板制成，固定于牵引带上，可自由翻转。工作时，由牵引带带动运行，在提升机下部，料斗口向上，物料加入；随牵引件提

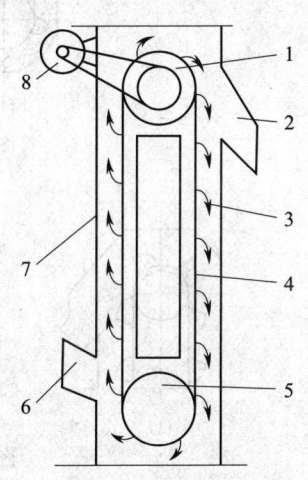

图8-2 斗式提升机
1—主动轮 2—卸料口
3—料斗 4—输料带 5—从动轮
6—进料口 7—外壳 8—电动机

升至顶部后，绕过主动轮，料斗翻转向下，物料经卸料口流出。料斗分为深斗、浅斗和尖角形斗（图8-3）：浅斗宽浅，易卸料，可用于较湿和较黏物料的输送；深斗装料多，难卸料，适用于干燥、易撒落的物料输送。为便于卸料，深斗和浅斗的垂直安装间距一般为2.3~3倍斗深。尖角形斗不设安装间隔，可侧壁相接形成导槽，使物料顺槽而下。

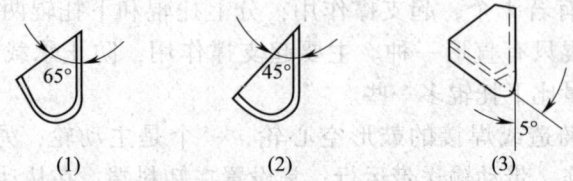

图8-3　料斗形状
(1) 深斗　(2) 浅斗　(3) 尖角形斗

（4）装料和卸料　装料方法有掏取式和喂入式（图8-4），卸料可分重力式和离心式（图8-5）两种，其中重力式又依结构不同分为导轮式和导槽式。掏取式是将物料加入底部机壳里，由料斗在运动中掏取提升，料斗速度较高，适用于磨损性小的松散物料，可与离心式或重力式卸料法相配合；喂入式是把物料直接加入到运动的料斗中，料斗宜低速运行，适用于大块和磨损性大的物料，可与导槽式卸料法相配合。

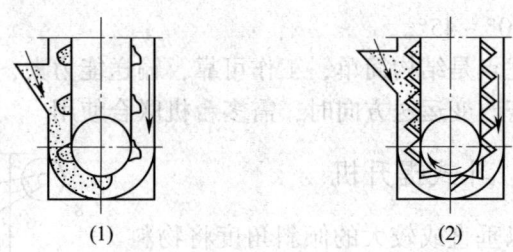

图8-4　斗式提升机的装料方式
(1) 掏取式　(2) 喂入式

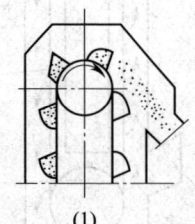 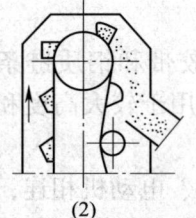 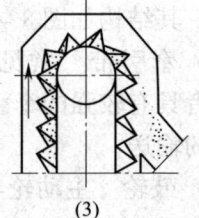

图8-5　斗式提升机的卸料方式
(1) 离心式　(2) 导轮式　(3) 导槽式

[课堂互动]
想一想　大型商场里的自动扶梯与观光电梯在原理上有什么不同？所谓自动化工厂中的流水线使用的是何种传送原理？

当料斗运行至上鼓轮并翻转时,斗内的物料同时受到重力和离心力的作用。因此,鼓轮的转速非常重要。转速不合适时,物料可能因离心力较大而被抛落于提升机上段的机壳内,或者未到卸料槽口即被抛落,不会落入卸料槽口。离心卸料时,料斗的线速度一般为 1~2m/s,斗与斗之间要有足够的距离,以免物料甩出时被前一斗阻挡,此法适用于干燥松散且磨损小的物料;当料斗运行速度较慢(一般为 0.5~0.8m/s)时,料斗翻转后,物料靠自重卸出,即重力式卸料法,适用于黏度较大或较重、不易甩出的物料。重力式卸料又可分为导轮式和导槽式两种。一般来说,运送碎物料时鼓轮线速度不超过 1.2m/s;运送小块物料时不超过 0.9m/s;运送大块而坚硬的物料时大约 0.3m/s。

斗式提升机的优点是占地少,物料提升高度大(可达 30~50m),生产能力大(50~160m³/h),但动力消耗较大,扬尘较多,因此,常用机壳将机械运行部件罩住,在适当位置留有观察口。

三、螺旋输送机

螺旋输送机结构如图 8-6 所示,旋转的螺旋、料槽、传动装置和外壳构成其主要结构。当轴旋转时,螺旋推动物料以滑动形式沿料槽移动。螺旋由转轴和叶片构成,其螺距一般为螺旋直径的 0.5~1.0 倍,而叶片则有全叶式、带式、叶片式和成型叶几种型式(图 8-7)。全叶式螺旋结构简单,推力和输送量较大,效率高,适用于松散物料和水分偏大物料的输送;带式螺旋适宜输送黏稠物料;叶片式和成型叶螺旋可以在输送物料的同时,对物料进行搅拌、揉捏及混合。料槽有圆形和半圆形两种,料槽一端的上方设有漏斗式进料口,另一端的底部设有卸料口。

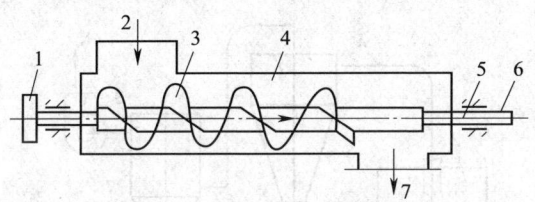

图 8-6 螺旋输送机示意图
1—皮带轮 2—进料 3—螺旋 4—外壳 5—轴承 6—轴 7—出料

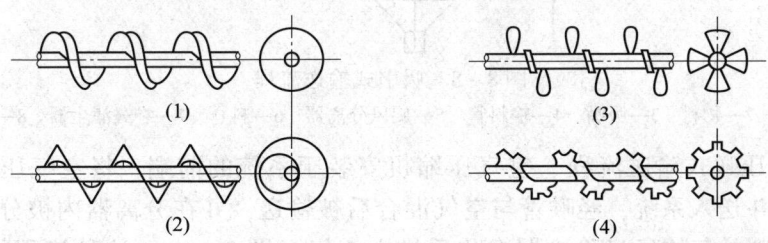

图 8-7 螺旋结构
(1) 全叶式 (2) 带式 (3) 叶片式 (4) 成型叶

当轴旋转时,螺旋推动物料以滑动形式沿料槽移动。螺旋转速不快,一般为50~80r/min。螺旋与料槽之间保持有一定的间隙,不同型号的设备,间隙的大小不同,一般比物料直径稍大5~15mm。间隙小,阻力大;间隙大,则运输效率低。

螺旋输送机的结构简单、紧凑、外形小,便于进行密封及中间卸料,可用于输送松散的粉状或小颗粒物料,也可输送黏稠物料,能同时起到输送物料、混合物料和加料的作用。由于螺旋输送机的输送推力全靠摩擦,因而能耗较大,常用于短距离水平输送,或是倾角小于20°的倾斜输送。

四、气流输送系统

气流输送又称为风力输送,是借助沿管道强烈流动的空气流,输送悬浮于其中的物料。因此,必须有足够的气流速度,但过大的气流速度也会带来较大的输送阻力和磨损。这种方法的优点是设备简单,占地少,费用少,输送能力和输送距离的可调性大,易于管理和自动化;缺点是动力消耗大,不适于输送潮湿和黏滞的物料。

1. 气流输送系统流程

按输送气流的压力和设备组合的不同,气流输送系统可分为吸引式、压送式和混合式三种流程。

(1) 吸引式输送流程 又称为真空输送(图8-8)。放置在系统末端的离心式引风机使系统内形成负压,通过吸嘴将气流和物料吸入输料管进行输送;在卸料端,用旋风分离器将物料分离,剩下的含有细小物料和尘埃的空气经袋式滤尘器净化后排入大气。因系统呈负压状态,输送中的尘粉不会外泄,可保持操作环境的清洁。

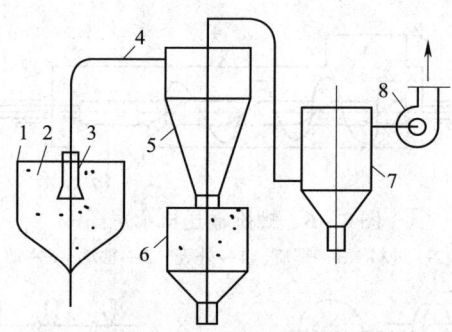

图8-8 吸引式输送流程

1—料斗 2—物料 3—吸嘴 4—输料管 5—旋风分离器 6—料仓 7—袋式滤尘器 8—引风机

(2) 压送式输送流程 空气压缩机安装于系统的前端,将空气压入系统,物料由料斗送入系统,经喉管与空气混合后被输送,并在分离器内被分离出来,分离出物料的气体经过除尘器净化后排入大气(图8-9)。这种流程的输送强度、输送距离和高度均较大,还可输送潮湿物料。

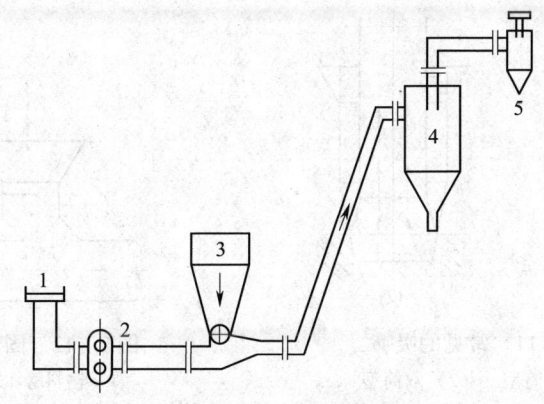

图8-9 压送式输送流程
1—空气粗滤机 2—鼓风机 3—料斗 4—分离器 5—除尘器

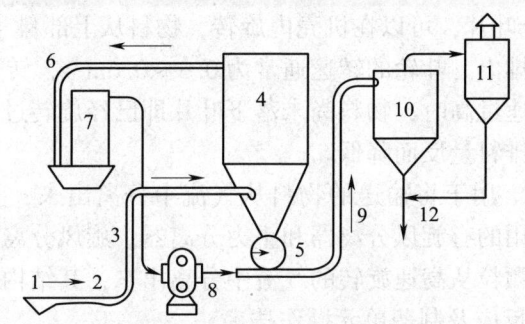

图8-10 压力真空输送流程
1—吸嘴 2—软管 3—吸入侧固定管 4—分离器 5—旋转卸（加）料器 6—吸出风管
7—过滤器 8—风机 9—压出侧固定管 10—压出侧分离器 11—二次分离器 12—排料口

（3）混合式输送流程 这种流程将吸引式与压送式结合起来，如图8-10所示压力真空输送流程，风机被装在系统中间。在前半程，系统内呈负压，吸入物料，为吸引式；在后半程，依靠风机产生的正压气流来输送物料，为压送式。该流程可以从数个位置吸入物料并压送至较远、较高的距离。缺点是系统结构复杂，风机的工作环境较差，分离出来的空气含粉尘较多。

2. 气流输送的主要配套设备

（1）进料装置 吸嘴是气流输送系统的主要进料装置，常用的吸嘴有单筒型、双筒型（图8-11）和固定式（图8-12）。

单筒型吸嘴的管口附近设有二次空气入口，工作时，吸嘴插入物料内的适当深度，空气口留在外侧，使空气和物料同时被吸入；双筒型吸嘴由内筒和外筒组成，内筒吸取物料，管口呈喇叭形，外筒可上下滑动，外筒和内筒的环隙是二次空气的通道，这种设计可有效防止物料的堵塞，使进气量、气流速度和进料量维持平衡，提高工作效率；固定式吸嘴设计成漏斗状，物料通过料斗被吸入至输料管中，料斗上设有滑板，可改变料斗口的大小，调节进料量。

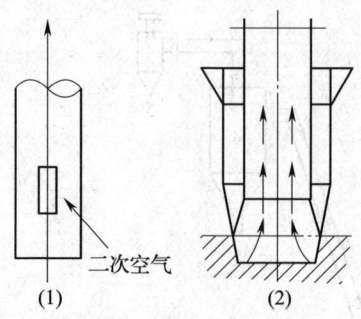
图8-11 常见的吸嘴
(1) 单筒型 (2) 双筒型

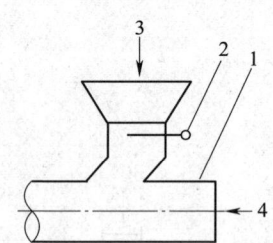
图8-12 固定式吸嘴
1—输料管 2—滑板
3—物料 4—空气

星形加料器既可以用于加料，也可以用于卸料，其结构如图8-13所示，叶轮转子上有6~8个叶片，可以在机壳内旋转，物料从上部料斗落入到叶片之间，随叶片旋转至下端排出。叶轮的转速通常为0.3~0.6m/s，转速较低时，转速与排料量成正比；转速过高时，物料尚未落下叶片即已经旋转过去，或是已落入的又被甩出来，所以排料量反而降低。

(2) 分离装置 用于将输送的物料从气流中分离出来，其实质是气体中固体颗粒的分离。常用的有旋风分离器和重力分离器。旋风分离器利用离心沉降原理，使固体的物料颗粒从高速旋转的气流中分离出来，其结构与工作原理详见本书的姊妹篇《生物反应及制药单元操作技术》。

重力分离器是利用重力沉降作用，使物料颗粒从降速的气流中分离出来，其原理与环保废气处理中的降尘室相同，有多种结构形式。图8-14是一种带有筛筒的重力分离器，携带悬浮物料的气流由分离器的圆锥形下部进入后，由于气流空间的增大，气速大大降低，物料因重力而沉降，筛筒进一步将固体颗粒物料截留，物料由圆锥形的底部排除，分离了物料的气体则由圆筒形的上部排出。

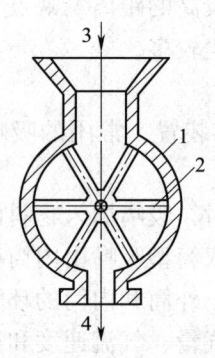
图8-13 星形加料器
1—外壳 2—叶片 3—进料 4—出料

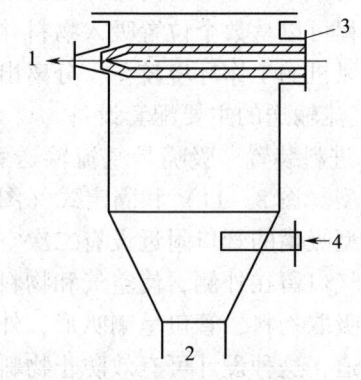
图8-14 重力分离器
1—气流出口 2—物料出口 3—筛筒 4—物料

（3）空气除尘装置　常用的除尘装置有旋风分离器、袋式滤尘器和湿式除尘器（图8-15）等，详见本书的姊妹篇《生物反应及制药单元操作技术》的有关内容。旋风分离器对分离的固体颗粒大小和气流速度都有一定要求，一般的气流速度要求在12～25m/s以上，不适用于粒径10μm以下的颗粒分离；袋式滤尘器通过更换滤袋，可以达到比较精细的除尘分离；湿式除尘器也称洗涤式除尘器，不同于前面提到的水雾洗涤除尘装置，而是利用水来捕集气流中的粉尘颗粒，伞形孔板通过鼓泡强化了洗涤效果，粉尘留在水中，净化后的气体由顶部排出。

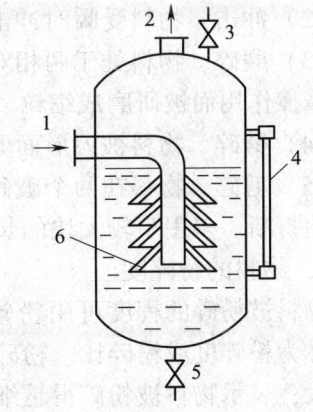

图8-15　湿式除尘器
1—含尘气体　2—净化气体　3—进水口
4—液位计　5—排污口　6—伞形孔板

项目二　固体物料的粉碎

一、粉碎的基本原理

在生产中，为了使生物和化学等反应过程得以充分进行，往往需要将原料进行粉碎。其粉碎的结果会间接影响到下一工序如蒸煮、浸出、水解（酸解或曲解）和发酵等单元反应过程。工业生产中，固体物料的粉碎可分为湿法粉碎和干法粉碎两种。

1. 物料粉碎的力学分析

粉碎机械有多种类型，其工作原理主要有以下几种方式（图8-16）。

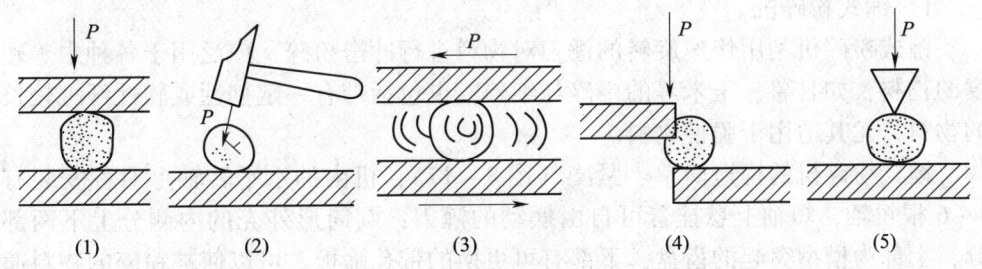

图8-16　物料粉碎受力图
(1) 挤压　(2) 冲击　(3) 磨碎　(4) 劈碎　(5) 剪碎

（1）挤压　固体原料放在两挤压面之间，当两个面施加的挤压力达到一定值后物料即被粉碎。大块物料往往先以这种方式破碎。

(2) 冲击 物料受瞬时冲击力而被粉碎,特别适用于脆性物料的破碎。

(3) 磨碎 物料处于两相对运动的硬质材料平面或各种形状的研磨体之间,受到摩擦作用而被研磨成细粒。这种方式多用于小块物料的细磨。

(4) 劈碎 物料被刀形面劈开而破碎。

(5) 剪碎 物料在两个破碎工作面间,除了在外力作用点受劈力外,还发生弯曲折断。多用于较大块的长、薄、硬或脆性物料的粉碎。

2. 物料的粉碎度

物料被粉碎的程度可用粉碎度来表述,常用粉碎前后的平均粒径之比来表示,称为粉碎度或粉碎比。粉碎比表示粉碎操作中物料粒度变小的比例。粉碎比值越大,表示物料被粉碎得越细小。总粉碎比代表经过几道粉碎步骤后的总结果(表8-1)。

表8-1   固体物料的粉碎级别

级别	原料粒度	成品粒度
粗粉碎	40~1500mm	5~50mm
中、细粉碎	5~50mm	0.1~5mm
微粉碎	5~10mm	<100μm
超微粉碎	0.5~5mm	<10~25μm

对于粉碎设备来说,无论使用哪种粉碎作用力,原料性质如何及所需粉碎度怎样,都应有如下基本要求:粉碎后的物料颗粒大小均匀;能立即排除已粉碎的物料;操作自动化程度好;易磨损部件容易更换;产生的粉尘少;有保险装置,能在操作发生障碍时自动停车;单位产品的能耗量小。

二、粉 碎 机 械

1. 锤式粉碎机

锤式粉碎机利用快速旋转的锤刀对物料进行冲击粉碎,广泛用于各种中等硬度的物料,如甘薯、玉米等的中碎与细碎,也包括带有一定韧性或软性纤维较长的物料,尤其适用于脆性物料。

锤式粉碎机的构造简单、紧凑(图8-17),机内的水平转轴上对称安装有4~6根短轴,短轴上悬挂着可自由摆动的锤刀;圆筒形外壳的内侧分上下两部分,上部为槽型突起的齿盘,下部有可更换的带孔筛板,可以使被粉碎的物料通过,排出粉碎机。

常用的锤刀有矩形、带角矩形和斧形(图8-18)。锤刀末端的圆周速度越高,冲击力就越大,产品粒度就越小。锤刀多采用耐磨的高碳钢和锰钢材料制作,粉碎一般原料时,多用矩形和带角矩形的锤刀,粉碎韧性较大的原料时,采用斧形锤刀较适宜。

模块八 固体物料的输送及预处理

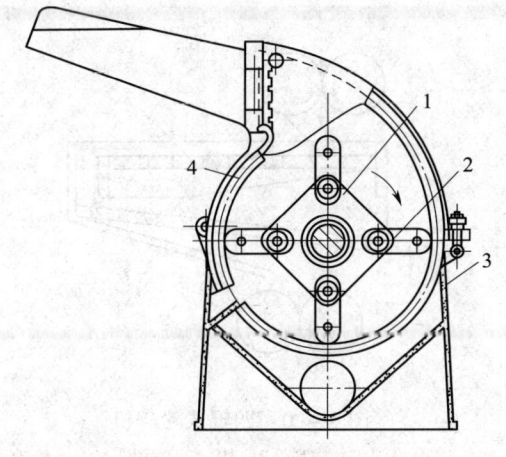

图 8-17 锤式粉碎机
1—转子 2—锤刀 3—机壳 4—齿盘

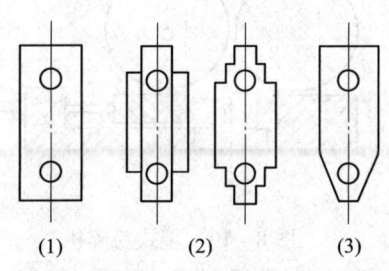

图 8-18 锤刀形状
(1) 矩形 (2) 带角矩形 (3) 斧

工作时，物料从上方的料斗加入机壳内，在悬空状态下就被高速旋转的锤刀所冲击破碎，小于多孔筛板孔径的细小颗粒落入出料口，较大的颗粒则继续在锤刀带动下旋转，被抛至齿盘上，再次被击碎。物料在机内还同时受到挤压和研磨作用，如此反复直至将物料粉碎到所要求的规格。锤式粉碎机的物料适应性强，粉碎度大（粗粉碎细粉碎皆可），生产能力高，运转可靠，但机械磨损较大，物料含水量过高时易堵塞。

2. 辊式粉碎机

辊式粉碎机广泛用于颗粒状物料的中碎和细碎，如麦芽汁的制备，其结构原理见图 8-19：两个直径相同，相向旋转平行的圆柱形辊构成主体结构；表面光滑，称为光辊，表面有齿、凸棱或凹槽的称为丝辊。工作时，物料由料斗加入到两个转动的辊之间，在两辊的间隙中受到挤压而被粉碎。一个辊的位置是固定的，另一个的位置可由压缩弹簧来调节，可以通过改变两辊的间距来控制粉碎粒度。两辊的转速可以相同或不同，以提高剪切力，增加破碎度。

常用的辊式粉碎机有两辊式、四辊式、五辊式和六辊式。

四辊式粉碎机如图 8-20 所示，物料先经第一对辊粉碎，经筛网筛分出细粉，排出皮壳，留下的颗粒再进入第二对辊，粉碎成细粒；五辊式粉碎机（图 8-21）的前三辊为光辊，后两辊为丝辊，在前三辊之间有一个筛网，物料经过前三辊的两次挤压和筛分后，筛分皮壳和细粉，剩下的颗粒再经后面一对辊的挤压，研磨成细粒；六辊式粉碎机（图 8-22）的前两对为光辊，主要是挤压粉碎，后一对为丝辊，可将筛出的颗粒粉碎成细粒。这种多辊式粉碎可以使得原料的皮壳不至粉碎得太细而影响后序的操作。如啤酒厂在制备麦芽汁时，用这种粉碎方式，有利于糖化时营养物质的充分浸出。

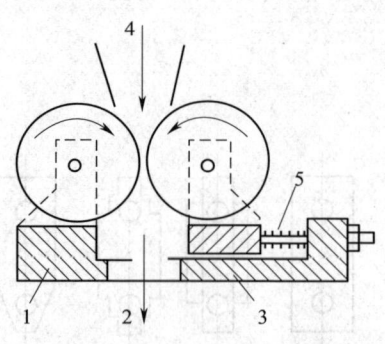

图 8-19　辊式粉碎机
1—机架　2—出料　3—活动轴承
4—进料　5—压缩弹簧

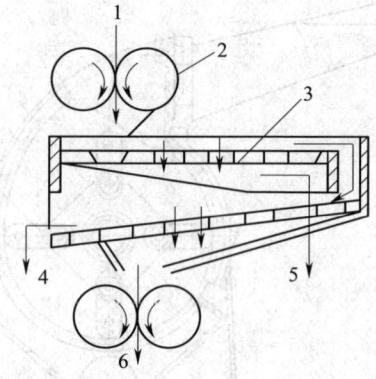

图 8-20　四辊式粉碎机
1—物料　2—辊　3—筛网
4—皮壳　5—细粉　6—细粒

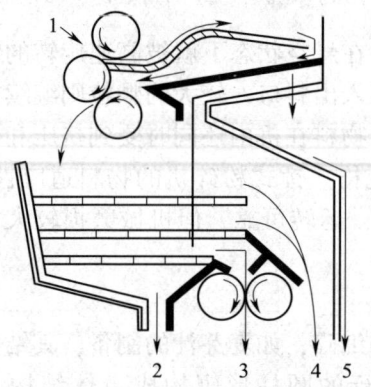

图 8-21　五辊式粉碎机
1—物料　2—细粉　3—细粒　4，5—皮壳

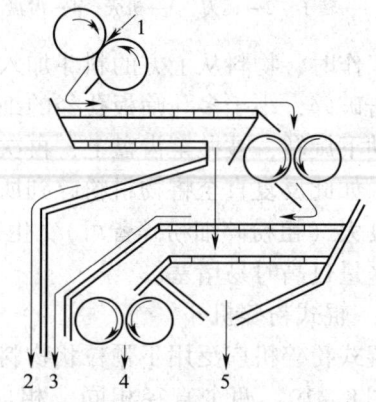

图 8-22　六辊式粉碎机
1—物料　2，5—细粉　3—皮壳　4—细粒

3. 圆盘钢磨

圆盘钢磨构造原理如图 8-23 所示，有单转盘和双转盘两种，多用于粮食加工。

单转盘钢磨机由两个带沟纹的圆盘组成：一个和轴一起转动，称为动磨盘；另一个固定在外壳上，称为静磨盘。两圆盘的缝隙可调，以控制粉碎粒度。物料由料斗进入两圆盘的中心，随着动磨盘的转动，因离心力的作用，物料由 2 个圆盘缝隙中向外甩出，在圆盘沟槽的研磨和剪切下被粉碎。双转盘磨盘机的两只转盘可以同时旋转，方向相反，所产生的剪切力比单转盘更大，效率更高。

4. 球磨机

如图 8-24 所示，球磨机由一个圆形筒体组成，筒体两端的轴与电机相连，可使筒体在电机带动下绕轴旋转。筒体内装有研磨体（一般为钢球，也有用钢柱、钢棒或卵石的）。筒体旋转时，装填于其中的物料与研磨体在摩擦力和离心

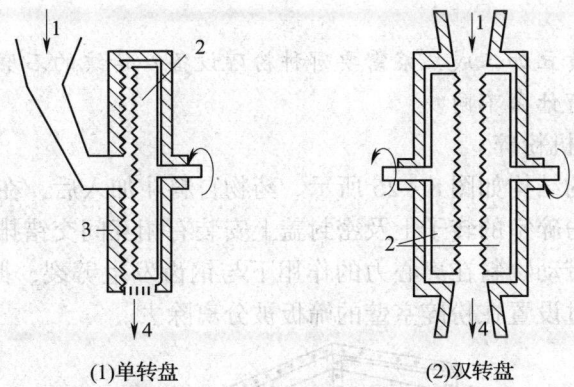

(1)单转盘　　　　　　　(2)双转盘

图 8-23　圆盘钢磨工作原理图

1—物料输入　2—动磨盘　3—静磨盘　4—粉粒输出

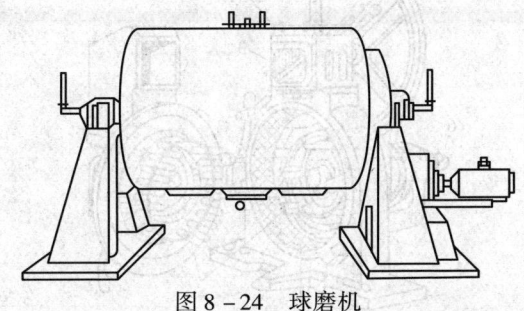

图 8-24　球磨机

力作用下,贴在筒体内壁上与筒体一起旋转。在旋转中,研磨体同时也发生自由抛落现象,对筒内物料进行冲击、研磨和挤压,使物料逐渐被粉碎。当达到粉碎要求后,筒内物料被排出。

筒内研磨体的装填量、尺寸大小及筒体转速之间的配合直接影响球磨机的操作质量。研磨体装填量越少、筒体转速越大(在极限转速范围内),则研磨体之间的滑动也越小,对物料的研磨作用也较小;研磨体量大时,靠近筒体断面中心部分的研磨体不足以形成抛落运动,易产生相对的滑移,对物料的研磨作用较大(图 8-25)。所以,在物料粒度较大时,应选用较大尺寸的研磨体,装填量少些,以加强冲力作用;反之,应选用较小尺寸的研磨体,装填量多些,有利于小粒物料的研磨。

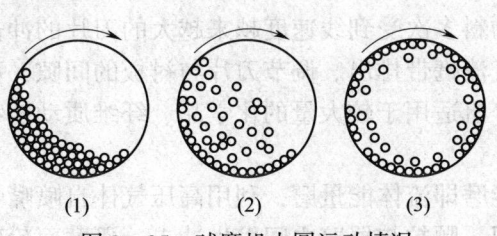

图 8-25　球磨机内圆运动情况

(1) 转速过慢　　(2) 转速适中　　(3) 转速过快

[课堂互动]

想一想 将黄豆加工成豆浆需要哪种粉碎设备？传统的石磨和市面上的豆浆机在结构原理上有什么不同？

5. 万能粉碎机粉碎

万能粉碎机的结构如图8-26所示。药物自料斗加入后，在抖动装置的作用下进入粉碎室。粉碎室的转子上及密封盖上安装有相互间交错排列的钢齿，转子可以高速旋转，带动物料在离心力的作用下与钢齿发生劈裂、撕裂与研磨作用。粉碎后的物料通过设置在粉碎室壁的筛板被分离除去。

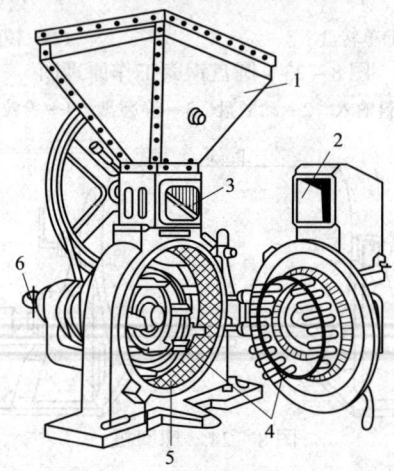

图8-26 万能粉碎粉机结构
1—料斗 2—入料 3—抖动装置 4—钢齿 5—筛板 6—水平轴

万能粉碎机可以制备各种粉碎度，粉碎与筛分的过程同时进行，适用于脆性、韧性物料及各种不同规格要求的粉碎。因粉碎过程中会发热，故不适用于大量含挥发性成分或者黏性的物料。

6. 轴流撞击式粉碎机

轴流撞击式粉碎机又称冲击式粉碎机，与锤击式粉碎机的原理相同，但结构（图8-27）不同：在水平轴上固定有5组刀片，按照进料方向，4组矩形刀片（正刀片，直径逐渐增大）在前，1组梯形刀片（斜刀片）在后，每组刀片之间均有圆形挡盘，水平轴的后端装有风轮。当水平轴高速旋转时，风轮将物料和空气同时吸入机内，物料多次受到线速度越来越大的刀片的冲击、剪切和撞击作用而被粉碎，最后被气流携带排出。调节刀片与衬板的间隙，可以改变粉碎粒度。

轴流撞击式粉碎机适用于较大量的化学品、纤维质动植物材料等的粉碎。

7. 流能磨

顾名思义，流能磨即流体能量磨，利用高压气体自喷嘴喷出的动能将固体颗粒加速，使颗粒之间、颗粒与器壁之间发生冲击、研磨而粉碎。常见的有圆盘式（扁平式）、轮形（跑道式）等。

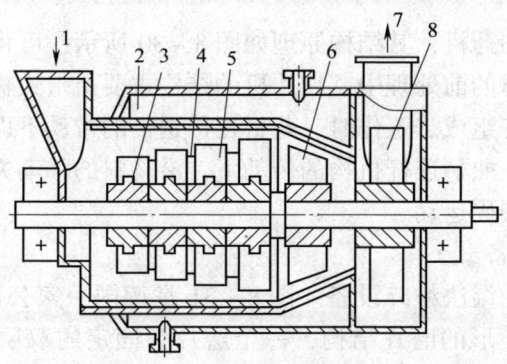

图 8-27 轴流撞击式粉碎机
1—进料 2—夹套 3—刀盘 4—挡盘 5—正刀片 6—斜刀片 7—出料 8—风轮

圆盘式流能磨又称为微粉磨,其工作原理见图 8-28。在空气室的内壁上装有数个喷嘴,高压气体以超音速由此喷入粉碎室,物料则由加料口引射(相当于气流喷射泵的作用)进入粉碎室,在高速气流的剪切作用和物料颗粒间、颗粒与器壁间的撞击作用下,物料被粉碎。较细的颗粒被空气夹带通过分级涡出料,较粗的颗粒再次被气流吸引继续粉碎。

轮形流能磨如图 8-29 所示,物料从加料口引射入粉碎室,气流以 0.2~2MPa 自底部喷嘴引入,在粉碎室内,物料因颗粒间、颗粒与器壁间的撞击作用而被粉碎。

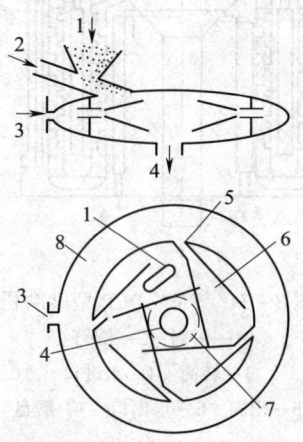

图 8-28 圆盘式流能磨
1—加料 2,3—空气
4—出料 5—喷嘴
6—粉碎室 7—分级涡 8—空气室

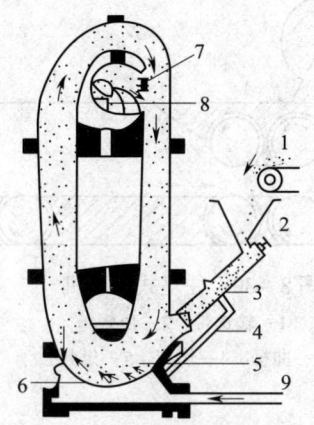

图 8-29 轮形流能磨
1—输送带 2—料斗 3—文丘里送料器
4—支管 5—粉碎室 6—喷嘴
7—分级器 8—出口 9—空气

流能磨内没有活动部件,粉碎过程中物料几乎不升温,故可用于热敏性物料。缺点是能耗较大,使用流能磨时,最好先进行预粉碎。

8. 切片机

切片机又称为切药机,其结构原理如图 8-30 所示,可将物料粉碎成块状或片状,常用于中药材的前处理中。切片机的结构主要由带式输送器、给料辊、切刀、曲柄连杆机构等组成。工作时,药材在传送带的带动下以适当的均匀速度向刀口移动,切刀可在曲柄连杆机构的传动下,沿物料的移动方向做垂直的往复运动,或者做截面的圆周运动。

9. 湿法粉碎设备

砂磨机是典型的湿法粉碎设备。图 8-31 是德国一家公司推出的 PM-DCP 型砂磨机,采用套筒形的磨片结构,一个磨片为固定的双层筒形结构,称为定子,双筒的两相对内壁为齿状磨面;另一个磨片是与传动系统相连、可高速旋转的转子,呈中空的筒状,嵌入定子的双筒之间,内外壁为与定子交错的齿状磨面;转子将定子双层筒围绕的空间分成内、外两个环形的研磨室,两研磨室的底部和上部设有通道,进料口在外研磨室上方,出料口在内研磨室上方,粉碎的浆料由机内中心处的分离装置排出。

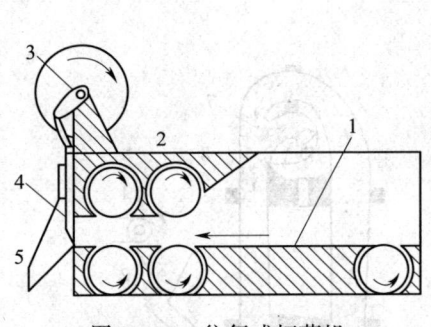

图 8-30 往复式切药机
1—输送带 2—压辊
3—曲柄 4—切刀 5—出料

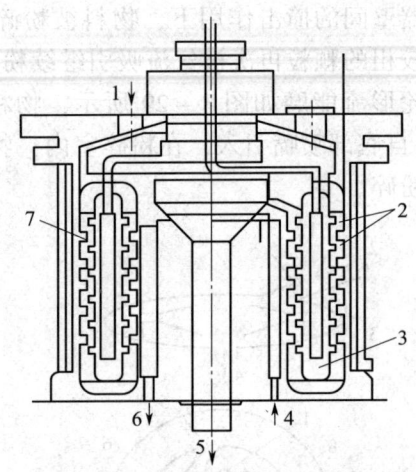

图 8-31 PM-DCP 型砂磨机
1—进料 2—圆钉
3—转筒 4—水进口
5—出料 6—水出口 7—磨盘

用砂磨机粉碎时,物料需预先除杂,先加水再开机。工作时,物料由砂磨机上部连续进料,经外研磨室流入内研磨室,在转子的高速旋转作用下,物料粉碎后过滤出料。外研磨室内集中了大部分的研磨介质,是研磨的主要区域。

三、粉碎技术的实施

往往根据被粉碎物料的性质、产品粒度、物料量等来采用不同的粉碎工艺。

1. 分批粉碎与连续粉碎

分批粉碎适用于较小量的粉碎，只需要一次操作即可完成。细物料因不能及时排出而被多次重复粉碎，能耗较大。

大批量物料的粉碎一般采用连续粉碎（图8-32）。物料一次性通过粉碎设备，粉碎后的物料全部排出，这样的粉碎方法称为开路粉碎。粉碎产品通过分级器，未达到要求的粗颗粒可以再次返回继续粉碎，所得的产品粒径分布更为均一，这样的粉碎工艺称为闭路粉碎或循环粉碎。

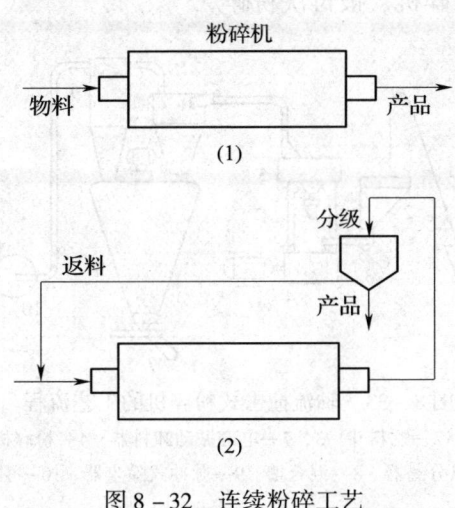

图8-32 连续粉碎工艺
（1）开路粉碎 （2）闭路粉碎

开路粉碎适用于对产品粒度要求不高的场合，或是为下一步粉碎做预粉碎用。闭路粉碎更适用于各种制剂的加工。

2. 干法粉碎与湿法粉碎

干法粉碎是将干燥物料直接粉碎。含水量高的物料（如植物材料、中药材等）可引起颗粒粘附现象，一般要求物料的含水率在5%以下。但是干法粉碎易引起粉尘飞扬，需要采取必要的除尘措施，某些易氧化物料的粉碎或者有可能引起粉尘爆炸的粉碎，常常还需要有惰性气体的保护。

湿法粉碎是在物料中加入适量水或者其他液体，再进行研磨粉碎的方法。中药材加工中的"水飞法"和"加液研磨法"均属于湿法粉碎。湿法粉碎能有效地消除粉尘危害，改善劳动环境，降低原料消耗，提高后续工段的效率（如粉碎浆料的蒸煮），减少零件磨损，节省设备维修费用。

3. 低温粉碎

低温时，物料的脆性一般会增加，易于粉碎。低温粉碎适用于在常温下粉碎困难、软化点低的物料，如树脂、树胶、干浸膏等。粉碎时，先将物料冷却，再迅速通过粉碎机破碎，或将物料与干冰或液化氮气混合后，再进行粉碎。

4. 粉碎设备使用工艺流程

以下分别举例说明粉碎机实际应用时的工艺流程。

图8-33是应用轴流撞击式粉碎机的生产工艺流程。物料由斗式提升机投入到贮料斗中,经电磁振动给料器连续定量地加入粉碎机内。粉碎后的物料由空气携带进入圆盘筛,细粉与空气通过圆盘筛进入旋风分离器进行分离除尘,未被分离的细粉在脉冲除尘器中被进一步分离,净化的尾气由风机排空。由旋风分离器及脉冲除尘器所分离出的细粉在混合槽中混合后经电磁振动卸料器排出。在圆盘筛中分出的粗粉返回粉碎机,被再次粉碎。

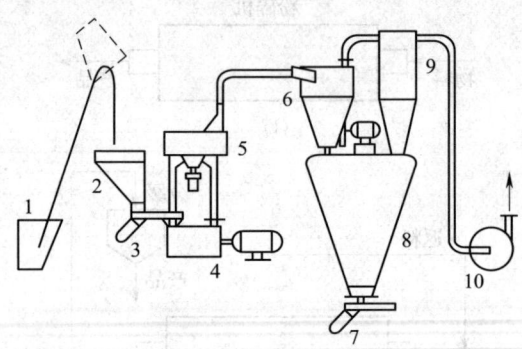

图8-33 轴流撞击式粉碎机的工艺流程

1—斗式提升机 2—贮料斗 3,7—电磁振动卸料器 4—粉碎机 5—圆盘筛
6—旋风分离器 8—混合槽 9—脉冲式除尘器 10—引风机

图8-34是应用圆盘式流能磨的生产工艺流程。空压机产生的压缩空气经空气冷却器、空气贮罐、过滤器后进入流能磨。物料由料斗经定量加料器被压缩空气引射进入流能磨,被粉碎的颗粒由底部出口管进入旋风分离器得到成品。若需要重复粉碎,则可经旁通路重新进入能流磨,直到粒度达到要求为止。尾气经脉冲除尘器捕集细粉后放空。

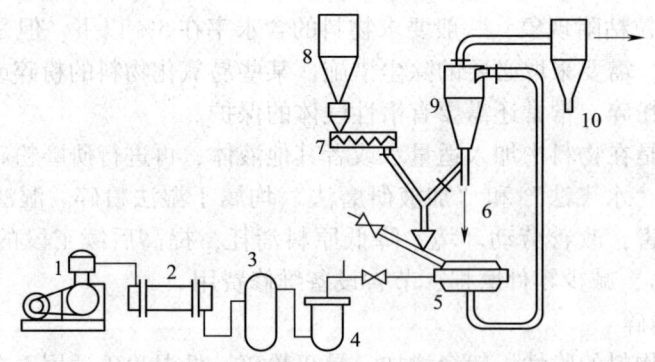

图8-34 圆盘式流能磨的工艺流程

1—空压机 2—空气冷却器 3—空气贮罐 4—过滤器 5—微粉机
6—出料 7—定量加料器 8—料斗 9—旋风分离器 10—脉冲式除尘器

项目三 物料的筛选除杂

生物原料在收获、贮藏和运输中会混入各种杂物，如麻绳、草屑、庄稼秸秆、沙土、泥块、碎石子、铁钉、螺丝等。筛选除杂的目的就是除去这些杂物，提高原料的利用率，避免损坏设备。

一、物料的筛分与除杂

原料可以通过筛分来完成筛选过程。所谓筛分，指借助筛网将不均匀的松散物料分离为两种或两种以上粒级的操作。在药物制剂的生产中，筛分也是原料药、固体制剂生产的基础操作。

1. 筛分原理

物料通过一层或数层筛面，按筛孔大小分成不同粒级的产品。小于筛孔的颗粒能通过筛面，称为筛下颗粒，大于筛孔的颗粒留在筛上，称为筛上颗粒。事实上，由于物料颗粒的不规则性，小于筛孔的颗粒未必会全部通过筛面，而大于筛孔的颗粒也有可能通过筛面。评价筛分操作质量的指标是筛分效率，即实际筛下的筛下级别物料质量与原物料含同一级别物料质量之比。

影响筛分的主要因素有物料性质、设备结构、操作条件和操作管理等。

（1）物料性质 主要包括物料的水分、粒度与筛孔的相对尺寸等。物料的含水量直接影响物料的黏度。物料不够干时，颗粒易结团堵塞筛孔，显著降低筛分效率；但当含水量超过一定值而达到湿筛条件时，筛分效率反而会提高。

（2）筛面上物料层厚度 料层越薄，筛下颗粒到达筛面的时间就越短，就越有机会接触到筛孔，筛分效率就越高。

（3）筛下颗粒百分含量、颗粒级配和形状 筛下颗粒的百分数越高，物料被筛落的速度越快，料层减薄得越快，筛分效率就越高。筛下颗粒中粒度小于筛孔直径 3/4 的称为易筛粒，余下的称为难筛粒。易筛粒越多，难筛粒越少，筛分效率就越高。与扁平、不规则的颗粒相比，球形颗粒容易筛落。但如果颗粒过于细微，因凝聚、附着等作用力的影响，筛分效率反而降低。

此外，筛孔的形状、筛面的种类和运动方式、加料的量及均匀程度也直接影响筛分效率。

2. 筛分设备

筛面是筛分设备的主要部件，有筛板和筛网两种。筛板是带有若干圆形、矩形等筛孔的金属板；筛网则是用一定机械强度的金属丝或非金属丝编织而成的。不同尺寸的筛孔，决定了筛分颗粒的大小不同，即筛分的级别不同。工业上有两种筛分级别的依据方法，一种是筛孔的大小，另一种是单位长度

(英寸) 内所含筛孔数目的多少，即"目"数。《中国药典》按筛孔内径规定了 9 种筛号 (表 8-2)，一号筛的筛孔内径最大，依次减少，九号筛的筛孔最小。

表 8-2　　　　　　　　《中国药典》与工业筛目对照表

筛号	筛孔内经（平均值）/μm	工业筛目数/（孔/英寸）
一号	2000 ± 70	10
二号	850 ± 29	24
三号	355 ± 13	50
四号	250 ± 9.9	65
五号	180 ± 7.6	80
六号	150 ± 6.6	100
七号	125 ± 5.8	120
八号	90 ± 4.6	150
九号	75 ± 4.1	200

所谓筛分设备，就是将筛面固定在可以某种方式运动的装置上，使物料在筛面上作相对运动，使杂质和原料分离。筛面可以设置为单层或多层，已达到不同的分级要求。依筛面的运动方式不同，可分为摇动筛、旋动筛、滚筒筛、往复式振动筛与圆形振动筛等。

（1）摇动筛　如图 8-35，筛网安装于摇动装置上，利用偏心轮和连杆将电机的旋转运动转变为筛网的往复运动，以此来筛分物料。摇动筛结构简单，所需的功率较小，但运行费用高，生产能力低，常用于粒度分布的测定及小规模的生产。

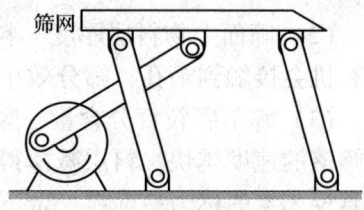

图 8-35　摇动筛

（2）旋动筛　其结构与摇动筛类似，通过偏心轴带动筛框在水平面内做圆形旋动，筛框一般为方形或矩形，筛网有一定倾斜度，筛框内放有小球，利用小球的撞击来振动筛网，可防止堵网。

（3）滚筒筛　筛网覆盖在圆筒形、圆锥形或六角形可滚动的筛框上，筛框一般呈 2°~9° 的倾斜角，由电机带动旋转。这种筛的有效筛网面积小，只适用于无黏性、粗粒物料的筛选。

（4）振动筛　振动筛是在旋转轴上配置不平衡的重锤或者有棱角的凸轮，而使筛网在旋动或者往复运动的同时产生振动。这种振动因振幅较大，为避免造成设备位移,常将筛框设计成悬挂式。在粮食加工、药剂加工等领域有广泛应用。常用的振动筛有圆形振动筛和往复式振动筛两大类。

图8-36是一种常见的圆形振动筛,也称旋振筛,由直立式电机、筛框、隔振装置(一组支承弹簧)和底座等几部分组成。电机通过旋转轴带动筛框旋转,轴的上下各装有一个不平衡的重锤,上重锤使筛网做水平圆周运动,下重锤使筛网沿垂直方向运动,故筛网的振动具有三维性。调节上、下重锤的相位角,可以改变物料在筛面上的运动轨迹,使筛网上的物料在筛面上呈外扩渐开线运动,筛上的粗料和筛下的细料分别由粗料出口和细料出口排出。旋振筛可在全封闭状态下工作,物料运行的轨迹长,筛面利用率高,占地面积小、分离效率高、维修费用低,是高精度的筛分设备。

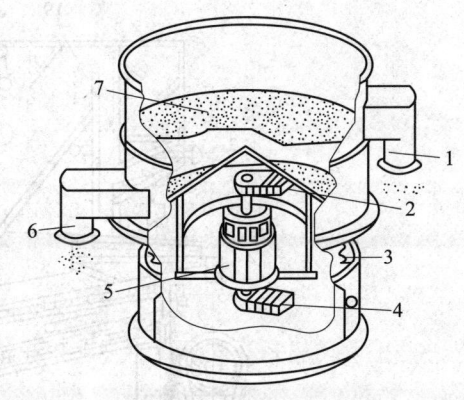

图8-36 圆形振动筛
1—粗料出口 2—上重锤
3—弹簧 4—下重锤
5—电机 6—细料出口 7—筛网

图8-37是一种多层往复式振动筛,以粉碎大麦为例,其结构与工作过程介绍如下。大麦进入料斗1内,以自重压开进料压力门2,经进口吸风道19吸除轻杂质和灰尘,进入第一层筛孔最大的筛面3(接料筛),截留下粗杂质(草秆、泥块等),由粗杂收集器4排出;大麦等则穿过筛孔落入第二层筛孔稍大的筛面10(分级筛)上,筛出稍大于麦粒的中级杂质,由中杂收集器9排出;大麦继续穿过筛孔进入第三层筛孔最小的筛面8(精选筛)上,清除小杂质后,麦粒留在筛上,经出口吸风道12再次吸除轻杂质后流出机外;穿过第三层筛孔的小杂质(泥沙、杂草种子等),由细杂收集器7排出。第一、第三层筛面上经风道吸出的轻杂质,分别进入前、后两个沉降室(14,15),沉降至一定厚度后依靠重力推开活瓣,流入轻杂收集器11后排出。离开沉降室的空气仍含有较轻的灰尘等杂质,在机外连接的集尘器中再做进一步净化处理。

3. 磁力除铁器

除铁是指除去夹杂在物料中的螺丝、螺帽、铁钉等金属杂物,是常用的除杂过程,也称磁选。其原理是:含有金属杂质的物料以适当的流速通过磁场,金属杂质被磁铁吸引而与物料分离。磁铁包括永久磁铁和电磁铁。永久磁铁结构简单,使用维护简便和不耗电能;电磁铁磁力稳定,性能可靠,但需一定的电流强度,结构较复杂。磁选所用磁铁大多为永久磁铁,常用永磁滚筒和永磁溜管两种形式。

永磁滚筒的结构如图8-38所示,由进料装置、机体、磁铁滚筒和电机等组

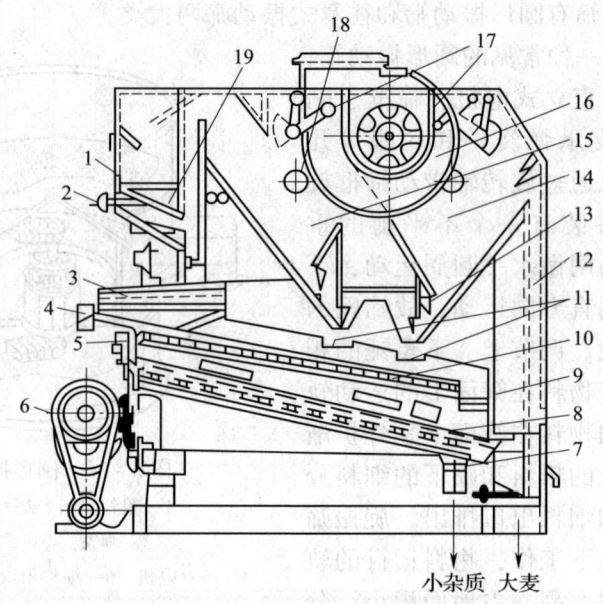

图 8-37 多层往复式振动筛结构
1—进料斗 2—进料压力门 3—第一筛面 4—粗杂收集器 5—筛体 6—电动机
7—细杂收集器 8—第三筛面 9—中杂收集器 10—第二筛面 11—轻杂收集器 12—出口吸风道
13—活瓣 14—后沉降室 15—前沉降室 16—风机 17—调节风门 18—观察孔 19—进口吸风道

成。磁铁滚筒由外筒和磁芯组成：外筒由非导磁材料制成，可在电机驱动下转动；磁芯是由永久磁铁制成的半圆形芯子，安装在固定的轴上，半圆形磁芯朝向物料滚落的一侧、隔着外筒与物料层接触。工作时，物料均匀落到外筒上，随筒的转动而下落，由出料口排出，金属杂质被磁芯吸留在外筒表面，随外筒转动至半圆形磁芯的作用区外后，落入铁盒内。

永磁溜管是将永久磁铁装在溜管上边的盖板上。一般在溜管上设置2~3个盖板，每个盖板上装有两组前后错开的磁铁。工作时，原料从溜管上端流下，磁性物体被磁铁吸住。工作一段时间后，可交替地取下盖板进行清理，除去磁性杂质。永磁溜管结构简单，不占地方，可连续地进行

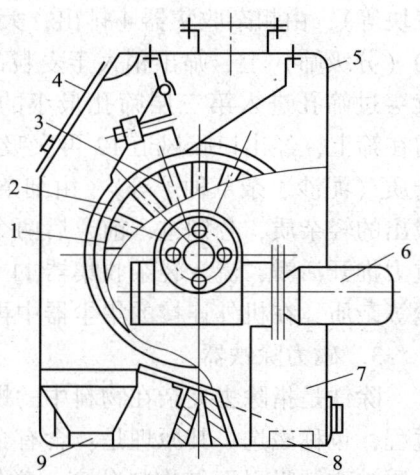

图 8-38 CXY-25型永磁滚筒
1—拨齿 2—铁隔板 3—磁铁滚筒
4—观察窗 5—上机体 6—电动机
7—下机体 8—盛铁盒 9—大麦出口

磁选。为了提高分离效率,应使流过溜管的物料层薄而均匀。

二、物料的精选及分级

物料精选的原理是按照物料颗粒大小进行分级,进一步除去不必要的杂质颗粒,常用于谷物颗粒(如小麦、大麦等)的精选和分级。主要设备有碟片精选机和滚筒精选机,都是利用有袋孔的工作面来分离杂质颗粒,袋孔中可嵌入长度不同的颗粒,因而实现分离(图8-39)。

1. 碟片式精选机

碟片式精选机的主要构件是一组同轴安装的圆环形金属碟片(图8-40),碟片的两侧平面上有许多袋形凹孔,孔的大小和形式视分级条件而定。

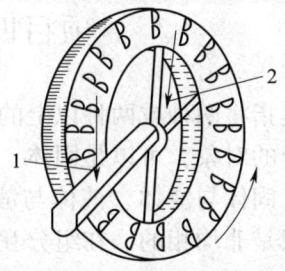

图8-39 精选机的工作原理　　　　图8-40 碟片式精选机的工作过程
　(1)碟片式　(2)滚筒式　　　　　　　1—短粒　2—长粒

当碟片在粒状物料中转动时,短小的颗粒嵌入袋孔被带到较高的位置,随着碟片的继续旋转,袋孔转而朝下,短粒物料因重力从袋孔中倒出,而长粒物料因不能完全嵌入袋孔,仅被碟片的旋转带至一定高度即从袋孔中滑落(图8-41)。

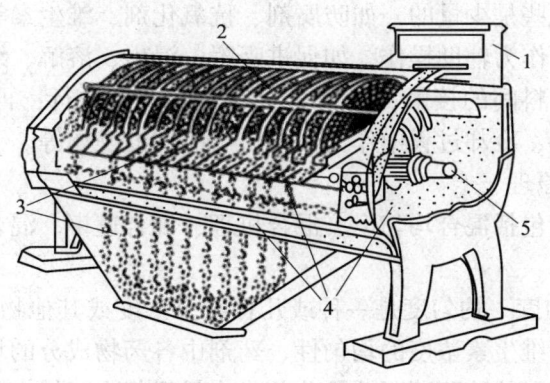

图8-41 碟片精选机
1—进料　2—碟片　3—短粒　4—长粒　5—轴承

因此，只需把收集短小颗粒的斜槽调整至适当的高度，就能使长短粒物料分离。碟片式精选机的工作面积大、转速高、产量大，碟片损坏后可以更换。

2. 滚筒精选机

该机的主要构件是一个内表面开有袋孔的圆筒（图8-42），物料自圆筒的一端加入，在旋转的圆筒中沿筒的轴向流动，长粒物料不能进入袋孔，在进料的推动和滚筒倾斜的影响下由筒另一端流出，短粒物料则嵌入袋孔被带到较高位置，落入中央收集槽中，由螺旋输送机排出。

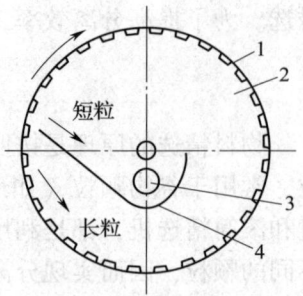

图8-42 滚筒的工作情况
1—滚筒 2—袋孔
3—螺旋输送机 4—收集槽

项目四 物料的混合

混合是指将两种或两种以上的不同物料相互混合，使各组分粒子均匀分布的过程。混合的对象，可以是固体、液体，也可以是气体。工业上大多数情况是固体与固体、固体与液体、液体与液体之间的混合，混合后的混合物可以是均相的，也可以是非均相的。在组分互不相溶的液-液混合情形下，必须使一种液体在另一种液体中成为很小的液滴而分散，并要求有一定的分散度和均匀度，有时还要求有一定的悬浮稳定性，这时的操作则包含了乳化和均质等操作。

一、物料混合机理

混合的目的主要有两类：一是把混合作为最终目的用于加工。许多工业产品是由多种成分组成的非均相混合物，其中的一些组分是大量的，如蛋白质、糖、脂肪、淀粉等，有些是少量的，如防腐剂、抗氧化剂、维生素等，这些成分都需要均匀混合。二是作为辅助操作，如促进吸附、浸出、溶解、结晶等操作过程的进行；又如改善物料间的接触，促进化学反应的有效进行；再如防止悬浮物沉淀，或者强化加热、冷却过程中作为强化传热的辅助操作等。

1. 混合操作原理

混合操作理论包括混合均匀度、混合机理、混合速率、混合动力消耗和混合物稳定等几方面。

（1）混合均匀度 均匀度是一种或几种组分浓度或其他物理性质的均匀性，例如，混合食品中维生素浓度的均匀性、药剂中各药物成分的均匀分布等。在混合过程中，整个物料的体积不断地被分割成大量局部小区域，同时进行着高浓度区域和低浓度区域之间组分物质的传递分配。混合均匀度，其实就是各个局部小区域的体积和浓度之间的关系。所以，常用分离尺度和分离强度来反映这种均匀程度。分离尺度指的是各局部小区域体积的平均值,反映了混合物的均匀性。分离尺度越大,表明混合均匀性越差。分离强度指的是各局部小区域内的浓度与整个混合物平均浓度之间的偏差,反映了混合物均匀性的另一个方面。分离强度越大,表明混合的均匀性越差。

事实上,局部小区域的大小是一个随机的变量,是很难用数学方法来准确描述的。生产上一般用抽样检查的统计方法,要求试样浓度值的平均偏差小于规定的最大值,这个最大偏差值称为允许偏差,规定的取样大小称为检验尺度。如果混合物产品符合下述条件之一,则可认为是合格产品。

① 分离尺度小于检验尺度,且分离强度小于允许偏差;

② 分离尺度虽大于检验尺度,但分离强度充分小于允许偏差,足以补偿前者;

③ 分离强度虽大于允许偏差,但分离尺度充分小于检验尺度,足以补偿前者。

这样,就可以用一定尺度试验的浓度偏差平均值作为混合物质量的鉴别标准。

(2) 混合机理　混合过程有三种机理,即对流混合、扩散混合与剪切混合。

① 对流混合:对互不相溶组分的混合,由于混合器运动部件表面对物料的相对运动,混合的分离尺度逐渐降低,但因物料内部不存在分子扩散现象,故分离强度不会降低。对流混合的产品质量应以前述的第三条为标准。

② 扩散混合:对互溶组分的混合,除对流混合机理外,通常还存在扩散混合机理。随着混合过程的进行,当混合物分离尺度小至某一值之后,由于两组分之间的接触面积增加和扩散平均自由程的缩短,大大增加了溶解扩散速率,从而混合物的分离强度不断下降,混合过程变为以扩散为主的过程。扩散混合的质量应以前述第二项为合格标准。

实际上,完全的不互溶是不存在的。所以在混合过程中,有一个由对流到扩散混合的逐渐过渡,主要取决于分离尺度的大小。实践证明,分离尺度大时多为对流混合,分离尺度小时多为扩散混合。

③ 剪切混合:对于高黏度流体的混合,情况与上述有别,既无明显的分子扩散现象,也难以造成良好的湍流以分割组分元素。这时,混合的主要动力是剪切力。剪切力的作用使组分被分割成越来越薄的物料层。如果两种物料有不同的颜色,则会发现整个系统外观表现为由两种不同颜色的条纹构成。当剪切力足够大时,这种条纹的颜色会变得很薄,直至肉眼所见为一片均匀的混合色。这种因层流流动促成物料混合是剪切混合的特性,这个层流层的平均厚度也称为"辉纹厚度"。

2. 影响混合的因素

在实际的混合过程中,上述三种混合机理不是截然分开的,往往是同时发生着,受物料性质、混合设备、操作条件等多方面因素的影响,表现为三种混合程度的不同。这些影响因素主要有物料颗粒的大小、形态、密度及所带电荷等。一般来说，颗粒较小、大小均一、密度相近，有利于混合，而较长时间的混合过程会使颗粒表面的电荷积累，造成混合不均。另外，操作条件的影响也不可忽视，如设备的转速必须适当，过快、过慢都不利于混合。

二、固体物料的混合设备

颗粒状或粉状固体的混合主要靠流动性。固体颗粒的流动性是有限的，主要与颗粒的大小、形状、密度和附着力有关。大小均匀的颗粒混合时，重的颗粒容易趋向容器底部；而相对密度差不多的颗粒混合时，最小的和形状最圆的容易趋向容器底部；颗粒的黏附性越大，就越容易聚集在一起，不容易均匀分散。

固体物料的混合主要有两种方法，均为间歇式。一种是利用一个或两个以上的旋转混合元件在容器内转动，把物料从容器底部送到上部，形成的空缺被因重力而沉降的物料所填补，并产生侧向运动，实现均匀混合；另一种是利用容器本身的旋转，引起垂直方向的运动，同时容器壁或容器内的固定挡板迫使运动中的物料发生折流。这些方法只适用于物料颗粒能自由流动的场合。对于颗粒容易粘结的场合，混合时必须提供局部剪力或与筛分相结合。

1. 回转型混合机

这是一类混合槽可围绕轴做回转运动的混合设备，常见的有以下形式（图8-43）。

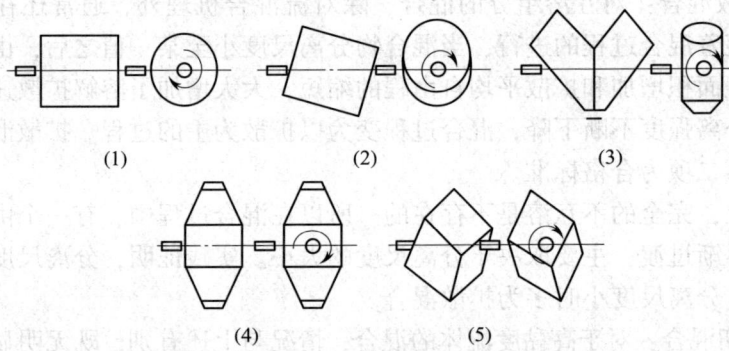

图8-43 回转型混合机的形式
(1) 水平圆筒形 (2) 倾斜圆筒形 (3) V形 (4) 双锥形 (5) 立方体形

（1）水平圆筒形混合机 这种混合机仅靠扩散作用混合，混合速度较低，剪切作用较弱，混合性能也较差。为提高混合性能，有时加入一些球体以加强粉碎混合作用，但同时也会引起细粉末的粘壁作用，降低粒子的流动性。近来这种设备较少使用。

（2）倾斜圆筒形混合机 这种混合机改善了水平圆筒形混合机的性能，有两种倾斜方式：一种是圆筒的轴心与旋转轴的轴心重合，但轴心与水平面倾斜一个角度,一般为 14°左右,物料颗粒呈螺旋状移动;另一种是旋转轴水平放置,但圆筒的轴心倾斜安装,粒子在其中呈复杂的环状移动。

(3) V 形混合机 由两个非等长的圆筒 V 形交叉结合而成,是一种高效的不对称混合机,适用于化工、食品、医药、饲料、陶瓷、冶金等各种行业的颗粒状物料混合。圆筒的直径与长度之比一般为 0.8 左右,两圆筒的交角约为 80°,减小交角可提高混合程度。该机主要靠粒子反复地分离与合一而达到混合目的。操作中最适宜转速为临界转速的 30%~40%,最适宜的填充量为 30%。

(4) 双锥形混合机 由一个短圆筒两端各与一个锥形圆筒结合而成,旋转轴与容器中心线垂直。最大混合度、混合时间等与 V 形混合机相似。

2. 固定型混合机

这是一类混合槽不能转动,依靠槽内设置的搅拌装置来实现物料混合的设备,主要包括以下几类。

(1) 搅拌槽式混合机 其内部设有螺旋带状搅拌桨,且搅拌桨与旋转方向呈一定角度,旋转时可将物料由两端向中心集中,再将中心的物料推向两端。混合槽体可绕水平轴倾斜翻转,以倒出混合好的物料(图 8-44)。

(2) 锥形混合机 如图 8-45 所示,该机内设有两个长度不同的螺旋杆,可以分别通过旋转将物料自下而上提升,两个螺旋杆又通过转臂连为一体,围绕锥形筒的轴线做水平旋转,即螺旋杆在容器内既有公转又有自转。自转速度约 60r/min,公转速度约 2r/min。物料颗粒在螺旋杆自传作用下自底部上升,又在转臂的公转作用下在整个锥形筒内产生全范围的旋涡和上下循环运动,使物料在较短时间(一般 2~8min)内被充分混合。

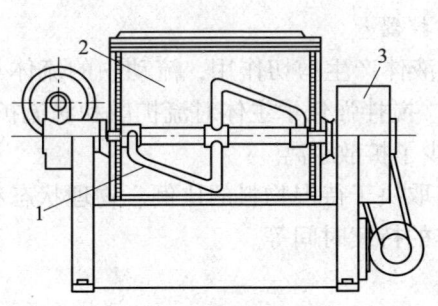

图 8-44 搅拌槽式混合机
1—搅拌桨 2—混合槽 3—电机及减速装置

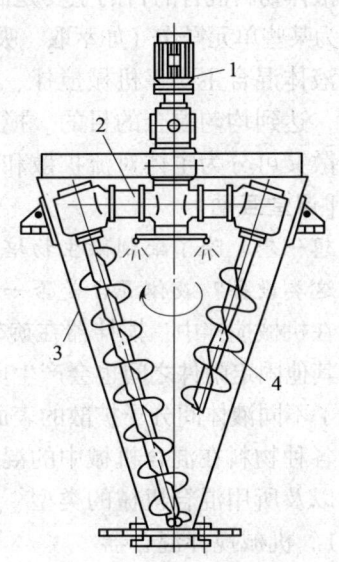

图 8-45 双螺旋锥形混合机
1—电机 2—转臂 3—筒体 4—螺旋杆

(3) 回转圆板式混合机　该机的结构原理如图8-46所示，混合槽内设置有上下两个相向而扣的凹形圆板，两圆板可围绕中心轴同步转动。两种待混合物料分别落在高速旋转（1500~5400r/min）的圆板上，在离心力的作用下向四周散开，达到均匀混合的目的。特点是处理量大，且随圆板大小而定。

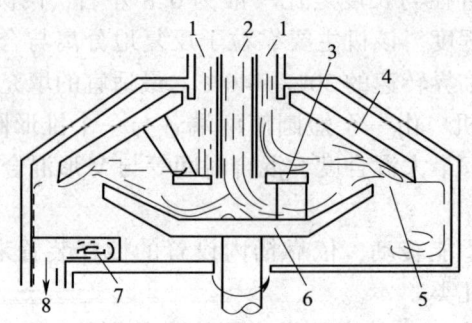

图8-46　回转圆板式混合机
1—加料口B　2—加料口A　3—圆板　4—上锥形板
5—粒子混合区　6—下部圆板　7—出料挡板　8—出料口

此外，还有混合槽整体做二维、三维运动的混合机，主要用于药剂加工，请详阅相关参考书。

三、液体物料混合

液体物料混合的目的主要是制备各种均匀的混合物，如溶液、乳浊液、悬浮液等，为某些单元操作（如萃取、吸附、换热等）或化学反应过程提供良好的条件。

液体混合主要靠机械搅拌、气流和待混液体的射流等方式，使待混物料受到搅动，达到均匀混合的目的。搅动引起流体的流动，促进了液体之间的扩散，这种扩散又可分为主体对流扩散和涡流扩散。

[课堂互动]

想一想　除了配制微生物培养基需要液体混合设备之外，还有哪些操作需要用到这类设备？液体混合是否一定需要搅拌器？

在机械搅拌中，搅拌器在旋转时会对液体产生剪切作用，流动中的流体与器壁及其他固定附件之间也会产生剪切作用。搅拌强化了主体对流扩散和涡流扩散，增加了不同液体间分子扩散的表面积，减少了扩散距离。

各种物料在混合机械中的混合程度，取决于待混物料的比例、物理状态和特性，以及所用混合机械的类型、混合操作的持续时间等。

1. 机械搅拌混合器

机械搅拌是将液体、气体或固体颗粒分散到液体中的常用方法，其设备由搅拌器和容器组成（图8-47）。工业上常用的是圆筒形罐体，多数是密闭的。为控制搅拌温度,可在罐外设置夹套或者在罐内设置蛇管等换热器件;为促进搅拌,罐的内壁上还常设置有垂直挡板;也有的在罐内或者罐外设置导流筒,消除短路,促进循环;搅拌器一般安装于罐内底部,在电机驱动下旋转,这种驱动可以通过直联驱动、减速器驱动或者磁力驱动来完成。搅拌器主要有以下几种(图 8-48)。

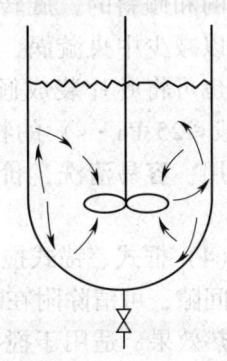

图 8-47 机械搅拌混合器

(1) 桨式搅拌器 分平桨式和斜桨式两种。平桨式由平直的桨叶构成,多为两片或四片,桨叶长度一般为容器直径的 1/2~3/4,宽度为长度的 1/10~1/6;

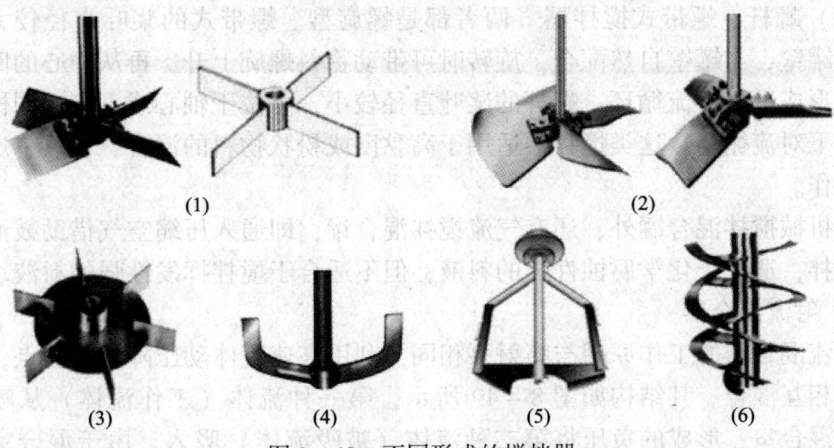

图 8-48 不同形式的搅拌器
(1) 桨式　(2) 旋桨式　(3) 涡轮式　(4) 锚式　(5) 框式　(6) 螺带式

大多数为垂直安装,有时也倾斜 45°/60°,称为斜桨式,可产生沿搅拌轴方向的轴向液流。桨式搅拌器结构简单,转速较慢(一般 20~150r/min),工作时流体切向速度较大,轴向速度则很低。为强化轴向混合,并减小因切线速度所产生的表面漩涡,通常在容器内壁上加装挡板。桨式搅拌器易于制造和维护,但混合效率较差,局部剪切效应有限,不容易发生乳化作用,常用于低黏度液体的混合及固体微粒的溶解和悬浮。

(2) 旋桨式搅拌器 一般由 2~3 片螺旋形桨叶组成,直径为容器直径的 1/3~3/4,转速较高(通常在 400r/min 以上),可产生轴向的推进流体,适用于大容器、低黏度(<2Pa·s)流体、乳浊液及固体颗粒含量低于 10% 的悬浮液的搅拌。由于旋桨能产生较强的轴向速度,如果转轴位于容器中央,则混合效果不能充分发挥,故常将转轴偏心安装,或将其倾斜一定角度。球形的容器更适合旋桨所产生的流体流动,混合效果也较好。

(3) 涡轮式搅拌器 这种搅拌器类似于桨式搅拌器,叶片多而短,安装在中央转轴的水平圆盘上,转速较高(一般为 30~500r/min),叶片为平直的、弯曲的和倾斜的，旋转时可产生强烈的径向和切向流动，通常在容器壁上加装挡板以减少中央漩涡，同时增加因湍流而引起的轴向流动。为了增强轴向流动，也可将叶片装成倾斜式。涡轮式搅拌器适宜处理多种物料，对中等黏度（一般≤25 Pa·s）的物料效果较好，有较高的局部剪切效应和一定的均质乳化作用，容易清洗，价格较高。适用于气体及不互溶液体的分散、液液相反应过程。

（4）框式、锚式搅拌器　桨叶的外缘形状与搅拌罐内壁一致，其间仅有很小的间隙，可清除附在罐壁上的黏性反应产物或堆积于罐壁的固体物，保持较好的传热效果，适用于搅拌较高黏度（200Pa·s）流体的混合。但在搅拌高黏度液体时，液层中央有较大的停滞区，不能得到完全的混合。

（5）螺杆、螺带式搅拌器　两者都是螺旋型。螺带式的桨叶直径较大，一般贴近罐壁，与罐壁自然配合，旋转时可带动物料螺旋上升，再从中心的凹穴处汇合，形成上下对流循环；螺杆的桨叶直径较小，可位于轴心或一侧，同样能够形成上下对流循环。这类搅拌器适用于高黏度或粉状物料的混合、传热、反应溶解等操作。

除机械搅拌混合罐外，还有气流搅拌混合罐，即通入压缩空气借助鼓泡作用进行搅拌，适合于化学腐蚀性强的料液，但不适合于搅拌挥发性强的料液。

2. 射流混合器

射流混合器的工作原理与喷射泵相同，利用高速流体动压降低的特点，使两种流体相互混合。其结构如图8-49所示，第一种流体（工作流体）从喷嘴高速射入混合室，形成的负压将第二种流体（被吸流体）吸入，由于混合室内流体速度较大，两种流体在激烈的湍流脉动作用下由扩大管流出，形成充分混合的流体。这种设备需要流体在较高的压力下进入混合器，由于没有转动部件，所以能耗较低，特别适用于大容器内低黏度液体的混合。

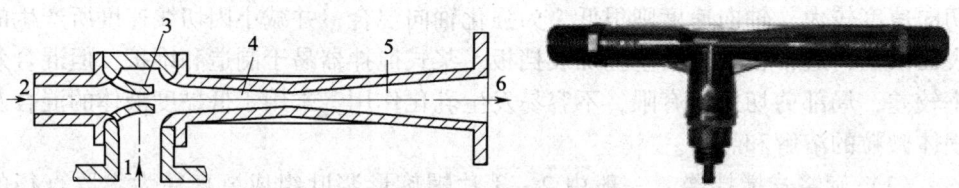

图8-49　射流混合器
1—被吸流体　2—工作流体　3—喷嘴　4—混合室　5—扩大管　6—混合流体

3. 管式混合器

这种混合器与射流混合器相似，没有动态部件，又称为静态混合器。但静态混合器不需要高压流体，类似于三通管内两种流体依靠湍流脉动来实现混合。为强化流体的湍流程度、提高混合效果，可在混合器内加装孔板或圆缺形折流挡板。此法主要用于低黏度液体或气体的混合。

图 8-50 是一种典型的静态混合器，其圆管中设置有若干个扭转 180°的螺旋片作为元件，左旋和右旋的两种螺旋片交替安装，常用于萃取或乳液制备。

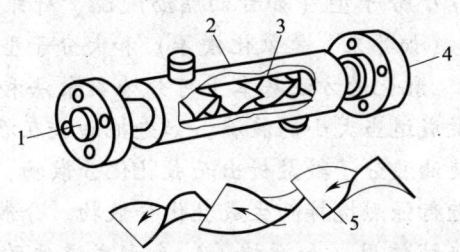

图 8-50 静态混合器
1—出口 2—夹套 3—壳体 4—进口 5—元件

图 8-51 的管式混合器是在管道中安装两块相隔一定距离的孔板，两孔板上的筛孔是不对称的，流体在管路中被孔板上交错排列的孔强迫湍流，促进两流体的混合。

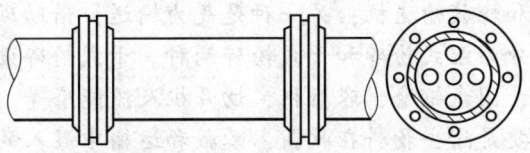

图 8-51 孔板式混合器

也可以采用 S 形长管，料液在泵的作用下，以一定速度进入 S 形管道的一端，然后从另一端流出。由于管道呈 S 形，管内流体在折返流动中呈完全的湍流状态，两种流体得到充分的混合。这种混合器的结构简单，动力消耗极少，混合效果甚至高于混合罐，且为连续操作（图 8-52）。

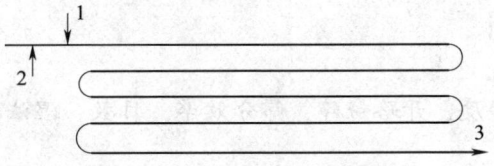

图 8-52 S 形排管混合器
1—流体 A 2—流体 B 3—混合流体

[**能力拓展**]

乳化是将两种互不相溶的液体进行混合，使一种液体以微小液滴或固形微粒的形式均匀分散在另一种液体中的操作，形成的混合液称为乳化液。乳化液是一种不稳定的液体，这是因为液体相界面上存在着表面张力，表面张力有使液体保持最小表面积的趋势。以油水混合为例，只有当油、水分层时，油水间的接触面积最小，体系最稳定。所以，乳化时需要加入乳化剂，还要用搅拌等方式使之均匀分散、充分混合。乳化剂是同时具有亲水性和亲油性的表面活性剂，可以降低相界面的表面张力，在分散相表面形成较稳定的保护膜，使乳化液保持稳定。乳化剂有多种类型，包括小分子型（如甘油脂肪酸酯、纤维素醚、山梨糖醇脂肪酸酯等）、固体粉末型（如芥末、氢氧化镁等）和大分子型（如酪蛋白、大豆蛋白及植物胶质多糖等）。乳化的方法基本上可分为凝聚法和分散法两种：前者是将分子状态的液体凝聚成适当大小的液滴，如先把油酸在酒精中溶解，再加入到大量水中并不断搅拌使油酸分子凝聚析出而成乳化分散物；后者则是将一种液体加入到另一种液体中进行强烈搅拌而生成乳化分散物。分散的方法也有多种，机械强制分散是借助于机械作用（如搅拌等）来形成流体的微粒化，是制备乳化液制品的主要方法，常用的设备有均质机、胶体磨等。

[**技能要点**]

固体物料的输送可以是垂直或倾斜向上的，也可以是水平或小坡度的，也有垂直或倾斜向下的，都由物料的输送设备来完成。一般来说，工业生产中主要有两种固体物料的输送方式：一种是机械输送，利用机械运动输送物料，有带式输送机、斗式提升机和螺旋输送机；另一种是气力输送，借助风力输送物料。

原料的粉碎可分为湿式粉碎和干式粉碎两种。干式粉碎设备主要有：锤式粉碎机、辊式粉碎机、圆盘钢磨、球磨机、切片机及流能磨等。

原料的筛选主要是除去物料在收获、贮藏和运输中混入的各种杂物。所用的设备有振动筛和磁力除铁器。

精选是使物料分级，其主要原理是按颗粒长度进行分级，以除去不必要的杂粒。常用的精选机有滚筒精选机和碟片精选机两种。

固体物料的混合设备有两种。一种是不能转动的固定型混合机；另一种是可以转动的回转型混合机。液体物料的混合主要有机械搅拌式、管道式和喷射式混合器。

[**思考与练习**]

1. 名词解释

气力输送，粉碎度，开路粉碎，筛分效率，目数，湿法粉碎

2. 填空题

（1）带式输送机的加料装置有两种，分别是____和____。

（2）斗式提升机的装料方式有____和____两种。

（3）冲击式粉碎机的结构原理是：按照物料的流动方向，水平转轴的前端设有____的4组____刀片和1组____刀片，每组刀片之间设有____，水平转轴的末端设有____，调节刀片与____的间隙，可以改变粉碎粒度。

（4）旋转筛通过____带动筛框做____方向的圆周旋动，筛框内放置防堵网。

3. 选择题

（1）一般来说，带式输送机的从动轮被设置在____一端。

A 电动机   B 加料斗   C 卸料斗   D 都不是
(2) 万能粉碎机的水平转子上，安装有____。
A 可在转子上自由摆动的锤刀   B 可随转子同步旋转的钢齿
C 可喷射高压气流的喷嘴   D 可相互挤压的一组辊
(3) 滚筒精选机工作时，中央收集槽流动的是____。
A 大颗粒物料   B 小颗粒物料   C 小金属杂质   D 较重杂质

4. 简答题
(1) 斗式提升机料斗的形式有哪几种？分别有什么特点？
(2) 吸引式输送和压力式输送有什么区别？
(3) 简述球磨机的工作过程。
(4) 请从其结构原理上叙述，为什么说微粉磨适用于热敏性物料？
(5) 液体物料射流混合器的工作原理是什么？

技能训练 2

训练目标

1. 掌握固体物料粉碎、筛分、混合的目的和岗位操作方法，能熟练使用粉碎、筛分、混合设备，熟悉粉碎、筛分与混合过程中的质量控制，了解粉碎、筛分、混合设备的结构和工作原理。

2. 掌握固体物料的溶解与配液操作，能熟练使用溶解与配液操作设备，了解液体试剂的特点，及液体试剂配制的质量控制与工艺要求。

一、固体物料的粉碎与筛分

粉碎是利用机械力破坏物料分子间的内聚力，将较大块的物料破碎成适宜大小的颗粒或细粉的操作，其目的在于减小物料粒径，增加物料的表面积，便于各成分的混合均匀，并有助于后续反应的进行，如药材中有效成分的浸出、固体物料的溶解等。例如，在药剂生产中，物料的粉碎是散剂、颗粒剂、片剂、胶囊剂等剂型加工制备的前处理工序；在酒精发酵、柠檬酸发酵和氨基酸发酵过程中，常用薯干、玉米或大米等作原料，这些原料在生产前需要先完成分级、除杂和粉碎等预处理过程。物料的粉碎程度可以用粉碎前后的颗粒平均粒径之比来描述。粉碎度越大，物料粉碎得越细小。常用的粉碎设备主要有万能粉碎机、辊式粉碎机、球磨等。

筛分则是利用网孔性器具将粒径不同的粉末或颗粒物料分离成若干部分的操作。筛网是筛分设备的主要部件，筛分设备就是将筛网固定在筛框上，在电机的带动下做机械振动，完成对物料的筛分。常用的筛分设备主要有旋振筛、往复振动筛等，详见第 8 章相关内容。

(一) 粉碎操作技能训练

1. 实训目的

(1) 了解涡轮粉碎机的结构，熟悉设备的使用与维护；

(2) 掌握粉碎操作的标准规程、质量控制要点和生产管理要点。

2. 实训装置

涡轮粉碎机是比较常用的粉碎设备（技图 2-1），这是从万能粉碎机演变过来的一种粉碎设备，由机座、电机、粉碎室、涡轮、加料斗和筛板等组成。设备工作时，通过涡轮的高速旋转，在粉碎室内形成较大的负压气流，将物料从加料口吸入粉碎室。物料被涡轮齿盘与牙盘之间的激烈涡流振动所剪切、冲击、击碎，成品细粉由筛网流出。

技图 2-1 涡轮粉碎机
1—电机 2—涡轮 3—进料口 4—出料口 5—筛网

3. 实训内容

(1) 生产前准备

① 做好操作前的各项准备工作，检查工作场所、设备、工具、容器等是否符合生产要求。在食品、药品生产中，有"清场"等严格的规范生产规定，生产前必须按照这些规定进行仔细核查。

② 检查粉碎机、容器及工具是否洁净、干燥，检查齿盘螺栓有无松动（应特别注意活动齿盘），并按照设备操作程序进行试运行，发现问题及时处理；检查粉碎机的筛网规格是否符合工艺要求。

③ 检查计量器具，要求计量器具完好，性能与称量要求相符，有检定合格证并在检定有效期内。

④ 将需要粉碎的物料摆放在设备旁，认真核对待粉碎物料的品名、规格、数量和质量等；检查物料中有无金属等异物混入，否则不得使用。

(2) 操作

① 将设备状态标志更换为"运行中"，在接料口绑扎好接料袋，开机并调节电机转速至额定值。

② 在料斗内均匀加入待粉碎物料,加入量不得超过料斗容量的2/3。

注意:必须先开机并调节正常后再加入物料!

③ 粉碎过程中应严格监控电机电流和机壳温度,电流不得超过设备要求,温度不得超过60℃,如有超过现象应立即停机,待检查正常后再重新启动粉碎机。

④ 完成粉碎后,关机。

注意:必须在粉碎机内物料全部排出后方可停机!

⑤ 打开接料口,将粉碎好的物料用洁净塑料袋包装,称量后放入洁净的盛装容器内。

(3) 清场 粉碎结束,按照食品、药品规范生产要求和设备清洁规程,对生产场所进行清理。

(4) 工艺管理要点

① 物料中严禁混有金属物。

② 物料含水一般不应超过5%。

③ 注意筛板与容器内壁的间隙。

(5) 质量控制关键点 异物、粒度。

(6) 粉碎机安全操作事项

① 使用前,务必确认活动齿盘的固定螺母紧合良好,粉碎室容器门关好锁紧,以免发生事故,机器必须可靠接地。

② 严禁主轴反转,如发现主轴被堵住不能转动时,应立即停机。

③ 运行时应注意物料的硬度,物料中严禁混有金属物,物料含水不应超过5%。

④ 在粉碎热敏性物料时,使用20~30min后应停机检查出料筛网孔是否堵塞,粉碎室内温度是否过高,并应停机冷却一段时间再开机。

⑤ 每次使用完毕后,必须断开电源后,方可进行清洁。

(7) 粉碎设备维护

① 设备外表面及内部应保持洁净,无污物聚集。

② 应经常进行如下检查:设备润滑油杯内的油量、设备密封胶垫、固定齿和转动齿的齿盘磨损情况,必要时应补充润滑油,或调换、更换密封胶垫和齿盘。

③ 每季度检查一次电机轴承,检查上下皮带轮是否在同一平面内,检查皮带的松紧程度和磨损情况,如有必要及时调整更换。

(8) 常见故障及处理方法 粉碎操作中的常见故障及处理办法见技表2-1。

技表2-1 粉碎操作中的常见故障及处理方法

常见故障	原因	处理方法
主轴转向相反	电源线相位连接不正确	检查并重新接线
操作中有胶臭味	皮带过松或损坏	调紧或更换皮带
钢齿、钢锤磨损严重	物料硬度过大或使用过久	更换钢锤或钢齿

续表

常见故障	原因	处理方法
粉碎时声音沉闷、卡死	加料过快或皮带松动	加料速度不可过快,调紧或更换皮带
热敏性物料粉碎声音沉闷	物料遇热发生变化	用水冷式粉碎或间歇粉碎

(二) 筛分操作技能训练

1. 实训目的

(1) 了解旋振筛的结构,熟悉设备使用与维护的标准操作规程。

(2) 掌握筛分操作的标准规程、质量控制要点和生产管理要点。

2. 实训装置

旋振筛是常见的高精度细粉筛分设备(技图 2-2),设备结构比较紧凑:下部是机座,内设直立式电机;上部由若干层筛框叠合而成,通过束环紧固在一起;上下两部分之间被一组弹簧连接,机座内的电机与底层筛框相连。电机是旋振筛的振动源,其上、下两端各安装有一个质量可调、相互间呈一定夹角(相位角)的偏心重锤,将电机的旋转运动转变为水平、垂直、倾斜的三维运动,从而使筛面产生旋振。调节上、下重锤的相位角,可改变物料在筛面上的运动轨迹,从而达到不同的筛分作业目的。

技图 2-2 旋振筛
1—防尘盖 2—束环 3—机座
4—筛框 5—出料口

3. 实训内容

(1) 生产前准备

① 生产前,做好操作前的各项准备工作,认真复核待过筛的物料。

② 开启除尘风机 10min,当温度在 18~26℃,相对湿度在 45%~65% 时,方可投料生产。

③ 检查筛网是否清洁干净,是否与生产指令要求相符,必要时用 75% 酒精擦拭消毒。

④ 按照旋振筛的操作规程进行试运行,如不正常,请排除之。

(2) 操作

① 将设备状态标志更换为"运行中";安装好接料容器;检查密封性;启动设备,空转试运行。

② 待设备空转运行声音正常后,均匀加入待过筛物料,进行筛分。

③ 已过筛的物料盛装于洁净的容器中密封,并称量、贴标签、封装。

④ 设备运行过程中,用听、看等来判断设备性能是否正常。如有问题应及时排除。

(3) 清场　筛分结束,按照食品、药品规范生产要求和设备清洁规程,对生产场所进行清理。

(4) 工艺管理要点

① 筛分操作间必须保持干燥,室内呈负压,须有捕尘装置。

② 筛分设备可用清洁软布擦拭,筛可用水清洁。

③ 筛分过程中随时注意设备运转的声音。

(5) 质量控制关键点　粒度。

(6) 筛分机安全操作事项

① 使用前检查整机各紧固螺栓是否松动,开机检查机器的空载启动性是否良好。

② 根据工艺要求选择合适的筛网,并检查筛网的良好程度。

③ 安装筛网,上紧束环,开机进行空转试验,空转时间不少于2min并符合如下要求:无异常声响,机器运转平稳,无异常振动。

④ 待筛分机运转正常后,开始均匀加料,注意控制加料速度,过快会使物料随颗粒溢出,过慢则影响产量。

⑤ 停机时必须先停止加料,待不出料后再停机。

⑥ 过完筛后按照设备上下顺序清理残留在筛中的粗颗粒和细粉。

(7) 筛分设备维护

① 经常检查设备润滑油杯内的油量是否足够。

② 设备外表面及内部应保持洁净,无污物聚集。

③ 检查齿盘的固定齿和转动齿的磨损情况,如果磨损,或调整安装使用另一侧;如果磨损严重,则需要将整块齿盘更换。

④ 每季度检查一次电机轴承,检查上下皮带轮是否在同一平面内,检查皮带的松紧程度和磨损情况,如有必要及时调整更换。

(8) 常见故障及处理方法　粉碎操作中的常见故障及处理办法见技表2-2。

技表2-2　　　　　　　筛分操作中的常见故障及处理方法

常见故障	原因	处理方法
粉料粒度不均匀	筛网安装不密闭,有缝隙	检查并重新安装
设备不抖动	偏心失效、润滑失效、轴承失效	用水冷式粉碎或间歇粉碎

二、物料的溶解与混合

进行生物工程反应需要配制微生物培养基及各种试剂,这其中常需要进行固体物料的混合、溶解，以及液体浓度的调配等操作。工程上一般都是通过混合机、搅拌釜等设备完成。

（一）混合操作技能训练

1. 实训目的

（1）了解V形混合机的结构，熟悉设备使用与维护的标准操作规程。

（2）掌握物料混合操作的标准规程、质量控制要点和生产管理要点。

2. 实训装置

可用来进行固体物料混合的设备主要有：槽形混合机、V形混合机、二维混合机、三维多向运动混合机、双螺旋锥形混合机等。其中，V形混合机（技图2-3）采用V形不对称结构，由长短不同的V形混合筒组成，在电机的驱动下围绕旋转轴旋转，装在筒内的固体物料随之做上、下、左、右的流动，V形结构可使物料反复分离、合一，较短时间内实现均匀混合。V形混合机广泛应用于化工、食品、医药、饲料、陶瓷、冶金等行业。

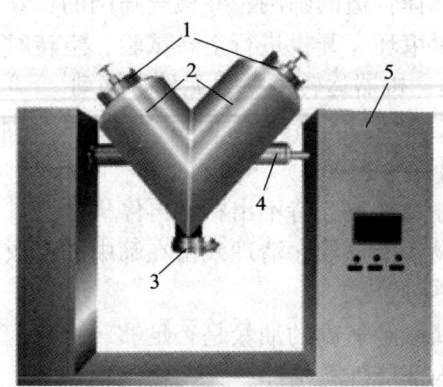

技图2-3　V形混合机
1—加料口　2—混合筒　3—出料口　4—旋转轴　5—动力箱

3. 实训内容

（1）生产前准备

① 生产前，做好操作前的各项准备工作，认真复核待混合的物料。

② 检查设备的卫生状况，必要时进行消毒处理。

③ 检查混合筒加料口、出料口，确保密封良好。

（2）混合操作

① 将设备状态标志更换为"运行中"；启动设备，空转试运行，检查设备的运转状况，待正常后停机，准备加料。

② 按照工艺要求将待混合物料装入混合筒内，盖紧加料口。

③ 启动设备运行，必须保证混合运行足够的时间。

④ 设备运行过程中，用听、看等来判断设备性能是否正常。如有问题应及

时排除。

（3）清场　混合完毕，按照食品、药品规范生产要求和设备清洁规程，对生产场所进行清理。

（4）工艺管理要点

① 固体物料混合的操作空间必须保持干燥，室内呈正压，须有捕尘装置。

② 混合设备的混合筒可用水清洁，其他部位可用清洁软布擦拭。

③ 混合过程中随时注意设备运转的声音。

（5）质量控制关键点　混合均匀度。

（6）V形混合机安全操作事项

① 开机时，先空载启动电机，待电机运转正常后，停机，开始工作。

② 注意观察混合筒的运动位置，使加料口处于理想的加料位置；打开加料口加料，注意加料量不得超过混合筒的额定装量。

③ 盖紧加料口，设定好定时装置，开机运行。

④ 设备运行期间，严禁进入混合筒运动区内，并注意观察设备的运行状态，如有异常振动和声音，应立刻停机处理。

⑤ 设备运行到设定时间后自动停机，此时若出料口位置不理想，可点动开机，将出料口调整到合适位置，再切断电源，打开出料口放料。放料时，注意控制出料速度，减少粉尘和物料损失。

（7）V形混合机的维护及故障处理

① 设备应设置平稳、牢固，机械部分运转自如。

② 使用前先检查并添加润滑油，空载试运行，检查各紧固件是否松动，电气是否正常，机械是否运转正常，如有异常，应立刻进行整修和调试。

③ 点动开机，将混合筒的加料口转至合适的加料位置，打开加料盖进行加料，加料量不可超过规定容积，然后关紧加料盖，开动机器进行运转，途中如发现异常，必须停机检查。

④ 混合操作结束后或更换品种时，必须将混合筒内、外清洗干净。

（二）溶解操作技能训练

1. 实训目的

（1）了解搅拌式反应器的结构，熟练使用溶解与配液操作设备。

（2）掌握固体物料的溶解与配液操作、质量控制要点和生产管理要点。

2. 实训装置

实训装置如技图2-4所示，由抽真空、贮液、高位加料、搅拌配液、蒸汽加热等几部分组成。

带有加热装置的搅拌釜是操作的核心设备。搅拌釜又称搅拌罐、搅拌式反应器等，是轻化工及医药生产中广泛使用的设备，可进行均相反应和以液相反应为主的非均相反应，其作用主要是强化传质和传热，使容器内各点物质组成、温度分

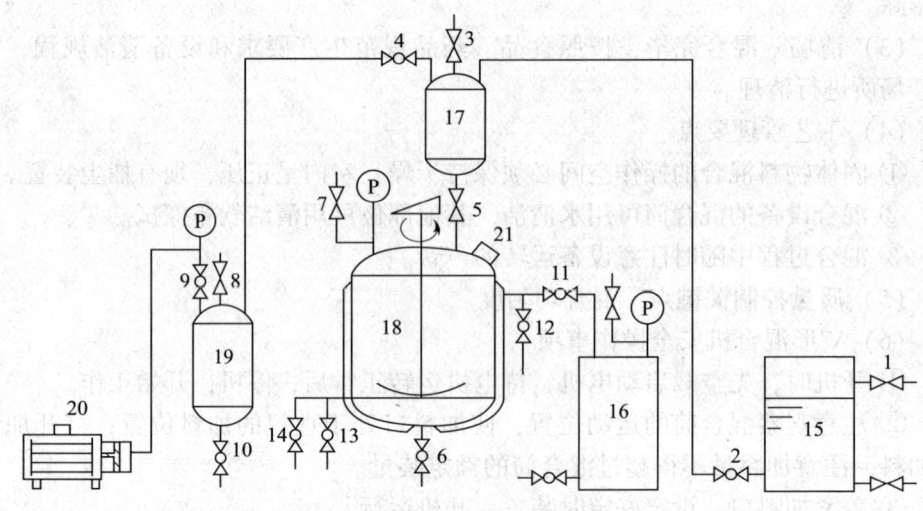

技图2-4 抽送物料流程图

1—进水阀 2—上水阀 3,7,8—放空阀 4,9—抽气阀
5,6—放料阀 10—排污阀 11,14—蒸汽阀 12,13—冷却水阀 15—水槽
16—锅炉 17—计量槽 18—搅拌釜 19—缓冲罐 20—真空泵 21—加料口

布更加均匀一致，物料间的相互混合、溶解更加容易，可提高传热效率，促进反应进行。搅拌釜的基本结构如技图2-5所示，主要由罐体、搅拌装置、轴封、换热装置四部分组成。罐体一般按照压力容器设计，多用椭圆形封头，用于检修的人孔、加料口、视镜和部分检测装置等安装于上封头，出料口一般设置在罐底。差别变化比较大的是搅拌和换热装置，详见模块四、模块八的相关内容。

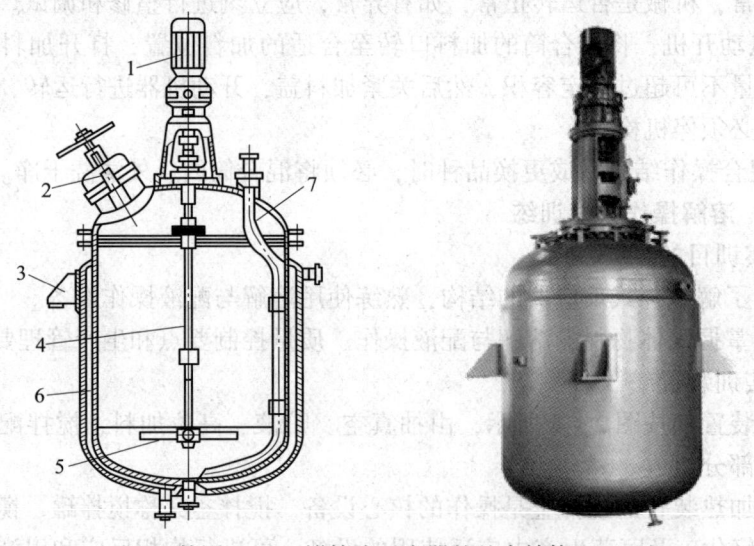

技图2-5 搅拌式反应器的基本结构

1—电机 2—传动装置 3—加料口/人孔 4—支座 5—搅拌轴 6—搅拌器 7—进液管

盛装计量后的固体物料，加入定量的水后，在搅拌下混合、加热、溶解，配制成一定浓度的溶液；用于溶解固体物料的水可通过真空泵形成的负压，由贮水槽抽送到高位计量槽中，再定量输送到搅拌釜中。在真空泵与计量槽之间设置有缓冲罐，对真空泵起调节与保护作用。

3．实训内容

以配制2%葡萄糖溶液为例。

（1）运行前检查

① 检查并清除计量槽、反应釜、缓冲罐中的残留液，关闭放料阀5、6和排污阀10。

② 关闭放空阀3、7、8，关闭抽气阀4、9和上水阀2，检查反应釜和缓冲罐的气密性。

③ 检查真空泵是否正常，注意泵各连接部分的螺栓是否松动，泵转动部件是否灵活，进出口法兰等真空系统是否有漏气；检查真空泵的供油系统，润滑油是否够量，调整好油杯针阀；打开泵的冷却水阀。

④ 检查蒸汽锅炉，注意保证蒸汽锅炉的供水。

（2）投料

① 将称量好的固体物料（葡萄糖）经加料口投入搅拌釜中，关闭加料口。

② 检查水槽中的水量是否充足（≥2/3水槽容积），如不足则开启进水阀1，向水槽中加水。

（3）启动真空泵，加水配液

① 打开抽气阀9及放空阀8，启动真空泵。

② 逐渐关闭放空阀8，打开抽气阀4，对计量槽抽真空。

③ 打开上水阀2，将水抽送至高位计量槽内，达到需要量后，关闭上水阀2。

④ 关闭抽气阀4，慢慢打开放空阀3，再打开放空阀7和放料阀5，将高位计量槽内的水放入搅拌釜中。

⑤ 控制放料阀5，将高位计量槽内的水部分加入搅拌釜中（溶解固体物料），关闭放料阀5。

⑥ 启动搅拌釜的搅拌电机，以适当的转速进行搅拌。

（4）启动蒸汽锅炉

按照蒸汽锅炉的操作规程启动蒸汽锅炉。

（5）加热溶解，定容

① 关闭冷却水阀12、13，打开蒸汽阀11、14，将蒸汽引入搅拌釜夹套中，注意观察搅拌釜内的温度和物料的溶解状况，避免溶解液长时间处于沸腾状态。

② 可通过交替打开或关闭冷却水阀12、13和蒸汽阀11、14来调控和控制搅拌液的温度。

③ 当固体物料完全溶解后，关闭蒸汽阀11、14，打开冷却水阀12、13，使

搅拌釜内温度降至室温（或工艺要求的温度）。

④ 打开放料阀5，将高位计量槽内的剩余水放入搅拌釜内。

⑤ 持续搅拌5min后，关闭放料阀5和放空阀7，停止搅拌。

（6）结束

配制好的葡萄糖溶液，可在搅拌釜中直接加热灭菌，也可以通过放料阀6输送至灭菌装置中，或者送至贮液罐中备用。

（7）工艺管理要点

① 注意固体物料的溶解度，选择合适的溶解液体，避免溶解过程中发生化学反应。

② 最好先使高位计量槽达到足够的真空度后，切断计量槽与缓冲罐间的联系，再打开上水阀向计量槽供水。

③ 向搅拌罐内加水配液时，应先加入少量水，以便溶解固体物料，同时开启搅拌和加热，促使固体物料尽快完全溶解。

④ 加热时注意搅拌溶解的温度，尽量不使搅拌溶液长时间沸腾，以避免水分大量挥发。

⑤ 应先开启搅拌，再启动加热，以避免溶解过程中的局部受热。

⑥ 定容时，应先使搅拌液降至常温后，再将计量槽中剩余的水全部加入搅拌釜中，混匀。

（8）质量控制关键点　溶解的程度、溶解液浓度。

（9）搅拌釜安全操作事项

① 使用前检查搅拌电机是否良好，搅拌器运行是否正常；检查罐体放料阀、排污阀、放空阀等是否开关正常，以及封头、法兰等是否密封。

② 检查搅拌釜与各进出料管线、加热装置、抽气装置等的连接状况是否良好。

③ 运行前应先检查罐内残液状况；运行完毕后应及时清洗罐内。

④ 启动搅拌釜加热前，必须先启动搅拌器。

⑤ 搅拌釜加热时，注意观察罐内压力和温度的变化，避免超温、超压情况发生。

[技能要点]

粉碎、筛分、溶解与混合都是生物工程反应中常见的加工处理单元操作。粉碎是将较大块的物料破碎成适宜大小的颗粒或细粉的操作，筛分则是将粒径不同的粉末或颗粒物料分离成若干部分的操作，溶解与混合都是使不同的液体或固体物料均匀地混合在一起。这里所说的溶解，是指固体物料与液体物料充分混合的过程，也包括一些类似的操作过程，如乳化。各类粉碎机、筛分机、混合机及搅拌釜等都是完成这类单元操作的主要设备。其中，粉碎、筛分、混合等更是药剂工程中的主要操作单元。

进行这类操作，应注意操作程序和操作环境的规范性，尤其是在药品生产过程中，必须符合《药品生产质量管理规范》（GMP）的要求。

[思考与练习]

(1) 为什么粉碎机必须先空转一段时间再投料运行？

(2) 粉碎操作中设备运行声音沉闷是什么原因造成的？应如何处理？

(3) 使用旋振筛时，应如何选定合适的筛网？怎样更换筛网？

(4) 请列举常用的物料混合设备。

(5) 为什么物料溶解时需要搅拌和加热装置？为什么不能将用于溶解的液体一次性加入？

附　录

1　常用单位换算

(1) 长度

厘米 (cm)	米 (m)	英尺 (ft)	英寸 (in)
1	10^{-2}	0.0328	0.3937
100	1	3.281	39.37
30.48	0.3048	1	12
2.504	0.0250	0.08333	1

(2) 面积

厘米^2 (cm^2)	米^2 (m^2)	英尺^2 (ft^2)	英寸^2 (in^2)
1	10^{-4}	0.001076	0.1550
10^4	1	10.76	1550
929.0	0.0929	1	144.0
6.452	0.0006452	0.006944	1

(3) 体积

厘米^3 (cm^3)	米^3 (m^3)	升 (L)	英尺^3 (ft^3)	英加仑 (Imperial gal)	美加仑 (US gal)
1	10^{-6}	10^{-3}	3.531×10^{-5}	2.2×10^{-4}	2.642×10^{-4}
10^6	1	10^3	35.31	220.0	264.2
10^3	10^{-3}	1	0.03531	0.220	0.2642
28320	0.02832	28.32	1	6.228	7.481
4546	0.004546	4.546	0.1605	1	1.201
3785	0.003785	3.785	0.1337	0.8327	1

(4) 质量

克 (g)	千克 (kg)	吨 (t)	磅 (lb)
1	10^{-3}	10^{-6}	0.002205
1000	1	10^{-3}	2.205
10^6	10^3	1	2204.62
453.6	0.4536	4.536×10^{-4}	1

2 干空气的物理性质

温度/℃	密度/(kg/m³)	比热容/[kJ/(kg·℃)]	热导率 $k \times 10^2$/[W/(m·℃)]	黏度/(Pa·s)	普朗特数
-50	1.584	1.013	2.035	1.46	0.728
-40	1.515	1.013	2.117	1.52	0.728
-30	1.453	1.013	2.198	1.57	0.723
-20	1.395	1.009	2.279	1.62	0.716
-10	1.342	1.009	2.360	1.67	0.712
0	1.293	1.005	2.442	1.72	0.707
10	1.247	1.005	2.512	1.77	0.705
20	1.205	1.005	2.593	1.81	0.703
30	1.165	1.005	2.675	1.86	0.701
40	1.128	1.005	2.756	1.91	0.699
50	1.093	1.005	2.826	1.96	0.698
60	1.060	1.005	2.896	2.01	0.696
70	1.029	1.009	2.966	2.06	0.694
80	1.000	1.009	3.047	2.11	0.692
90	0.972	1.009	3.128	2.15	0.690
100	0.946	1.009	3.210	2.19	0.688
120	0.898	1.009	3.338	2.29	0.686
140	0.854	1.013	3.489	2.37	0.684
160	0.815	1.017	3.640	2.45	0.682
180	0.779	1.022	3.780	2.53	0.681
200	0.746	1.026	3.931	2.60	0.680
250	0.674	1.038	4.288	2.74	0.677
300	0.615	1.048	4.605	2.97	0.674
350	0.566	1.059	4.908	3.14	0.676
400	0.524	1.068	5.210	3.31	0.678
500	0.456	1.093	5.745	3.62	0.687

3 水的物理性质

温度/℃	饱和蒸汽压/kPa	密度/(kg/m³)	焓/(kJ/kg)	比热容/[kJ/(kg·℃)]	热导率/(×10²)/[W/(m·℃)]	黏度(×10⁵)/Pa·s	体积膨胀系数(×10⁴)/℃⁻¹	表面张力(×10⁵)/(N/m)	普朗特数
0	0.608	999.9	0.00	4.212	55.13	179.21	-0.63	75.6	13.66
10	1.226	999.7	42.04	4.191	57.45	130.77	0.76	74.1	9.52
20	2.335	998.2	83.90	4.183	59.89	100.50	1.82	72.6	7.01
30	4.247	995.7	125.69	4.174	61.76	80.07	3.21	71.2	5.42
40	7.377	992.2	167.51	4.174	63.38	65.60	3.87	69.6	4.32
50	12.340	988.1	209.30	4.174	64.78	54.94	4.49	67.7	3.54
60	19.923	983.2	251.12	4.178	65.94	46.88	5.11	66.2	2.98
70	31.164	977.8	292.99	4.187	66.76	40.61	5.70	64.3	2.54
80	47.379	971.8	334.94	4.195	67.45	35.65	6.32	62.6	2.22
90	70.136	965.3	376.98	4.208	68.04	31.65	6.95	60.7	1.96
100	101.330	958.4	419.10	4.220	68.27	28.38	7.52	58.8	1.76
110	143.310	951.0	461.34	4.238	68.50	25.89	8.08	56.9	1.61
120	198.640	943.1	503.67	4.260	68.62	23.73	8.64	54.8	1.47
130	270.250	934.8	546.38	4.266	68.62	21.77	9.17	52.8	1.36
140	361.470	926.1	589.08	4.287	68.50	20.10	9.72	50.7	1.26
150	476.240	917.0	632.20	4.312	68.38	18.63	10.30	48.6	1.18
160	618.280	907.4	675.33	4.346	68.27	17.36	10.70	46.6	1.11
170	792.590	897.3	719.29	4.379	67.92	16.28	11.30	45.3	1.05
180	1003.500	886.9	763.25	4.417	67.45	15.30	11.90	42.3	1.00
190	1255.600	876.0	807.63	4.460	66.99	14.42	12.60	40.0	0.96
200	1554.770	863.0	852.43	4.505	66.29	13.63	13.30	37.7	0.93
210	1917.720	852.8	897.65	4.555	65.48	13.04	14.10	35.4	0.91
220	2320.880	840.3	943.70	4.614	64.55	12.46	14.80	33.1	0.89
230	2798.590	827.3	990.18	4.681	63.73	11.97	15.90	31.0	0.88
240	3347.910	813.6	1037.49	4.756	62.80	11.47	16.80	28.5	0.87

4 某些气体的重要物理性质

名称	分子式	密度 (0℃, 101.3kPa) /(kg/m³)	比热容/ [kJ/ (kg·℃)]	黏度 (×10⁵) /(Pa·s)	沸点 (101.3kPa) /℃	汽化热 /(kJ/kg)	临界点 温度/℃	临界点 压力/kPa	热导率/ [W/ (m·℃)]
氧	O_2	1.4290	0.653	2.030	-132.98	213.0	-118.82	5036.60	0.0240
氮	N_2	1.2510	0.745	1.700	-195.78	199.2	-147.13	3392.50	0.0228
氢	H_2	0.0899	10.130	0.842	-252.75	454.2	-239.9	1296.60	0.1630
氦	He	0.1758	3.180	1.880	-268.95	19.5	-267.96	228.94	0.1440
氯	Cl_2	3.2170	0.355	1.290 (16℃)	-33.80	305.0	-144.0	7708.9	0.0072
氨	NH_3	0.7710	0.670	0.918	-33.40	1373.0	132.40	11295.0	0.0215
一氧化碳	CO	1.250	0.754	1.660	-191.48	211.0	140.20	3497.9	0.0226
二氧化碳	CO_2	1.976	0.653	1.370	-78.20	574.0	31.10	7384.8	0.0137
硫化氢	H_2S	1.539	0.804	1.166	-60.00	548.0	100.40	19136.0	0.0131
甲烷	CH_4	0.717	1.700	1.030	-161.58	511.0	-82.15	4619.3	0.0300
正丁烷	C_4H_{10}	2.673	1.730	0.810	-0.50	386.0	152.00	3798.8	0.0135
乙烯	C_2H_4	1.261	1.222	0.935	103.70	481.0	9.70	5135.9	0.0164
氯甲烷	CH_3Cl	2.303	0.582	0.989	-24.10	406.0	148.00	6685.8	0.0085
苯	C_6H_6	—	1.139	0.720	80.20	394.0	288.5	4832.0	0.0088
二氧化硫	SO_2	2.927	0.502	1.170	-10.80	394.0	157.50	7879.1	0.0077
二氧化氮	NO_2	—	0.315	—	21.2	712.0	158.2	10130.0	0.0400

5 某些液体的重要物理性质

名称	分子式	密度(20℃)/(kg/m³)	沸点(101.3kPa)/℃	汽化热/(kJ/kg)	比热容(20℃)/[kJ/(kg·℃)]	黏度(20℃)/(mPa·s)	热导率/[W/(m·℃)]	体积膨胀系数(×10⁴,20℃)/℃⁻¹	表面张力(×10³,20℃)/(N/m)
水	H_2O	998	100.00	2258.0	4.183	1.01	0.599	1.82	72.8
25%氯化钠	—	1186(25℃)	107.00	—	3.390	2.30	0.57(30℃)	(4.40)	—
25%氯化钙	—	1228	107.00	—	2.890	2.50	0.570	(3.40)	—
硫酸	H_2SO_4	1831	340.00(分解)	—	1.470(98%)	—	0.380	5.70	—
戊烷	C_5H_{12}	626	36.07	357.4	2.240(15.6℃)	0.23	0.113	15.90	16.2
苯	C_6H_6	879	80.10	393.9	1.704	0.74	0.148	12.40	28.6
甲苯	C_7H_8	867	110.63	363	1.700	0.68	0.138	10.90	27.9
甲醇	CH_3OH	791	64.7	1101	2.480	0.60	0.212	12.20	22.6
乙醇	C_2H_5OH	789	78.3	846	2.390	1.15	0.172	11.60	22.8
95%乙醇	—	804	78.2	—	—	1.40	—	—	—
乙二醇	$C_2H_4(OH)_2$	1113	197.6	780	2.350	23.00	—	—	47.7
甘油	$C_3H_5(OH)_3$	1261	290(分解)	—	—	1499.00	0.590	5.30	63.0
乙醚	$(C_2H_5)_2O$	714	34.6	360	2.340	0.24	0.140	16.30	8.0
丙酮	CH_3COCH_3	792	56.2	523	2.350	0.32	0.170	—	23.7
甲酸	$HCOOH$	1220	100.7	494	2.170	1.90	0.260	—	27.8
乙酸	CH_3COOH	1049	118.1	406	1.990	1.30	0.170	10.70	23.9

6 饱和水蒸气表（以温度为基准）（摘录）

温度/℃	压力/kPa	蒸汽的密度/(kg/m³)	液体的焓/(kJ/kg)	蒸汽的焓/(kJ/kg)	汽化热/(kJ/kg)
0	0.6082	0.00484	0.00	2491.1	2491.1
5	0.8730	0.00680	20.94	2500.8	2479.9
10	1.2262	0.00940	41.87	2510.4	2468.5
15	1.7068	0.01283	62.80	2520.5	2457.7
20	2.3346	0.01719	83.74	2530.1	2446.4
25	3.1684	0.02304	104.67	2539.7	2435.0
30	4.2474	0.03036	125.60	2549.3	2423.7
35	5.6207	0.03960	146.54	2559.0	2412.5
40	7.3766	0.05114	167.47	2568.6	2401.1
45	9.5837	0.06543	188.41	2577.8	2389.4
50	12.3400	0.08300	209.34	2587.4	2378.1
55	15.7430	0.10430	230.27	2596.7	2366.4
60	19.9230	0.13010	251.21	2606.3	2355.1
65	25.0140	0.16110	272.14	2615.5	2343.4
70	31.1640	0.19790	293.08	2624.3	2331.2
75	38.5510	0.24160	314.01	2633.5	2319.5
80	47.3790	0.29290	334.94	2642.3	2307.8
85	57.8750	0.35310	355.88	2651.1	2295.2
90	70.1360	0.42290	376.81	2659.9	2283.1
95	84.5560	0.50390	397.75	2668.7	2271.0
100	101.3300	0.59700	418.68	2677.0	2258.3
105	120.8500	0.70360	440.03	2685.0	2245.0
110	143.3100	0.82540	460.97	2693.4	2232.4
115	169.1100	0.96350	482.32	2701.3	2219.0
120	198.6400	1.11990	503.67	2708.9	2205.2
125	232.1900	1.29600	525.02	2716.4	2119.4
130	270.2500	1.49400	546.38	2723.9	2177.5
140	361.4700	1.96200	589.08	2737.7	2148.6
160	618.2800	3.25200	675.75	2762.9	2087.2
180	1003.5000	5.14500	763.25	2782.5	2019.0
200	1554.7700	7.84000	852.01	2795.5	1943.5
220	2320.8800	11.60000	942.45	2801.1	1858.7
240	3347.9100	16.76000	1034.56	2796.8	1762.2
260	4693.7500	23.82000	1128.76	2780.9	1652.1
280	6417.2400	33.47000	1225.48	2752.0	1526.5

续表

温度/℃	压力/kPa	蒸汽的密度/(kg/m³)	液体的焓/(kJ/kg)	蒸汽的焓/(kJ/kg)	汽化热/(kJ/kg)
300	8592.9400	46.93000	1325.54	2708.0	1382.5
320	11300.3000	65.95000	1436.07	2648.2	1212.1
340	14615.8000	93.98000	1562.93	2568.6	1005.7
360	18667.1000	139.60000	1729.15	2442.6	713.0
370	21040.9000	171.00000	1888.25	2301.9	411.1
374	22070.9000	322.60000	2098.00	2098.0	0.0

7 饱和水蒸气表（以用 kPa 为单位的压力为准）（摘录）

绝对压力/kPa	温度/℃	蒸汽密度/(kg/m³)	液体焓/(kJ/kg)	蒸汽焓/(kJ/kg)	汽化热/(kJ/kg)
1.0	6.3	0.00773	26.48	2503.1	2476.8
1.5	12.5	0.01133	52.26	2515.3	2463.0
2.0	17.0	0.01486	71.21	2524.2	2452.9
2.5	20.9	0.01836	87.45	2531.8	2444.3
3.0	23.5	0.02179	98.38	2536.8	2438.4
3.5	26.1	0.02523	109.30	2541.8	2432.5
4.0	28.7	0.02867	120.23	2546.8	2426.6
4.5	30.8	0.03205	129.00	2550.9	2421.9
5.0	32.4	0.03537	135.69	2554.0	2418.3
6.0	35.6	0.04200	149.06	2560.1	2411.0
7.0	38.8	0.04864	162.44	2566.3	2403.8
8.0	41.3	0.05514	172.73	2571.0	2398.2
9.0	43.3	0.06156	181.16	2574.8	2393.6
10.0	45.3	0.06798	189.59	2578.5	2388.9
15.0	53.5	0.09956	224.03	2594.0	2370.0
20.0	60.1	0.13068	251.51	2606.4	2354.9
30.0	66.5	0.19093	288.77	2622.4	2333.7
40.0	75.0	0.24975	315.93	2634.1	2312.2
50.0	81.2	0.30799	339.80	2644.3	2304.5
60.0	85.6	0.36514	358.21	2652.1	2293.9
70.0	89.9	0.42229	376.61	2659.8	2283.2
80.0	93.2	0.47807	390.08	2665.3	2275.3
90.0	96.4	0.53384	403.49	2670.8	2267.4
100.0	99.6	0.58961	416.90	2676.3	2259.5
120.0	104.5	0.69868	437.51	2684.3	2246.8

续表

绝对压力/kPa	温度/℃	蒸汽密度/(kg/m³)	液体焓/(kJ/kg)	蒸汽焓/(kJ/kg)	汽化热/(kJ/kg)
140.0	109.2	0.80758	457.67	2692.1	2234.4
160.0	113.0	0.82981	473.88	2698.1	2224.2
180.0	111.6	1.02090	489.32	2703.7	2214.3
200.0	120.2	1.12730	493.71	2709.2	2204.6
250.0	127.2	1.39040	534.39	2719.7	2185.4
300.0	133.3	1.65010	560.38	2728.5	2168.1
400.0	143.4	2.16180	603.61	2742.1	2138.5
600.0	158.7	3.16860	670.22	2761.4	2091.1
800.0	170.4	4.16140	720.96	2773.7	2052.7
1.0 × 10³	179.9	5.14320	762.68	2782.5	2019.7
1.2 × 10³	187.8	6.12410	797.92	2788.5	1990.6
1.4 × 10³	194.8	7.10380	829.06	2792.4	1963.7
1.6 × 10³	201.3	8.08140	857.77	2796.0	1938.2
1.8 × 10³	206.9	9.05330	883.39	2798.1	1914.8
2.0 × 10³	212.2	10.03380	907.32	2799.7	1892.4
4.0 × 10³	250.3	20.09690	1082.0	2789.8	1706.8
6.0 × 10³	275.4	30.84940	1203.3	2759.5	1556.3
8.0 × 10³	294.8	42.57680	1299.2	2720.5	1403.7
10.0 × 10³	310.9	55.54070	1384.0	2677.1	1293.1

8 常用固体材料的密度和质量热容

名称	密度/(kg/m³)	质量热容/[kJ/(kg·℃)]	名称	密度/(kg/m³)	质量热容/[kJ/(kg·℃)]
钢	7850	0.4605	黏土	1600~1800	0.7563(-20~20℃)
不锈钢	7900	0.5024	耐火砖	1840	0.8792~1.0048
铸铁	7220	0.5024	混凝土	2000~2400	0.8347
铜	8800	0.4602	松木	500~600	2.7214(0~100℃)
铝	2670	0.9211	软木	100~300	0.9630
镍	9000	0.4605	石棉板	770	0.8164
铅	11400	0.1298	玻璃	2500	0.6699
酚醛	1250~1300	1.2560~1.6747	耐酸搪瓷	2300~2700	0.8374~1.2560
聚氯乙烯	1380~1400	1.8422	有机玻璃	1180~1190	—
聚苯乙烯	1050~1070	1.3398	多孔绝热砖	600~1400	—

9 某些固体材料的热导率

（1）常用金属

热导率/[W/(m·℃)] \ 温度/℃	0	100	200	300	400
铝	227.95	227.95	227.95	227.95	227.95
铜	383.79	379.14	372.16	367.51	362.86
铁	73.27	67.45	61.64	54.66	48.85
镍	93.04	82.57	73.27	63.97	59.31
碳钢	52.34	48.85	44.19	41.87	34.89
不锈钢	16.28	17.45	17.45	18.49	—

（2）常用非金属

名称	温度/℃	热导率/[W/(m·℃)]	名称	温度/℃	热导率/[W/(m·℃)]
软木	30	0.04303	泥土	20	0.6978~0.9304
玻璃棉	—	0.03489~0.06978	耐火砖	230	0.8723
棉花	100	0.06978		1200	1.6398
厚纸	20	0.01369~0.3489	混凝土	—	1.2793
玻璃	30	1.0932	聚四氟乙烯	—	0.2419
	−20	0.7560	聚氯乙烯	—	0.1163~0.1745
搪瓷	—	0.8723~1.163	聚苯乙烯泡沫	25	0.04187
硬橡胶	0	0.1500	石墨	—	139.56

10 管子规格（摘录）

（1）无缝钢管规格（摘自 YB231—1970）

公称直径/mm	实际外径/mm	管壁厚度/mm					
		$P_N=16$	$P_N=25$	$P_N=40$	$P_N=64$	$P_N=100$	$P_N=200$
18	18	2.5	2.5	2.5	2.5	3.0	3.0
20	25	2.5	2.5	2.5	2.5	3.0	4.0
25	32	2.5	2.5	2.5	3.0	3.5	5.0
32	38	2.5	2.5	3.0	3.0	3.5	6.0
40	45	2.5	3.0	3.0	3.5	3.5	6.0
50	57	2.5	3.0	3.5	3.5	4.5	7.0
70	76	3.0	3.5	3.5	4.5	6.0	9.0
80	89	3.5	4.0	4.0	5.0	6.0	11.0
100	103	4.0	4.0	4.0	6.0	7.0	13.0
125	133	4.0	4.0	4.5	6.0	9.0	17.0
150	159	4.5	4.5	5.0	7.0	10.0	—
200	219	6.0	6.0	7.0	10.0	13.0	—

注：表中公称压力 P_N 的单位为 kgf/cm², 1kgf/cm² = 98.1kPa。

(2) 水、煤气钢管规格（有缝钢管）（摘自 YB234—1963）

公称直径		实际外径/mm	管壁厚度/mm	
in	mm		普通级	加强级
$\frac{1}{4}$	8	13.50	2.25	2.75
$\frac{3}{8}$	10	17.00	2.25	2.75
$\frac{1}{2}$	15	21.25	2.75	3.25
$\frac{3}{4}$	20	26.75	2.75	3.50
1	25	33.50	3.25	4.00
$1\frac{1}{4}$	32	42.25	3.25	4.00
$1\frac{1}{2}$	40	48.00	3.50	4.25
2	50	60.00	3.50	4.50

11 IS 型单级单吸离心泵规格（摘录）

型号	转速/(r/min)	流量		扬程/m	效率/%	功率/kW		必需汽蚀余量/m	质量（泵/底座）/kg
		m³/h	L/s			轴功率	电机功率		
IS50-32-125	2900	7.5	2.08	22.0	47	0.96		2.0	
		12.5	3.47	20.0	60	1.13	2.20	2.0	32/46
		15.0	4.17	18.5	60	1.26		2.5	
	1450	3.75	1.04	5.4	43	0.13		2.0	
		6.30	1.74	5.0	54	0.16	0.55	2.0	32/38
		7.50	2.08	4.6	55	0.17		2.5	
IS50-32-160	2900	7.5	2.08	34.3	44	1.59		2.0	
		12.5	3.47	32.0	54	2.02	3.00	2.0	50/46
		15.0	4.17	29.6	56	2.16		2.5	
	1450	3.75	1.04	13.1	35	0.25		2.0	
		6.30	1.74	12.5	48	0.29	0.55	2.0	50/38
		7.50	2.08	12.0	49	0.31		2.5	
IS50-32-200	2900	7.5	2.08	82.0	38	2.82		2.0	
		12.5	3.47	80.0	48	3.54	5.50	2.0	52/66
		15.0	4.17	78.5	51	3.95		2.5	
	1450	3.75	1.04	20.5	33	0.41		2.0	
		6.30	1.74	20.0	42	0.51	0.75	2.0	52/38
		7.50	2.08	19.5	44	0.56		2.5	

续表

型号	转速/(r/min)	流量 m³/h	流量 L/s	扬程/m	效率/%	功率/kW 轴功率	功率/kW 电机功率	必需汽蚀余量/m	质量(泵/底座)/kg
IS65-50-125	2900	7.5	4.17	35.0	35	1.54	3.00	2.0	50/41
		12.5	6.94	32.0	46	1.97		2.0	
		15.0	8.33	30.0	48	2.22		3.0	
	1450	3.75	2.08	8.8	53	0.21	0.55	2.0	50/38
		6.30	3.47	8.0	64	0.27		2.0	
		7.50	4.17	7.2	65	0.30		2.5	
IS65-50-160	2900	15.0	4.17	53.0	50	2.65	5.50	2.0	51/66
		25.0	6.94	50.0	65	3.35		2.0	
		30.0	8.33	47.0	66	3.71		2.5	
	1450	7.5	2.08	13.2	50	0.36	0.75	2.0	51/38
		12.5	3.47	12.5	60	0.45		2.0	
		15.0	4.17	11.8	60	0.49		2.5	
IS65-50-200	2900	15.0	4.17	53.0	49	4.42	7.50	2.0	62/66
		25.0	6.94	50.0	60	5.67		2.0	
		30.0	8.33	47.0	61	6.29		2.5	
	1450	7.5	2.08	13.2	43	0.63	1.10	2.0	62/46
		12.5	3.47	12.5	55	0.77		2.0	
		15.0	4.17	11.8	57	0.85		2.5	
IS65-40-200	2900	15.0	4.17	53.0	49	4.42	7.50	2.0	62/66
		25.0	6.94	50.0	60	5.67		2.0	
		30.0	8.33	47.0	61	6.29		3.0	
	1450	7.5	2.08	13.2	43	0.63	1.10	2.0	62/46
		12.5	3.47	12.5	55	0.77		2.0	
		15.0	4.17	11.8	57	0.85		2.5	
IS65-40-250	2900	15.0	4.17	82.0	50	9.05	15.00	2.0	82/110
		25.0	6.94	80.0	65	10.89		2.0	
		30.0	8.33	78.0	66	12.02		2.5	
	1450	7.5	2.08	21.0	37	1.23	2.20	2.0	82/67
		12.5	3.47	20.0	60	1.48		2.0	
		15.0	4.17	19.4	53	1.65		2.5	

续表

型号	转速/(r/min)	流量 m³/h	流量 L/s	扬程/m	效率/%	功率/kW 轴功率	功率/kW 电机功率	必需汽蚀余量/m	质量（泵/底座）/kg
IS80-65-125	2900	30.0	8.33	22.5	64	2.87	5.50	3.0	44/46
		50.0	13.90	20.0	75	3.63		3.0	
		60.0	16.70	18.0	74	3.98		3.5	
	1450	15.0	4.17	5.6	55	0.42	0.75	2.5	44/38
		25.0	6.94	5.0	71	0.48		2.5	
		30.0	8.33	4.5	72	0.51		2.5	
IS80-65-160	2900	30.0	8.33	36.0	61	4.82	7.50	2.5	48/66
		50.0	13.90	320	73	5.97		2.5	
		60.0	16.70	29.0	72	6.59		3.0	
	1450	15.0	4.17	9.0	55	0.67	1.50	2.5	48/46
		25.0	6.94	80	69	0.79		2.5	
		30.0	8.33	7.2	68	0.86		3.0	
IS100-80-125	2900	60.0	16.70	24.0	67	5.86	11.00	4.0	49/64
		100.0	27.80	20.0	78	7.00		4.5	
		120.0	33.30	16.5	74	7.28		5.0	
	1450	30.0	8.33	6.0	64	0.77	1.00	2.5	49/46
		50.0	13.90	5.0	75	0.91		2.5	
		60.0	16.70	4.0	71	0.92		3.0	

12 管壳式换热器系列标准（摘录）

（1）固定管板式（代号G）

公称直径/mm	管程数	换热管数量	换热器面积/m² 换热管长/mm 1500	2000	3000	6000	管程通道截面积/m² 碳钢管 φ25×2.5 / 不锈耐酸钢管 φ25×2	管程流速为0.5m/s时的流量/(m³/h)	公称压力/MPa
159	1	13	$\frac{1}{1.43}$	$\frac{2}{1.94}$	$\frac{3}{2.96}$	—	0.0041 / 0.0045	7.35 / 8.10	
273	1	38	$\frac{4}{4.18}$	$\frac{5}{5.66}$	$\frac{8}{8.66}$	$\frac{16}{17.6}$	0.0119 / 0.0132	21.5 / 23.7	2.5
	2	32	$\frac{3}{3.52}$	$\frac{4}{4.76}$	$\frac{7}{7.30}$	$\frac{14}{14.8}$	0.0050 / 0.0055	9.05 / 9.98	

续表

公称直径/mm	管程数	换热管数量	换热器面积/m² 换热管长/mm 1500	2000	3000	6000	管程通道截面积/m² 碳钢管 φ25×2.5 / 不锈耐酸钢管 φ25×2	管程流速为0.5m/s时的流量/(m³/h)	公称压力/MPa
400	1	109	12/12.0	16/16.3	25/24.8	50/50.5	0.0342/0.0378	61.6/68.0	1.6
400	2	102	10/11.2	15/15.2	22/23.2	45/47.2	0.0160/0.0177	28.8/31.8	1.6
400	4	86	10/9.46	12/12.8	20/19.6	40/39.8	0.0068/0.0074	12.2/13.4	1.6
500	1	177	—	—	40/40.4	80/82.0	0.0556/0.0613	100.1/110.4	2.5
500	2	168	—	—	40/38.3	80/77.9	0.0264/0.0291	47.5/52.4	2.5
500	4	152	—	—	35/34.6	70/70.5	0.0119/0.0132	21.5/23.7	2.5
600	1	269	—	—	60/61.2	125/124.5	0.0845/0.0932	152.1/167.7	1.0
600	2	254	—	—	55/58.0	120/118	0.0399/0.0440	71.8/79.2	1.6
600	4	242	—	—	55/55.0	110/112	0.0190/0.0210	34.2/37.7	2.5
800	1	501	—	—	110/114	230/232	0.1574/0.1735	283.3/312.3	0.6
800	2	488	—	—	110/111	225/227	0.0767/0.0845	138.0/152.1	1.0
800	4	456	—	—	100/104	210/212	0.0358/0.0395	64.5/71.1	1.6
800	6	444	—	—	100/101	200/206	0.0232/0.0258	41.8/46.1	2.5

续表

公称直径/mm	管程数	换热管数量	换热器面积/m² 换热管长/mm				管程通道截面积/m²	管程流速为0.5m/s时的流量/(m³/h)	公称压力/MPa
			1500	2000	3000	6000	碳钢管 φ25×2.5 不锈耐酸钢管 φ25×2		
1000	1	801	—	—	180/183	370/371	0.2516/0.2774	453.0/499.4	0.6
	2	770	—	—	175/176	350/356	0.1210/0.1333	217.7/240	1.0
	4	758	—	—	170/173	350/352	0.0595/0.0656	107.2/118.1	1.6
	6	750	—	—	170/171	350/348	0.0393/0.0433	70.7/77.9	2.5

注：1. 表中换热器面积按下式计算

$$S_0 = \pi n d_0 (L - 0.1)$$

式中 S_0——计算换热面积，m²

L——换热管长，m

d_0——换热管外径，m

n——换热管数目

2. 通道截面积按各程平均值计算。
3. 管内流速0.5m/s 为20℃的水在 φ25×2.5 的管内达到湍流状态时的速度。
4. 换热管排列方式为正三角形，管间距 $t=32$mm。

(2) 浮头式（代号 F）

① F_A 系列

公称直径/mm	325	400	500	600	700	800
公称压力/MPa	4.0	4.0	1.6 2.5 4.0	1.6 2.5 4.0	1.6 2.5 4.0	2.5
公称面积/m²	10	25	80	130	185	245
管长/m	3	3	6	6	6	6
管子尺寸/mm	Φ19×2	Φ19×2	Φ19×2	Φ19×2	Φ19×2	Φ19×2
管子总数	76	138	228 (224)①	372 (368)	528 (528)	700 (696)
管程数	2	2	2 (4)①	2 (4)	2 (4)	2 (4)
管子排列方法	△②	△	△	△	△	△

注：① 括号内的数据为四管程的。

② 表示管子为正三角形排列，管子中心距为25mm。

② F_B系列

公称直径/mm	325	400	500	600	700	800	900	1000
公称压力/MPa	4.0	4.0	1.6 2.5 4.0	1.6 2.5 4.0	1.6 2.5 4.0	1.0 1.6 2.5	1.0 1.6 2.5	1.0 1.6
公称面积/m²	10	25	65	95	135	180	225	365
管长/m	3	3	6	6	6	6	6	6
管子尺寸/mm	$\Phi25\times2.5$	$\Phi25\times2.5$	$\Phi25\times2.5$	$\Phi25\times2.5$	$\Phi25\times2.5$	$\Phi25\times2.5$	$\Phi25\times2.5$	$\Phi25\times2.5$
管子总数	36	72	124（120）①	208（192）	292（292）	388（384）	512（508）	（748）
管程数	2	2	2（4）①	2（4）	2（4）	2（4）	2	4
管子排列方法	◇②	◇	◇	◇	◇	◇	◇	◇

注：① 括号内的数据为四管程的。
② 表示管子为正方形旋转45°排列，管子中心距为32mm。

参 考 文 献

[1] 高平等. 生物工程设备. 北京：化学工业出版社，2006.
[2] 罗合春. 生物制药设备. 北京：人民卫生出版社，2009.
[3] 王伟武. 化工工艺基础（第2版）. 北京：化学工业出版社，2010.
[4] 张宏丽等. 制药过程原理及设备. 北京：化学工业出版社，2005.
[5] 陶贤平. 化工单元操作实训. 北京：化学工业出版社，2007.
[6] 冷士良等. 化工基础. 北京：化学工业出版社，2007.
[7] 张宏丽等. 制药单元操作技术（上）. 北京：化学工业出版社，2010.
[8] 吴红. 化工单元过程及操作. 北京：化学工业出版社，2008.
[9] 于文国等. 制药单元操作技术（下）. 北京：化学工业出版社，2010.
[10] 李榆梅等. 生物制药综合应用技术. 北京：化学工业出版社，2010.
[11] 俞子行. 制药化工工程及设备（第2版）. 北京：中国医药科技出版社，1998.
[12] 严希康. 生化分离工程. 北京：化学工业出版社，2001.
[13] 崔克清. 化工单元运行安全技术. 北京：化学工业出版社，2006.
[14] 柴诚敬等. 化工流体流动与传热. 北京：化学工业出版社，2000.
[15] 蒋维均等. 化工原理（上册）（第2版）. 北京：清华大学出版社，2002.
[16] 陆美娟. 化工原理（上、下册）. 北京：化学工业出版社，2001.